山西青年智库
Shanxi Youth Think Tank

共青团山西省委　山西省教育厅　山西省少工委　◎　主编

U0818271

青少年思想政治引领（上册）

情景体验和研学实践

山西出版传媒集团　山西教育出版社

图书在版编目（CIP）数据

青少年思想政治引领. 上册，情景体验和研学实践 / 共青团山西省委，山西省教育厅，山西省少工委主编. —太原 ：山西教育出版社，2021. 12
ISBN 978-7-5703-2083-7

Ⅰ. ①青… Ⅱ. ①共… ②山… ③山… Ⅲ. ①青少年—思想政治教育—研究—中国 Ⅳ. ①D432. 62

中国版本图书馆 CIP 数据核字（2021）第 250887 号

青少年思想政治引领（上册）——情景体验和研学实践
QINGSHAONIAN SIXIANG ZHENGZHI YINLING（SHANGCE）——QINGJING TIYAN HE YANXUE SHIJIAN

责任编辑 樊丽娜
复　　审 刘继安
终　　审 李梦燕
装帧设计 崔文娟
印装监制 蔡　洁

出版发行： 山西出版传媒集团 · 山西教育出版社
（太原市水西门街馒头巷 7 号　电话：0351-4729801　邮编：030002）
印　　装 山西基因包装印刷科技股份有限公司
开　　本 720×1000　1/16
印　　张 15. 5
字　　数 218 千字
版　　次 2022 年 1 月第 1 版　2022 年 1 月山西第 1 次印刷
书　　号 ISBN　978-7-5703-2083-7
定　　价 46. 50 元

前言

在当前青少年群体流动加速、组织方式改变、需求多样化的背景下，山西共青团立足省情和青少年发展实际，在全省范围内开展了“青少年思想政治引领”专题研究，以情景体验和研学实践为切入口，深入探究了如何创新青少年思想政治引领方式。现将相关研究成果结集成册出版，以期对青少年思想政治引领方式的创新提供切实可行的意见和建议。

全书的特点是小切口，深层次，重应用，分情景体验篇和研学实践篇，对青少年思想政治引领方式的创新进行了深入研讨，深入而具体，生动而翔实，理论性与应用性兼具。

情景体验篇，聚焦情景体验活动的实施过程，完整呈现了整个活动过程。情景体验教育活动主要是指以情景剧的方式将学生身边发生的故事、英雄模范人物的故事进行客观再现，不夸大，不虚构，在情景再现过程中充分应用视觉、艺术和心理等元素，构建活动的场景，使学生在场景中体验、感悟，并深化自己的思想认识。首先，将情景体验教育活动放在国际和学科交叉背景下，以政治学、心理学、社会学为理论支撑进行了深入的分析，明确了活动的理论基础和基本内涵；其次，从情景体验教育活动的具体过程出发，对活动的角色分析、内化过程、评价体系构建等进行了研究，明确了活动具体操作过程中需注意的问题；再次，分析了情景体验教育活动案例，介绍了活动的基本经验；最后，分析了情景体验教育活动的趋势，指明了活动进一步发展的方向。

研学实践篇，聚焦研学实践的开展过程，深入研究了研学实践开展的关键点。广义上的研学实践活动是指任何个体因文化求知的需要，离开常住地到异地进行以研究性学习、探究性学习为目的的专项旅行活动。狭义上的研学实践活动是指学校教育部门组织、中小学生参与，以知识学习、社会考察、人格培养为主要目的的校外实践考察活动。首先，本篇对研学实践活动的国际经验借鉴及本土化体系构建、基本认知、课程体系构建、主题设计等基础理论和实践过程进行了研究，明确了活动的理论基础；其次，本篇对研学实践活动的相关案例进行了研究，介绍了研学实践活动的经验。

通过深入系统的理论研究和生动形象的案例呈现，本书为青少年思想政治引领工作的开展提供了理论指导和实践经验，为推动共青团工作高质量发展提供了切入口。

从理论上，本书对情景体验和研学实践的理论基础进行了深入探讨，明确了青少年思想政治引领方式创新的逻辑基础。青少年思想政治引领方式创新，不仅需要在实践过程中不断摸索，更需要深厚的理论作为支撑，更需要从不同学科视角出发进行审视，找到创新的根本所在和逻辑基础。通过对青少年思想政治引领的重要方式——情景体验和研学实践的国际比较及国内经验介绍、多学科理论建构等的分析，为思想政治引领方式的创新提供了理论支撑。

从实践上，本书对情景体验和研学实践的具体过程和相关案例进行深入研讨，为青少年思想政治引领方式创新提供了实践指导，为推动共青团工作高质量发展提供了切入口。青少年思想政治引领方式的创新，最终需要落实在具体的操作中，体现在具体的活动中，需要根据不同的活动、不同的群体采取不同的引领方式，因时制宜、因地制宜。通过对情景体验和研学实践具体过程和实践案例的研究，为思想政治引领方式的创新提供了实践经验和借鉴，为推动共青团工作高质量发展找到了切入口。

如何进一步创新青少年思想政治引领方式？如何提升青少年思想政

治引领工作的实效？

在创新思维上下功夫。青少年思想政治引领方式的创新，首先是思维观念的创新。针对青少年身处的多元价值、时尚消费、多维网络的环境，要更新观念，改变传统工作思维方式，充分发挥共青团自主教育的优势，充分利用现代传播技术，充分利用社会组织的力量，创新思想政治引领方式，提升思想政治引领实效。

在把握青少年思想政治引领规律上下功夫。青少年思想政治引领规律贯穿青少年思想政治引领工作的始终，在无形中指导着工作的开展。共青团要持续不懈地抓思想政治引领，创新青少年思想政治引领方式，就必须在把握青少年思想政治引领规律上下功夫。要深入研究共青团活动、活动实施者、活动对象的特点，准确把握青少年思想政治引领的规律，把握青少年思想政治引领的时间节点，根据形势和任务的变化，及时调整思想政治引领方式，应时合势，精准发力。

在把握青少年特点和需求上下功夫。面对青少年自我意识的增强、个性化的彰显、需求的提升，要走近青少年、研究青少年，充分了解不同层次青少年的特点和需求，找到主流价值和青少年特点与需求的契合点。在主流价值观的指导下，找到青少年思想政治引领方式创新的突破点，提高思想政治引领的亲和力和契合度。

共青团要不断创新思想政治引领方式，提升思想政治引领实效，引导广大青少年高扬理想旗帜，坚定跟党走，建功新时代，为实现中华民族伟大复兴贡献自己的力量！

编者

目 录

研学实践篇

情景体验篇

情景体验教育活动国际比较

山西大学　毋俊泓

体验式教学是指为达教学目标，在教学过程中通过引入或创设与教学内容相吻合的场景或氛围，以引导学生体验和感悟，进而在潜移默化中掌握知识、提高能力和升华情感的一种教学方法。体验式教育是教育者依据德育目标和未成年人的心理、生理特征以及个体经历，创设相关的情景，让未成年人在实际生活中体验、感悟，通过反思体验和体验内化形成个人的道德意识和思想品质，在反复的体验中积淀成自己的思想道德行为。未成年人在各种体验中主宰自我、修正自己，在与人交往中，在日常行为中去体验、去感悟、去构建社会与时代所希望他们拥有的爱国情怀、民族精神、集体意识。“体验”中的“体”，意为设身处地、亲身经历；“验”，意为察看感受、验证查考。体验具有过程性、亲历性和不可传授性，是充满个性和创造性的过程。从心理学角度讲，体验是“理智的直觉”，是建立在个体“内部知觉”基础上的一种特殊活动，它总是与个体的自我意识紧紧相连的。所以，从词源学的角度看，一个人在成长过程中，也需要亲身经历、亲自验证，才能获得科学知识，养成道德品质，掌握基本技能。

情景体验教育活动在发展过程中各国各个时期都涌现出大量优秀的思想和人物。著名的思想家有亚里士多德、西塞罗、拉伯雷、蒙田、培根、洛克、卢梭、福禄贝尔、杜威、勒温、皮亚杰、库伯等。下面是各个时期不同国家教育思想的总结与比较。

一、古希腊时期的体验式教育

国外的体验式教学思想可以追溯到古希腊时期。亚里士多德发展了古希腊的教育哲学，并在中世纪将其发展成为最著名的教育哲学思想。亚里士多德和柏拉图、苏格拉底一起被誉为“西方哲学的奠基者”，他的思想深刻地塑造了中世纪的学术思想，其影响力延伸到了文艺复兴时期，最终被牛顿物理学代替。亚里士多德认为天性、习惯和理性是人能够获得知识和美德的三个因素，并把理性分为“理论”和“实践”两部分。理论是纯粹的认知和思维活动，实践活动重视学习者的练习和实践，目的在于超越个体而进入社会生活中，并要在过度和不足两个极端中保持平衡。亚里士多德在其著作《政治学》中详细论述了他的教育思想。在教学方法上，亚里士多德重视练习和实践的作用。例如在音乐教学中，他常常安排学生上台表演，体验现场，熟悉技术，提高水平。亚里士多德认为“曾否实际登场演奏，这对于人们才艺的造诣当然是一个重大的分别。从未登场的人们，虽然也有可能，毕竟很难成为那一门才艺的良好评判（鉴赏）家”。在师生关系上，他并不是对老师言听计从，而是在继承的基础上敢于挑战，提出自己的想法。

“吾爱吾师，吾尤爱真理”是他的教育理论。亚里士多德的教学思想是建立在他的人性论、认识论及其对于儿童身心发展考察的基础之上的。他把人的灵魂分为两个部分，一是非理性灵魂，其功能是本能、感觉、欲望等；二是理性灵魂，其功能是思维、理解、认识等。他认为在人的认识过程中，灵魂的主要功能是感觉和思考。灵魂借助于感觉器官而感知外界事物，那被感觉的东西是不以人的意志为转移的，从而承认感觉在认识过程中的地位和作用。但是，他又认为感觉在这里只起到一种诱发的作用，真理和知识只有通过理性的思考才能获得。因此，亚里士多德的教学目的是发展灵魂高级部分的理性。

二、 共和时期的体验式教育

古罗马的教育方式影响了整个西方文明，在短短的几个世纪里，罗马从家庭教育演变成了有系统管理的教育。共和时期罗马仍是以农业为主，手工业和商业都不发达，共和时期是古罗马文明形成的重要阶段，教育逐渐走向规模化和制度化。共和早期，由于罗马处于各城邦割据时期，外敌入侵频繁，战争不断，要求社会要有一定数量的军人，所以这个时期罗马教育呈现独特的“农民—军人”教育。早期学校教育尚未出现，教育主要以家庭教育为主。共和晚期建立起较为完善的教育体系，正规的公立学校的建立，为男孩和女孩提供免费教育，但男女学生不一定集中上课。并且建立起具有罗马特色的学校，其中主要有拉丁文法学校、拉丁修辞学校、医学校。

通过实践、演练和观察进行教学，一方面使儿童掌握必要的农耕技能，另一方面又要将其培养成军事人才，其教学目的是建立在实用性和技术性的基础之上。儿童要掌握必备的农耕技能，还要具备娴熟的雄辩技巧，通过参加各种社交活动，体察民情，在社会生活中学习各种社会、政治常识以及公众演讲的技能。

西塞罗是古罗马时期最杰出的教育家，他曾担任罗马共和国的执政官，又因其演说才能和文学作品，被广泛地认为是古罗马最好的演说家和最好的散文作家之一。他在著作《论演说家》中谈论了一个演说家需要具备的学问和应有的品格，指出教育的最终目的在于通过实地练习，培养有文化修养的雄辩家。

三、 文艺复兴时期的体验式教育

文艺复兴时期，随着人本主义思想的出现，经院派教学法由于机械而又低效，遭到新兴资产阶级的强烈反对，直观教学、实物教学等重要教学思想盛行。法国著名教育思想家、人文主义作家拉伯雷在文艺复兴时期极具盛名，他的教育思想主要集中在其著作《巨人传》中，有以下要点：第一，阐述了一种新的教育自由观。他要求打破一切戒律，不论是教会的还是世俗的。他认为，理想的社会由享有完全自由的人所组成，“想做什么，便做什么”是他所推崇的准则，他所主张的自由不同于意大利早期文艺复兴的城市自由，而主要是一种个人自由，表现出对个性价值和个人自由的确信。第二，主张身心并行发展，重视体育，他所列的体育活动的名目非常多，骑马、击剑、角力、跑步、游泳、射箭、登山、攀树等，不一而足。第三，要求认识所有事物。拉伯雷提出了一个包罗万象的学习知识的范围，古典语言和著作是学习科目的主体，但拉伯雷引入了自然科目，要求对大自然予以“尽心的研究”。拉伯雷还注重本族语教学，要求日常交往要使用本族语言。第四，提出了新的学习方法和途径。拉伯雷对经院主义的烦琐论证、死记硬背的方法深恶痛绝，要求知识的掌握应建立在理解的基础上，认为“没有经过理解的知识等于灵魂的废物”，他要求采用新的教学方法，使教学与学习的过程轻松愉快，“与其说是一个学生在学习，毋宁说是一个国王在消遣”。书本是知识的一个来源，观察、谈话、游戏、游学、参观、旅行等也是获取知识的重要途径。

在《巨人传》中他就曾描绘过这样的情景：教师带领学生去郊外实地考察，通过观察来学习各种动植物；雨天就让学生学习各种手工艺，或者到法庭旁听审判。每月都安排一次远足，使学生能够从中学习历史和地理知识。教学要通过实物、实事来进行，展现了实物教学的特点，这些都是经院派教学法中所未能体现的。尽管拉伯雷重视实物教学、实地考察和观察，但是受时代的局限，他未能将直观教学作为一项教学原则提出来，更没有提出理论依据。

法国文艺复兴晚期人文主义思想家、教育思想家蒙田重视学习直接经验，反对纯书本教学，强调学习的彻底性，反对呆读死记。在教学内容上，蒙田要求学习多种课程以扩大学生的知识领域。他认为读书不是唯一的教育，学习者学习的内容不应该完全局限于书本知识，学习者不仅要从书本上获取知识，还要学习各种实际的生活经验以及不同社会的文化，把整个世界作为学习的课堂。他还积极提倡学习者进行旅行，广泛接触自然和社会，从而更好地认识世界。蒙田认为“死背书本得来的东西，是令人遗憾的才能”“要会使用真正知道的东西”，而与人交往和周游列国是非常适合这种学习的。他特别指出，周游列国不只是看热闹看新鲜，而是“要把这些国家的特点和生活方式带回来，用别人的智慧来完善我们的大脑”。

除此之外，蒙田还特别注重教师的作用和素质，强调对学习者的个别化教学，他认为教育具有不同才能、不同爱好的人，不能采用完全一样的课程和教学方法，要实行个别化教学，才能真正发掘学习者的能力。他所期望的教师，“不仅仅是向学习者讲授知识的机器，还应该具有智慧”。蒙田在其《论对孩子的教育——致迪安娜·居松伯爵夫人》一文中指出“要给孩子物色一位头脑多于知识的老师”“能用新的方式来教育孩子”“根据孩子的智力，对他进行考验，教会他独立欣赏、识别和选择事物，有时领着他前进，有时则让他自己披荆斩棘”。在学习效果评估方面，蒙田认为不是看学生记住了多少，而是“要看他会不会生活”，即学生能否真正掌握知识并将其用于实际的生活。蒙田的思想对洛克和卢梭的教学思想影响颇大，对今天的教学也仍有极大的启发和借鉴作用。

四、16世纪的体验式教育

一直到16世纪，重视直接经验、提倡实践教学的教学思想始终是近代教育史中的主流思想。培根从经验主义哲学的角度出发，在其著作《新工具》中提出，知识是从经验中获得的，学习者首先从感官上获得认知，经过逐步而无间断的上升，最后到达对概念和理论的概括。虽然培根强调感觉经验在认知过程中的重要作用，但是他并没有停止于感性认知，而是明确提出感性经验要与理性概括相结合，这就为知识的获得提出了一条较为合理的路径，这与本文所提倡的体验式教学的理念也是相一致的。

经验主义哲学家洛克试图分析人类是如何获得知识而不是专注于解释什么是知识。洛克认为人的全部知识来自感觉经验，即对事实的观察，学习的过程就是感觉经验在心灵白板上制造痕迹的过程。他主张在教学中为学习者创造实践和练习的机会，让学习者在实践中获得对概念和原则的归纳，而非单纯地将抽象概念和规则教授给学习者。《教育漫话》是洛克的教育代表作，论述了对青年的训练和教育，提倡培养具有德行、有用、能干的人才。洛克在谈论“规则”时指出，如果希望儿童应该做某事，最好的方法是叫他反复去做，使一个动作通过多次练习而形成习惯。他认为“儿童不是用规则可以教得好的，应该利用一切机会，甚至在可能的时候创造机会，给他们一种不可缺少的练习”。

卢梭认为自然、人和事物是影响教育的三个主要方面，强调通过人的自然感官等感觉经验实施教育。卢梭不仅强调感觉经验对于认知学习的重要性，更进一步指出它对感官快乐的重要意义，因此他主张在教学过程中应该进行情境的设计，使教学过程建立在学习者直观感性认识的基础之上，调动学习者的积极性，引导学习者在实践中进行抽象和概括活动。卢梭在《爱弥儿》中集中阐释了他的教育思想，对不同年龄阶段的儿童教育的原则、内容和方法等进行了详细论述。他从自然人性观出发，提倡“自然教育”，通过实物教学和直观教学，让儿童在生活和实践的真实感受中，运用各种感官去获得经验和体验。

五、19 世纪欧洲的体验式教育

福禄贝尔，德国教育家，被公认为是 19 世纪欧洲最重要的几个教育家之一，现代学前教育的鼻祖。1826 年出版的《人的教育》主要记录了他的思想。他辨别斐氏教育法的优、缺点，特别研究户外游戏，了解游戏是发展儿童精神、情绪、身体的强大力量，观察全神贯注做游戏的幼儿、儿童、少年、青少年，可以发现他们充满着高贵的神情和强壮的体力，游戏陶冶了优良的精神。在散步中发现大自然对人类的益处，培养人们高尚、安静、思考力等各种优良的精神，所以，人类当常常和大自然共同生活。

他不仅创办了第一所称为“幼儿园”的学前教育机构，他的教育思想迄今仍主导着学前教育理论的基本方向。福禄贝尔的教育思想与实践对世界各国幼儿教育的发展起到了深远的影响。福禄贝尔认为，游戏是儿童的内在本能，尤其是活动本能，因而对儿童的教育，不应加以束缚、压制，也不应拔苗助长，而是应当顺应其本性，满足其本能的需要。游戏和手工作业应是幼儿时期最主要的活动，而知识的传授只是附加的部分，穿插其中。幼儿园上课只需要用口语，不需要学习文字。教师最主要的责任是妥善地加以指导、设计各种游戏活动。强调游戏教学在儿童教育中的重要意义，推崇教育应当遵循儿童的内在自我发展规律，更致力于探究在游戏中能够激发儿童学习热情的玩具和道具。福禄贝尔的教学目的在于让学习者通过对事物的直接观察、接触和感知来收集自己的经验，发现事物之间的关系，然后将所得的经验运用于新的实践当中去，从而真正认识人类社会和生活。他的活动教学法与实物教学、体验式教学思想是相吻合的。

六、 20世纪美国的体验式教育

美国实用主义学者杜威的理论构筑于实用主义创始人詹姆斯和皮尔斯之上，并且摒弃了理性主义和经验主义的两极化。杜威认为，教育就是儿童生活的过程，而不是将来生活的预备。他说："生活就是发展，而不断发展，不断生长，就是生活。"因此，最好的教育就是"从生活中学习，从经验中学习"。教育就是要给儿童提供保证生长或充分生活的条件。由于生活就是生长，儿童的发展就是原始的本能生长的过程，因此，杜威又强调说："生长是生活的特征，所以教育就是生长。"在他看来，教育不是把外面的东西强迫儿童去吸收，而是要使人类与生俱来的能力得以生长。教育过程在它的自身以外无目的，教育的目的就在教育的过程之中。其实，他反对的是把从外面强加的目的作为儿童生长的正式目标。

杜威倡导用"做中学"的进步教育取代传统教育，重视对个性的培养和表现。把教育看作是对已有经验的不断改造。教学过程应该就是"做"的过程。在他看来，如果儿童没有"做"的机会，那必然会阻碍儿童的自然发展。儿童生来就有一种要做事和要工作的愿望，对活动具有强烈的兴趣，对此要给予特别的重视。杜威认为，"从做中学"也就是"从活动中学""从经验中学"，它使得学校里知识的获得与生活过程中的活动联系了起来。由于儿童能从那些真正有教育意义和有兴趣的活动中进行学习，那就有助于儿童的生长和发展。

在杜威看来，这也许标志着对于儿童一生有益的一个转折点。但是，儿童所“做”的或参加的工作活动并不同于职业教育。杜威指出，贯彻“从做中学”的原则，会使学校所施加于它的成员的影响更加生动、更加持久并含有更多的文化意义。杜威的教育哲学，以达尔文进化论的能动性为基础，对教育准则进行了阐释。他认为教育本身即生活，教育并非是对生活的准备，教育过程与社会过程应当是一致的，学校教育不能与社会发展脱节，教学目标应该符合社会发展的要求，学习者必须进行实践，学习解决具体问题的方法。

杜威在其 1919 年《教育哲学》演讲中指出，社会是教育的目的，学校和学科是中间的过渡桥梁，儿童的生活和本能则是教育的起点。杜威提倡“实用教育”，使学习者能够用他所学的东西指挥他的一切行为，教的人能知道学科对于学习者和社会的意义，学习者也知道学科对于社会的意义。杜威并不是机械地将经验与学习等同起来，他强调学习过程中反省思维能力的培养，认为反思是体验式学习的关键，在体验式学习的过程中得以培养和发展。反思既包括对当下体验的观察和思考，也包括在当下体验的基础之上对已有经验的更新、改造及整合。从体验到反思获得知识的这一过程中，真实的、经验的情境是基本前提，在情境之中产生一个真实的问题，作为思维的刺激物，在问题导向下，占有充足的知识资料，进行必要的观察，尝试找出解决问题的方法，并通过实际的应用来检验所得方法的有效性。

20 世纪 30 年代，库尔特·勒温，拓扑心理学的创始人，实验社会心理学的先驱，格式塔心理学的后期代表人，传播学的奠基人之一。他也是现代社会心理学、组织心理学和应用心理学的创始人，被称为“社会心理学之父”，最早研究群体动力学和组织发展。他提出“行动研究”理论以增强培训效果。行动研究是一种面向社会和组织情境中问题解决的研究方法，它针对社会行动的各种条件和作用，并引起社会行动，强调“对行动研究”“为行动而研究”，其根本目的不是理论的产出，而是改进实践本身。行动研究非常强调学习主体的个人体验，尤其是个人的参与度和责任感。勒温认为，一个以即时体验为开端，紧随收集资料与观察经验的综合过程能更好地推动学习、改变与发展。通过对所得资料进行分析，将结论反馈给体验者，能够不断修正他们的行为并改变他们对新体验的选择。

七、 20 世纪欧洲的体验式教育

皮亚杰从 20 世纪 20 年代开始，逐渐创立了一套完整的结构主义的发生认识论。皮亚杰是儿童心理学、发生认识论的开创者，被誉为心理学史上除了弗洛伊德以外的一位巨人，其提出的发生认识论不仅是日内瓦学派的理论基础，也是欧洲机能主义的重大发展。它开辟了心理学研究的一个新途径，对当代西方心理学的发展和教育改革具有重要影响。他从认知心理学的角度阐述了智力是如何通过体验形成的。他认为，智力并不是个体先天就自然具备的内在特征，而是个体与周围环境互动的产物，体验、概念、反思与行动是个体从儿童发展至成人思维的连续统一体。从婴儿期发展至成人期，即从对世界的具体的、现象的视点发展至抽象且建构的视点，从自我中心到反省内化的认识模式。儿童通过探索和体验，得出自己的结论。他还强调科学知识的发展也主要是如此趋势，认为学习过程是个体与环境循环互动的发展过程，该观点与杜威和勒温的学习模式相类似。

皮亚杰的认知发展模式认为，在感知阶段，儿童仅靠感知动作的方式适应外部环境，知识以具体动作来表征，且不脱离原有的体验；在前运算阶段，知识以形象来表征，逐渐脱离原有的体验；在具体运算和形式运算阶段，知识以抽象的概念来表征，并且能够独立于真实体验，在心理内部进行假设和演绎。皮亚杰认为有四个基本因素影响心理发展，即成熟、练习和经验、社会性经验和具有自我调节作用的平衡过程。个体的成熟能够揭示新的可能性，而要使可能性成为现实性，则依赖于通过练习和习得的经验；皮亚杰将经验区分为物理经验和逻辑数理经验两种，物理经验从物体特性中得来，逻辑数理经验则是主体作用于客体的动作以及动作间的相互协调结果所引起，在这种思维过程中，儿童获得的知识是一种新的构造的结果，是新的知识；社会性经验是指社会环境中人与人间的相互作用和社会文化的传递；具有自我调节作用的平衡过程能够调节前三个因素。尽管皮亚杰的认知发展阶段到成人期就结束了，但此后有大量研究者按照皮亚杰的方法和概念框架探索成人的发展阶段，通过这类研究发现，学习和发展是终生的过程，因此，学校和社会就有责任引发成人进一步学习和发展的体验。

体验式教学思想在国外的发展历史源远流长，可追溯至古希腊、古罗马时期，杜威、皮亚杰、赫尔巴特等众多学者都对其进行了不同程度的论述，其集大成者是大卫·库伯。在 1984 年，大卫·库伯曾在他的著作《体验学习：让体验成为学习和发展的源泉》一书中提出了颇具影响的体验学习概念。并且，他把体验学习阐释为一个体验循环过程：具体的体验—对体验的反思—形成抽象的概念—行动实验—具体的体验，如此循环，形成一个贯穿的学习经历，学习者自动地完成着反馈与调整，经历一个学习过程，在体验中认知。他正式提出了“体验式学习理论”这一概念，并且建构了体验式学习模式，对不同的体验式学习风格进行了区分。库伯也因此被誉为“体验式学习之父”。

库伯概括出了体验学习的基本特征：“体验学习是作为一个学习过程，而不是结果；体验学习是以体验为基础的持续过程；体验学习是在辩证对立方式中解决冲突的过程；体验学习是一个适应世界的完整过程；体验学习是个体与环境不断的交互作用过程；体验学习是一个创造知识的过程。”库伯从体验的角度看待学习，认为学习是通过转化体验而创造知识的过程，应该关注学习和适应的过程而非内容和结果。凡是以活动为开始的，先行而后知的学习方式，都可称为体验式学习，由具体体验、反思性观察、抽象概念化、行动应用四个既独立又密切关联的环节组成。库伯认为学习不只是看、听、动，需要将知觉与感受和行动相结合，没有这一整合，学习者无法调动大脑的高级感受。

八、结语

由此可见，在 20 世纪以前，虽然西方哲学家和教育学家未能提出系统化的体验式教学思想，但是他们认为体验是人类学习知识、认识世界的重要途径，并且提出了大量如何从实践中、从做中学习的具体方式，这就为后来的体验式教学理论和实证研究的不断发展打下了深厚的基础。20 世纪初，美国社会出现要求变革的强烈呼声，在走过19世纪形而上学的玄思之路后，教育哲学日益回归到自然主义的轨道之上。随着实用主义和实证主义思潮的日渐兴盛，体验式教学的研究也进入了一个新的阶段。在这一阶段，杜威提出了他的体验式教学思想并开始着手将这一思想投入实践中，此后，勒温在研究团体动力和组织培训时，构建了“体验学习圈”。认知心理学家皮亚杰在论述儿童的认知发展时，第一次明确阐述了智力是如何通过体验而转化的内在心理机制，这就为体验式学习理论提供了强有力的实证依据。20世纪是体验式学习研究的鼎盛期，一批杰出的研究成果来自上述将体验作为人类学习和发展理论中心论的学者们，他们发展了动态的、综合整体观的体验式教学的模型。在国外，关于体验式教学研究成果，按照出版刊物类型看，50%以上的研究是期刊论文，大约20%的研究是博士论文，约10%的研究是出版书籍或书籍中的部分章节，其他150篇研究成果则主要是会议论文、技术手册、工作文件和硕士论文。按照学科领域来看，体验式教学的研究主要集中在教育（基础教育、高等教育和成人教育）、管理、计算机科学、信息科学、心理学、医学、护理、会计和法律。早期阶段研究相对较少，1984年以后关于体验式教学的研究开始逐渐增多。自1999年至今，随着体验式教学思想的进一步发展与成熟，关于体验式教学在各领域的应用与研究开始大量涌现。学生的成长，需要知识，需要能力，但最重要的是精神的成长，其核心是科学价值观的引领和正确价值观的培育。当今世界，各种信息铺天盖地，各种思潮交互碰撞，而青少年时期是思想最活跃的阶段，是渴望获得各方面知识的阶段，但是他们的思想还不完全成熟，缺乏判断和辨别的能力，面对铺天盖地的信息经常感到不知所措。所以，学校和老师应对学生进行思想教育，以社会主义核心价值观为基础，为学生思想奠定基础。

与传统教学强调以教师为中心的知识传递不同，体验式教学强调以学习者为中心的自主学习，主张通过创设与教学内容相关的情境或机会，引导学生在亲历的过程中理解并建构知识、发展能力、产生情感、感知意义。以阅读作为学习手段，学生的平均记忆率有10%，而通过立即使用的方式，学生记忆率可高达90%。可见，体验式教学模式通过学生亲历的方式进行学习，是符合学生认知规律、学习效果更好的一种教学形式。

体验式教学真正贯彻了“学生是学习的主体”这一教育基本常识。在传统教学体系中，师生之间是“授—受”关系，学生是被动接受知识的受体；在体验式教学中，师生之间是平等的“你—我”关系，学生是学习的主体，教师是学生学习和成长的帮助者。体验式教学通过充分调动学生的主观能动性，引导学生由被动到主动、由依赖到自主、由课内到课外、由接受到创造性地参加体验，从而使得教学内容和形式更加丰富多彩、教学效果更加内化和个性化。这种教学的真正价值不仅仅在于学生通过学习可以获得更多知识，还在于可以引导学生在学习中获得感受、体验情感、提高认识并将知识内化成智慧，最终形成自己丰富的精神世界和多样化的能力结构。

作者简介：

毋俊泓，文学硕士，山西大学自动化与软件学院副教授，国家二级心理咨询师，高级职业指导师，SIYB培训教师，国际汉语教师。山西省智库发展协会会员，山西青年智库研究员。研究方向为高校思想政治教育。发表论文十余篇，出版专著两部。主持完成思政类课题两项。

情景体验教育的政治学和心理学理论支撑

运城学院　褚海萍　太原工业学院　刘　捷

一、 情景体验教育的政治学理论支撑

“人的本质，不是单个人所固有的抽象物，在其现实性上，它是一切社会关系的总和。”人天生是社会人，人的形成和人类社会的形成几乎是同一过程。但人并不天生是政治人。人只有在特定的政治文化中，通过政治实践，获得政治知识和能力，形成政治心理，才能完成社会人向政治人的转化。情景体验教育的政治学理论支撑有二：

（一）政治文化理论

政治文化是人们在一定历史时期形成的相对稳定的政治心理、政治价值、政治思想、政治态度、政治信仰和政治情感，是现实的政治制度、政治关系在人们精神领域内的投射。

政治文化具有相对稳定性。这种相对稳定性支持了思想政治教育的现实可行性，支撑了情景体验教育活动。思想政治教育是国家和社会采用一定的教育形式，将社会主流认同的思想观念、政治观点、道德规范传递给社会成员，以使其形成符合社会发展要求的思想政治品德的社会实践活动。思想政治教育是人类社会自阶级和国家产生以来就已客观存在的社会实践的一个重要方面。虽然每个历史发展阶段、每个国家对这项活动的表述不同，但实质是一致的。那就是将相对稳定的政治文化灌输给教育对象。关于灌输，我们必须有一个科学的认识。列宁在《怎么办？——我们运动中的迫切问题》一书中阐述灌输理论时，主要强调的是在资本主义社会中，人们不会自发地产生社会主义意识，必须由掌握了科学社会主义理论的人们通过各种方式由外部灌输给人们。所以，此处的“灌输”并不能被简单理解为填鸭式的强制灌输，灌输的手段是可以多种多样的。灌输理

论在今天依然具有重要指导意义。人不会自然而然地生成某种符合社会发展要求的政治观点。国家要通过多种方式将政治观点灌输给社会成员。情景体验法就是其中的一种重要方法。

情景体验教育通过创设情景，将国家需要人们形成的政治心理、政治情感、政治态度、政治价值、政治评价等浓缩在一定的时间空间中，以潜移默化的方式，传递给教育对象。在情景体验教育活动中，教育对象是在政治情景中认识政治概念，感受政治观念，体验政治生活，领悟政治政策。认知过程形成观念，体验过程培养情感，感悟过程形成信念，意志过程培养行为选择。政治文化中的这些心理过程正是情景体验教育活动中所提倡进行的过程，也符合其教育理念。

（二）政治社会化理论

政治社会化是个体通过政治学习和政治实践，形成社会发展所需要的政治观念、政治情感、政治态度、政治信念、政治行为的过程，也是社会按照其发展的要求通过多种途径向社会成员传播政治知识，形成政治思想和政治水平的能动过程，是个人习得和社会赋予两个过程的统一。

个体刚出生时，犹如一张白纸，对政治一无所知。在成长过程中，个人通过与接触到的每一个人交往，逐步获得对政治的认识。尤其是与家庭成员、老师、同学、同事的交往中，通过模仿习得、知识获取、实践体验等，不断丰富自己的政治认知。与此同时，国家通过家庭、社区、学校、单位以政治宣传、理论学习等方式向个体传递政治知识和政治规范。个体通过政治社会化获得政治认知，形成政治行为和较为稳定的政治观。

政治社会化是人成为政治人的重要机制，是政治体系实现其价值的重要载体。情景教育法与教育对象所处的生活环境紧密相关，能有效激发教育对象的共鸣，掌握其中蕴含的政治观念、政治准则、政治价值，能充分发挥政治社会化的功能。教育由教育者、教育对象、教育内容、教育方法和教育环境五要素组成。作为教育重要方法之一的情景教育法，在使用过程中可以融入丰富的关于政治的教育内容，从而在教育过程中推动政治社会化，发挥教育的政治社会化功能。

二、 情景体验教育活动的心理学理论支撑

（一）建构主义理论基础

1．知识通过建构获得，建构来源于活动。

建构知识是人类的天性，人们总是用建构的方式（即运用已有的知识经验）去认识和理解他们所处的现实世界。情景体验教育活动的实施中，无论是参演情景的学生还是幕后参与的学生，并不是单纯机械的模仿，而是将自己在生活中学习、体会获得的各种知识、生活经验，运用到自己对情景的解释、理解和推论中。

知识的建构来源于活动，知识存在于活动之中。活动又是人与现实产生互动作用的中介。情景体验教育活动恰如其分地成为这样一个具象化的中介。参与的学生依照自己所有的经验去获得信息、解释现实。在不断的互动过程中，把对事物和现象的理解深入到所扮演角色的表达中。

2．建构需要对所学内容进行阐释、表达或展现，这是建构的必要方式，也是检测建构水平的有效方式。

活动是建构知识的必要条件，但不是充分条件。对真正有益的知识建构来说，学习者必须认真思考他们在学习什么，并阐释其中的意义。在情景体验教育活动中，一方面，舞台呈现承担了阐述的过程这一重要的环节。舞台呈现不仅是参演学生在舞台上的台词、表情、姿态的呈现，也是幕后学生道具、场景等各方面的配合。另一方面，舞台呈现不仅执行着个人对建构水平的监测，同时还考量整体的建构水平，只有所有学生对于情景体验中表达的意义建构水平呈现基本一致、协调统一时，才能呈现出更为理想的舞台效果。通过情景体验舞台呈现的对所学内容的阐释、表达和展现比个人的阐释、表达和展现要求更高，所实现的教育效果也更好。

3．意义存在于个人的心智模式中，可以与他人共享并通过交流来进行。

个人的意义制定过程是独一无二的，因为每个人的体验是个性化的、独特的。固然，人与人之间对事物和现象的看法存在差异，但并不妨碍彼此之间共享不同的看法。一个情景体验教育活动的最终实现，必定要经过

参演学生、幕后学生、指导老师等相互的探讨、彩排与交流，情景剧目呈现后还有观众、评审老师等的反馈和交流。在此反复沟通、协商的过程中，可以共同探讨事物或者现象的意义，达到共识共享的状态。与此同时，知识、认知、态度、行为的学习不是简单的被传递，也不是机械的被复制，而是由个体所构建，意义存在于个人的心智模式中。

交流是人类的天性。交流的目的是检验或确证自我观点，获得某种认同。社会建构主义坚信，意义的建构是学习者或者参与者之间通过对话与交流的协商过程，学习本质上是一种社会性对话或者交流的过程。情景体验式教育的交流过程，一方面体现在学生台上角色的台词中，另一方面体现在台下作品形成的过程中。这种对话或者交流在知识建构群体或学习共同体中最为有效，从中，参与者共同分享经验，共同讨论感兴趣的话题，相互促进学习。对话或者交流共同体是意义制定的一种有效方式，也是一种强势学习资源。

从建构主义知识的构建、阐释、交流等角度出发，情景体验教育搭建了学生构建学习的整体框架，满足了学生获得知识、认知及态度等学习的主要要素，既符合学生学习的主要规律，又有切实的可操作性。

（二）情绪情感与认知关系

心理科学认为，心理现象可以分为心理过程和个性特征。心理过程包括知、情、意三个方面。知，即认知过程，包括人的感知觉、记忆、思维、想象、能力等。情，主要是指情绪和情感。意，是指意志过程。个性特征主要包括个性心理倾向性（需要、动机、信念、理想）和个性心理特征（能力、性格、气质）。在心理活动中，知、情、意三者相互影响、相互促进。由于知觉是情感产生的前提，并制约着情感的发展，所以情景的选择就显得尤为重要。

第一，在情景体验教育活动中，情景具有真实性、微小性、时效性的特征，情景取自于真实的生活事件、身边新近发生的生活事件、微小有意义的生活事件。要贴近实际，符合生活逻辑性；贴近学生，符合学生的年龄阶段的文化认知，从而会带给学生更真实、更深刻的情绪体验，更容易形成情感认同。在形成情感认同的同时，又在潜移默化中提升学生的认知，培养学生的意志力。另一方面，情景选择和设置，也调动了想象在学习中的作用，由情景引发的想象往往能使人形成极大的心理空间。这种以再造想象为主的“景”能生动形象地帮助学生感知事物、扩大知识世界的领域，也能帮助学生从形象感知过渡到抽象的理性认识。

第二，健康的积极的情感对认知活动起积极的发动和促进作用。积极的情感能够调动学生学习的主体性，从而更灵活地选择适合自身个性特点的学习方式。在积极情感背景下，学生的认知活动丰富多彩，注意范围广，对学习内容有较多的归纳、整理，记忆活动也表现出更多的再编码和精细加工。

此外，情景体验教育活动是学生演给学生看，对于参演、编演以及观演的学生都会起到不同层面的情感调动，相较于传统意义上的教育活动，又加入了朋辈教育的效果，对于学生的情绪感染也更为直接和生动。

始于情景，调动情感，归于认知，指导行为。情景体验教育活动充分地运用了情绪情感和认知之间的互动关系，可以在适合的时间内更为有效地实现教育的目的。

作者简介：

褚海萍，博士，教授，山西省青年发展智库研究员，山西省中国特色社会主义研究会理事，山西省教育厅“学习新思想千万师生同上一堂课”讲师团成员，运城学院思想政治教育部主任，长期从事中国传统文化与思想政治教育、大学生创新创业教育研究，先后主持和参与教育部、山西省各类科研课题十余项，出版学术专著两部，在《科学社会主义》《教育理论与实践》等学术刊物上公开发表学术论文二十余篇，先后获得校级优秀共产党员、模范教师和省级优秀团干部等荣誉称号。

刘捷，教育学硕士，应用心理学专业。太原工业学院讲师，研究方向为心理危机干预、大学生性健康教育。

以社会互动理论解析情景体验教育活动

共青团山西省委团校　赵慧慧

一、研究背景

（一）研究问题的提出

贺军科同志在共青团十八届四中全会上指出：“持续深化青年思想政治引领工作，着力提升团的引领力。”“政治性是共青团的本质属性。”培养中国特色社会主义事业的建设者和接班人是共青团工作的根本任务，对青少年进行思想政治引领是共青团的主要职责。共青团、少先队主要通过活动的方式对青少年进行思想政治引领，通过多种多样、内容丰富的活动的开展，引导青少年树立共产主义远大理想和中国特色社会主义共同理想，引导青少年听党话、跟党走。在共青团、少先队活动开展过程中，不断创新对青少年进行思想政治引领的方式方法，尤其是近年来山西省少工委联合山西省文明办、共青团山西省委、山西省教育厅在全省少先队员中开展的“文明礼仪体验教育”活动，作为少先队工作的创新，取得了不错的成效。此外，共青团、少先队从青少年特点和需求出发，还开展了“三下乡”“创青春”创新创业大赛、青年志愿服务等活动，活动采用青少年喜闻乐见的形式，线上和线下相结合，将对青少年的思想政治教育融入活动中，通过活动的开展对青少年进行思想政治引领，提高青少年的动手能力和实践能力。

但是在调查过程中发现，共青团、少先队活动在开展过程中也存在着一些问题。共青团、少先队活动的开展缺乏理论支撑，活动的持续性差、体验性差，更多的是从经验的角度出发开展相关活动，采用传统的行政化的方式开展活动，表面上热热闹闹，实际上青少年的参与度低，对青少年的思想影响有限。在某学校访谈过程中发现，该学校各级团组织每年开展的活动数量多达几十次，活动的种类多样，包括思想政治引领类、专业素质拓展类、文化娱乐类、志愿服务类等，活动内容包含了青少年成长成才的方方面面，活动的程序不断完善，虽然收到一定的效果，但是因为在活动的开展中教师居于主导地位，特色不鲜明，很难打造活动品牌，并将影响扩展至全省乃至全国。

在理论研究方面，刘俊彦指出："共青团活动针对性不够强、影响力不够大、经费保障不足，共青团活动亟须创新，应突出针对性、主体性和便捷性，增强吸引力、影响力和保障力，拓展连续性、品牌化和社会性。"① 孙体楠指出："高校团的活动内容、形式日趋多样化，大学生对高校团的思想政治教育效果反映较好或一般，高校团的活动对大学生产生了一定影响，但仍不够大，高校团的活动对大学生思想政治引领的方法途径多样，但是还有不合理之处；应科学确立高校团的活动目标体系，合理构建高校团的活动内容体系，有效创新高校团的活动方法和途径，加强高校校园文化建设，建立专业性共青团网站。"② 不同学者从不同的角度进行了分析，但学者们更多的是从实践的角度对共青团活动开展过程中遇到的问题、成因及对策进行分析，很少有学者对共青团、少先队活动创新的具体方式进行研究，很少有学者从理论的角度对共青团、少先队活动的方式方法创新进行系统的研究，很少有学者从社会学的视角对共青团、少先队活动的方式方法进行研究。

同时，随着改革开放的不断深化，当代青少年的思想发生了巨大的变化。在市场经济不断深化的影响下，当代青少年受到后现代价值观的影响，追求快乐、注重感觉、强调自由成为人生追求的目标。有的人在问卷中写到"明天和意外，你永远不知道哪个先来，珍惜现在最重要""只要一家人在一起平安幸福就好了""快乐至上，其他神马都是浮云"等。这表明青少年价值观的个人主义和现实化取向进一步增强，具有明显的后现

① 刘俊彦．共青团活动略论［J］．中国青年研究，2013（8）：46－47．

② 孙体楠．高校共青团活动对大学生思想政治引领现状调查［J］．中国青年研究，2009（11）：107－110．

代价值取向色彩。[①] 在新媒体技术不断发展的影响下，受到网络虚拟性、互动性、开放性等特点的影响，加之青少年追求新奇和变化的心理特点，导致青少年思想多元化，增加了思想政治引领的难度。

在此背景下，如何提升共青团、少先队活动的理论水平，实现共青团、少先队活动的模式化、体系化、科学化，使其可复制、可推广成为关注的焦点。本研究将山西少工委以情景体验教育方式开展的“文明礼仪体验教育”活动作为案例，从社会互动理论视角出发，对共青团、少先队活动的新方式——情景体验教育方式进行深入系统的分析，以期为提升共青团、少先队活动的理论水平，实现共青团、少先队活动的模式化、体系化、科学化提供理论依据。

本研究将回答以下问题：以情景体验教育方式开展的共青团、少先队活动方式可以依据的理论视角是什么？其背后的内在逻辑是什么？关键点是什么？具体方法是什么？

（二）社会互动理论介绍

社会互动理论致力于发现人际互动的基本过程，认为心智、自我、社会结构贯穿于社会互动之中。关于心智，继杜威之后，米德认识到人类心智的独特之处在于能用符号来表示环境中的客体，悄悄预演针对这些客体的行动方案，抑制不恰当的行动方案，选择一种公开行动的适合路线。米德把这种悄悄地使用符号或语言的过程称作“想象性预演”。关于自我，米德强调，正如人类能象征性地符号化环境中的其他行为者一样，他们也能象征性地将自身表示为客体。在米德看来，在这个过程之中，重要的是，随着有机体的成熟，在每一与具体他人互动场合中缘起的暂时“自我想象”，最终明确为或多或少稳定的、可归为某一类客体的“自我概念”。借助自我概念，个体行动获得了前后一致性。社会结构是指不同个体间组织化和模式化了的互动。自我在心智的作用下在多次角色扮演中呈现，角色扮演必然会涉及场景创设、情感、身份，各种角色又与社会结构中的位

① 沈潘艳，辛勇，高靖，冯春. 中国青少年价值观的变迁（1987—2015）［J］. 青年研究，2017（4）：1－10.

置相联系。社会结构的形成依赖于心智和自我能力。①

二、 情景体验教育活动内涵

（一）情景体验教育概念

情景，通常是指“情形，景象”，以景为基础，又以景为媒介来激起情感或激发兴趣的。情境，一般是指“情况，境地”，是一个人进行某种行动时所处的特殊背景，包括机体本身和外界环境因素。从形式上看，情景相对微小，情境相对宏观。情景信息量较小，往往是来自现实生活的一个实景片段；情境则包容量较大，既可源于现实，也可源于建构。从内涵上看，情景相对单一，情境相对复合。情景的“景”是具体、直接和吸引人的，情境的“境”是指构成和蕴含在情景中的那些相互交织的因素及其相互之间的关系。综上所述，情景的“景”可以“无我而在”，特指那些客观存在或依据客观而主观创设的“景”，更多地强调视觉、艺术和心理的色彩与效果，凸现显性的表征，具有“触景生情”的功能；而情境的“境”，必须“有我而在”，特指那些不仅指向更广泛、更多变的客观的环境与氛围，而且强调由此升华所形成的主观的认识与理解，凸现显性与隐性两个方面，具有“身临其境”的特征。②

体验是一种情绪、情感想象。情绪，往往伴随着生理的一些表现；情感，更强调内在的感受性，广义的情感概念把情绪、感受、体验、感觉都包容在内。我们讲体验，是强调人的内心感受。对于年幼的儿童，首先是要让他感动。感受和体验至少有这样几个特征：第一是个人性非常强。第二是真实性很强。第三是情境性很强，它一定是在特定的环境中、特定的情境中、特定的气氛中产生的。第四是它的整体性很强。第五是经验性，与人的经验靠得最近，这种经验就几乎成了一个人的行为方式、行为倾

---

① 乔纳森·H. 特纳. 社会学理论的结构［M］. 邱泽奇，张茂元，等译. 北京：华夏出版社，2006：327－329.

② 姜大源. 职业教育：情景与情境辨［J］. 中国职业技术教育，2008（25）：1.

向，甚至变成了人的人格特征——个人的基本倾向。①

综上，结合本文的研究目的，本文研究的情景体验教育活动主要是指以情景剧的方式将学生身边发生的故事、英雄模范人物的故事进行客观再现，不夸大，不虚构，在情景再现过程中充分应用视觉、艺术和心理等元素，构建活动的场景，使学生在场景中体验、感悟，并深化自己的思想认识。

（二）情景体验教育活动过程

情景体验教育活动过程由以下几个环节构成：剧本编写、剧本解析与修改、剧目编排、剧情展演、全员思辨。第一环节剧本编写，以学生身边发生的真实案例，以少先队员通过媒介听到的、看到的真人真事，以先进模范人物的事迹，以英雄人物的真实故事，以真实的历史事件，以现实生活中的凡人善举、人间大爱为素材，以少先队员喜欢听且能听懂的方式来说故事讲道理。第二环节剧本解析与修改，由教师辅助学生对剧本、角色、剧情、背景、道具等进行分析，在此基础上深入生活进行体验，比如公交车上是否可以占座，教师和学生在进行剧本分析的基础上，通过坐公交车对占座行为进行现场体验，之后对剧本的剧情进行修改。第三环节剧目编排，教师辅导学生进行反复排练，直到达到演出水平为止。第四环节剧情展演，首先以基层团组织为单位进行演出，其次以学校、县（市）为单位进行演出，最后进行省级展演，形成固定的模式，增加其可复制性和可推广性。第五环节教师指导学生对整个过程进行反思辩论。在辩论过程中进行剖析、甄别、争论和判断，提升学生明辨是非、分清美丑、区分善恶的能力。剧本解析与修改是活动开展的亮点，也是难点，全员思辨是情景体验教育活动开展的关键。五个环节环环相扣，将讲解、实践、演出、反思等相结合，共同强化对青少年的思想政治引领。

---

① 朱小蔓．体验教育：共青团、少先队最适宜的教育模式［J］．江苏教育，2001（9）：14－17.

三、 研究视角与研究方法

（一）研究视角

从社会互动理论出发，以微观的、动态的视角，将以情景体验教育为主要形式的共青团、少先队活动看作是不同主体之间的互动过程，对以情景体验教育方式开展的共青团、少先队活动过程进行详细的解析，为情景体验教育活动的必要性和内在逻辑提供一种理论解释，对情景体验教育活动开展的关键点和具体方法进行分析。

（二）研究方法

本研究以文献研究法和开放式访谈法为主，通过文献研究法对与研究有关的社会学理论和相关的研究成果进行深入系统的梳理，为课题研究的开展提供理论基础；采用开放式访谈法在情景体验教育活动开展相对较好的地区通过典型个案抽样的方法，选择了某市的 5 所学校作为个案进行调研，重点对负责情景体验教育活动的副校长、大队辅导员及相关教师进行了深度访谈，详细了解了活动组织情况、准备过程、开展过程、参与情况、遇到的问题等，并深入实地了解了各校情景体验教育活动的场地、设施及相关活动资料，为课题研究的开展提供了实践基础。

（三）研究思路

首先，在提出研究问题的基础上，对情景体验教育活动的概念和具体过程进行详细介绍。其次，在调研的基础上，对情景体验教育活动的实际开展情况进行介绍。再次，从社会互动的视角出发，对情景体验教育活动的内在逻辑进行分析。从社会互动视角来看，情景体验教育过程是将树立中国特色社会主义共同理想和共产主义远大理想等思想政治教育内容，通过角色扮演的方式在社会互动过程中内化为学生人格的一部分的过程，也是学生心智和自我的形成过程。在此过程中涉及所扮演角色的身份呈现过程、相关文化的作用过程、情感的表达过程等。（见下图）

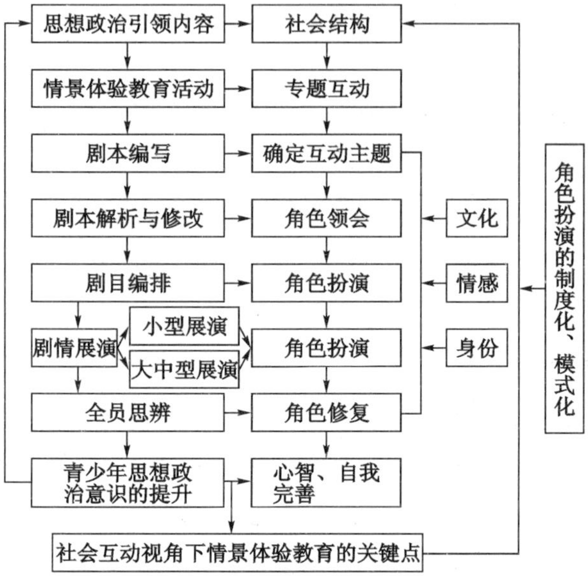

课题研究框架

四、 社会互动中情景体验教育活动的内在逻辑

通过上文的分析可以看出，社会互动理论强调人类行为的互动本质，心智、自我和社会结构都是在互动过程中形成的，社会结构通过互动过程作用于心智和自我，心智和自我在互动过程中反作用于社会结构。因此，结合社会互动理论，从社会互动过程出发，以心智、自我、社会结构在社会互动中的关系为着眼点，对情景体验教育活动的内在逻辑进行深入系统的分析。

（一）活动的互动本质

1．活动的本质是互动性

社会互动理论着力于强调社会互动的基本过程，通过互动来对人类行为进行解释。从社会互动理论来看，情景体验教育活动的本质是互动性，通过学生与学生、教师与学生之间不断互动，达到思想政治教育的目的。互动性主要表现在以下几个方面：一是以基层团组织为单位开展的情景体验教育活动的互动性。每一次活动的开展过程都强调在建构一定情景的基础上学生和教师主体性的发挥，与传统的教师居于主导地位的活动有本质的不同。在活动开展过程中学生和教师在剧本的研读、修改，角色的领悟、实践，剧目编排，剧情展演，全员思辨过程中不断进行交流，学生不再是被动的接受者，而是主动的角色体验者，是剧目情景的创新者，是规则的思考者，是生活的参与者，学生的主动性和创新性得到了极大程度的发挥。学生是活动的主体，教师在活动开展过程中只是起到辅导的作用。在小学低段教师所发挥的作用相对大一些，在小学的高段教师放开手脚，将活动的主动权交给学生，学生的主动性得到充分发挥。二是以学校为单位开展的情景体验教育活动的互动性及在全省范围内开展的情景体验教育活动的互动性。以学校为单位开展的情景体验教育活动，在以基层团组织为单位开展的情景体验教育活动的基础上进一步扩大了互动范围，使全校参与情景体验教育活动的教师和学生可以相互交流，可以以比赛的形式彼此竞争，从而使情景体验教育活动以学校为单位形成固定的模式，积累一定的经验。在全省范围内开展的情景体验教育活动，为全省参与情景体验教育活动的教师和学生提供了一个沟通和交流的平台，通过比赛和展演的形式，将好的经验积累下来，固定下来，形成一批示范校，形成一批高质量的教师队伍，活动的影响力进一步扩大。三是互动连续体的形成。以基层团组织为最小单位通过深入生活实践开展的小范围的互动，以学校为单位通过演出形式开展的中等层次的互动，以及在全省范围内开展的以演出为主要形式的互动，在活动开展过程中形成了一个互动连续体，进而将不同层次的互动过程进行链接，并形成固定的程序和模式，使以情景体验教育方式开展的活动可复制、可推广。

2．活动的专题互动性质

进一步对互动过程进行分析，可以发现情景体验教育活动过程是专题互动的过程。专题互动是“当人们积极有效地在某一时间里，集中感觉和视觉的注意力于某一专题时发生的”①。通过以上分析可以看出，情景体验教育活动在活动的初期通过剧本编写来确定活动的主题，在活动开展过程

---

① 乔纳森·H. 特纳. 社会学理论的结构［M］. 邱泽奇，张茂元，等译. 北京：华夏出版社，2006：378.

中始终以剧本为依据，围绕一定的主题开展，教师引导学生围绕一定主题进行实践、讨论、反思等，与目的性不明确的非主题互动有根本的区别。其互动过程满足专题互动的如下特征：一是围绕一定的主题。主题是活动开展的主线，将整个活动开展过程一以贯之。情景体验教育活动目的突出、主题鲜明，在情景体验教育活动开展过程中，教师针对学生在学习、生活过程中所出现的最主要问题，选择相应的主题开展情景体验教育，以达到通过活动对学生进行思想政治教育的目的。例如，针对学生在生活中出现的纪律观念差、劳动意识不强、红领巾佩戴问题等，教师选择相应的主题开展相应的活动，在丰富学生课余生活的同时达到对学生进行思想政治教育的目的。二是教师和学生的地位平等。教师和学生的语言交流是双向的，教师和学生在互动过程中处于平等地位，教师不是活动的主导者，而是活动的辅助者。活动的设计、剧本的修改、剧目的编排、角色的扮演都是以学生为主，教师对活动的整体进程进行把控，对活动进行过程中遇到的问题给予及时解答，师生双方进行良性的平等的互动。与传统活动的互动模式有明显的不同。三是活动中教师和学生的行为、学生和学生的行为高度相关。由于师生之间互动频繁，联系紧密，教师和学生、学生和学生之间的行为形成一个整体，彼此之间的行为互相影响，共同影响活动的进程，共同推进活动的开展。四是师生之间合作关系的形成。学生和学生、教师和学生进行面对面交流和沟通，形成一种良好的合作关系，学生之间相互学习、取长补短，教师是学生的良师益友，为学生提供及时的帮助。五是如果活动开展效果良好，可以增进师生之间的感情。由于活动中师生良好互动关系的构建及师生之间紧密关系的建立，在活动中会产生一种团结感，学生和学生、学生和教师的情感联系增强，生生之间、师生之间关系融洽。六是活动程序的完整性。活动从开始到结束要经历剧本编写、剧本解析与修改、剧目编排、剧情展演、全员思辨一整套完整的程序，活动的开展初步形成了一定的模式，活动程序基本固定。

3. 活动与共青团和少先队自主教育、组织教育、实践教育相一致

师生、生生互动的过程就是共青团和少先队自主教育、组织教育、实践教育的过程，与共青团和少先队组织教育、自主教育、实践教育相一

致。在活动过程中，学生居于主导地位，学生自己设计、组织整个活动，在活动的各个环节学生进行了充分的参与，人人都是活动的主人，学生主观能动性得到了充分发挥，教师只是处于辅助者的位置，对整个活动的开展进行适当的指导，因此，活动的开展和共青团、少先队组织的自主教育相一致。通过“基层团组织—学校—省级”这样一种活动模式，各级共青团组织都参与到了活动过程中，并成为情景体验教育活动开展的重要载体。共青团完整的组织体系为情景体验教育活动的开展提供了顶层设计，保证了活动开展的有序性、系统性、完整性，提供了场地、人员等方面的支持，是活动开展的重要保障，活动本身也是组织教育的过程。在角色扮演阶段，学生通过反复深入实践，通过回归到日常生活中，详细了解所扮演角色在日常生活中的呈现状态，对与活动有关的规范有了详细的了解，对思想政治相关内容有了更深入的了解，活动本身也是实践教育的过程。

（二）社会结构以情景体验教育活动为中介作用于自我和心智

“思维不是别的，而是个体在他与他人所参与的一个广泛社会过程中对另一个体的态度的反应，是某人所采取的其他人的这些态度对他的先行动作的指导。因为思维过程正由此构成，它不可能单独进行。为使思想和交流有可能进行，必须以社会过程为前提。”① 社会结构借助于社会过程作用于自我和心智，而情景体验教育活动过程即是社会过程的一种表现形式。社会结构以情景体验教育活动为中介作用于自我和心智，主要表现在以下两个方面：一是情景体验教育活动为学生内化社会文化和规范提供了基础。一方面，在情景体验教育活动开展过程中，通过活动主题的选择、剧本的研读和修改，学生充分领会了社会规范的含义及其应用，为学生习得社会规范奠定了基础；通过角色扮演和编排中的生生、师生互动，进一步深化了学生对社会规范的了解。另一方面，围绕特定主题、特定情境的情景体验教育活动的开展，为学生从特定他人的角度、从“一般化他人”的角度来看待自己创设的情境，为学生了解不同情景下正确的行为方式、

---

① 乔治·H. 米德. 心灵、自我与社会［M］. 上海：上海译文出版社，2018：293.

了解不同组织中的行为方式提供了便利条件，从而促进了相关文化和规范在学生心中的内化，使学生的行为具有稳定性和一致性的特征。情景体验教育活动的开展过程就是学生习得社会规范的过程，为学生心智和自我的完善提供了基础。二是情景体验教育活动为学生进行自我批评提供了基础，有利于思想政治引领效果的巩固。在活动中，学生在扮演他人角色的过程中，在内化社会文化和规范的基础上，将所学社会规范与自己原有的知识系统进行整合，并通过形成的新的知识系统来指导自己的行为，进行自我批评。这一过程贯穿在整个情景体验教育活动中，尤其是在活动的反思阶段。在活动的反思阶段，在教师的辅助下，学生就整个活动过程进行反思辩论，反思在活动中自己的角色表现、自己与同学的关系、自己与老师的关系、自己在活动中的真正收获，反思整个活动目标的达成情况，反思整个活动的过程；同时就剧情的主要矛盾冲突进行辩论，真正认识到不同剧情所包含的社会规范的实质，达到对学生进行思想政治引领的目的。

（三）活动的开展是角色扮演的过程

社会互动理论强调人类行为的互动本质，心智、自我和社会结构都是在互动过程中形成的。从社会互动理论来看情景体验教育活动的内在逻辑是：活动的过程即是不同参与主体互动的过程，互动的过程即是角色扮演的过程，活动的五个阶段剧本编写、剧本解析与修改、剧目编排、剧情展演、全员思辨的过程，本质上是社会互动过程中确定互动主题、角色领会、角色扮演、角色修复、角色扮演制度化与模式化的过程，通过此过程来实现对青少年的思想政治引领。

1. 剧本编写是确定互动主题的过程

情景体验教育活动的开展以确定活动主题为前提，围绕相关主题开展活动。从社会互动理论视角来看，这一过程即是确定互动主题的过程，是以一定主题为中心的互动，属于专题互动的范畴。情景体验教育活动从学生的学习、生活实际出发确定互动主题，将学生在学习、生活中遇到的实际问题，与学生学习、生活密切相关的事件编写成剧目并进行编排和展演，从学生的日常学习、生活出发引导学生进行深入分析。这种形式的互动使学生能够围绕某一主题进行深入的体验、深入的思考、深入的反思，通过回归生活、回归实践的方式真正达到对学生进行思想政治引领的目的。

2. 剧本解析与修改是角色领会的过程

剧本解析与修改是情景体验教育活动的特色，也是情景体验教育活动的难点，此过程是学生不断理解剧本、理顺剧情的过程，此过程也是学生角色领会不断深化的过程。在剧本解析与修改过程中，教师辅导学生结合自身的实际对剧中的角色进行深入系统的分析，使学生明确剧中人物关系的主次以及剧中人物的背景、性格、主要冲突等，在此基础上，教师带领学生深入社会实践，对剧中的角色进行进一步的体验，使学生通过直观的体验把握人物的真实状态，并在体验的基础上对剧本进行修改。体验和修改的过程并不是一次就结束，而是不断体验、不断修改的螺旋式上升过程。通过这样一种“认识—实践—再认识—再实践”的反复过程，学生对角色的领会不断深入。这是将活动融入生活的最好方式，是深化学生体验的最好方式，是激发学生参与积极性的最好方式，与单纯的课堂内互动以及校园内的互动有本质的区别。这就将学生带入实际生活中，并将其与校园的活动相结合，使学生有机会体验到社会生活情境的复杂性，从而深化对活动主题的理解。例如，围绕公交车上是否应该让座这一主题，教师辅助少先队员先对剧本中的剧情进行解析，对公交车上是否应该让座、何时应该让座有一个大概的认识，对剧中人物的设定、情节的发展有一个大概的定位。在此基础上，教师带学生坐公交车，在坐车的过程中，体验各种真实的让座情景，进一步加深对让座行为的理解。并在实践体验的基础上，指导学生根据自己的亲身体会对剧本进行进一步修改。在此过程中，学生真正理解和领会了公交车上是否应该让座，角色领会不断深化。

3. 剧目编排、小型展演、大中型展演是角色扮演的过程

剧目编排、小型展演是情景体验教育活动的重要步骤，此过程也是学生角色扮演进一步深化的过程。在剧本解析与修改的基础上，以基层团组织为单位进行活动的编排和展演。学生进行明确的分工，分别扮演不同的角色，承担不同的任务，基层团组织内部大部分成员都参与进来，就整个剧目进行反复编排，对角色的语言、表情、眼神等进行反复琢磨，对剧情

的发展进行反复推敲，经过多次排演，使整个表演形象生动。在排演的基础上进行小型展演，通过语言、姿态等的运用，对整个剧情进行完整呈现，使角色进一步内化为自身的一部分，角色扮演进一步深化。通过剧目编排、小型展演的形式，学生之间的互动进一步深化，学生将剧本所呈现的内容和实践体验转变为自己的行为，是思想政治引领的重要步骤。

大中型展演是情景体验教育活动的高潮，此过程也是学生角色扮演规范化的过程。一是此阶段活动对学生和教师提高了要求。在此环节，情景体验教育活动先以学校、县（市）为单位进行演出，然后，在全省范围内进行演出。演出的过程涉及台词、形体、化妆、服装、音乐、道具、背景、灯光、效果等的准备，涉及整个演出的整体策划，是学生综合素质的展现，是学生对角色理解的直观呈现，是对参与学生和教师的考验，是对剧目编排效果的检查，对参与的学生和教师提出了更高的要求。二是以比赛的形式加强不同学校之间的交流。通过大中型比赛这样一种形式，不同中队、不同学校间相互竞争、相互交流，交流自己在活动中积累的经验，交流自己在活动中遇到的困难，交流自己在活动中的所思所想，既是学习的过程，也是改进的过程。三是通过专家的点评找到剧目编排上的不足。通过与专家的交流，解决各自在剧目编排过程中遇到的问题，认识到剧目编排的不足等，是规范角色扮演的重要方式。通过这样的形式最终找到情景剧编排的共同点、关键点、规律等，通过这样的形式将角色扮演进一步规范化。

4. 全员思辨是角色修复的过程

全员思辨是情景体验教育活动的关键，此过程也是学生进行角色修复的过程。在此过程中，在教师的辅助下，学生对整个活动过程进行辩论和反思，通过辩论和反思，找到自己角色存在的问题，找到自己角色扮演的不足，并最终形成大家都认可的角色要求和规范，来对之前的角色扮演进行修正，并进一步内化于自己的内心。一是反思和辩论活动中剧目主要冲突的表现情况。就剧目所呈现的冲突进行充分的讨论，讨论冲突的实质及冲突背后所暗含的社会规范，讨论冲突在不同情景中的不同表现，讨论学生在剧目中冲突的展现情况，使学生通过对剧目中冲突的反思和辩论，真正理解社会规范。二是反思和辩论不同学生在活动中的角色表现。是否深入了解了与角色相关的行为规范、权利和义务，是否很好地融入了角色，是否能与其他角色进行很好的配合。三是反思学生之间、学生和教师之间关系的建立情况。反思在活动中学生之间、学生和教师之间是否能及时进行沟通和互动，沟通的语言、方式存在哪些问题。通过这样一个过程，学生在角色修复的过程中真正将与活动主题相关的规范内化于心、外化于行。

（四）活动的开展有助于心智、自我的完善

米德认为："心智的能力不是生而有之；它依靠与他人的互动以及解释和运用有意义的符合的能力的获得（还有生理上的成熟）而产生。""角色扮演对于心智产生是关键性的，因为除非他人的姿态以及这些姿态所实现的行为的倾向能够变成部分刺激，用以暗中预演可供选择的行动路线，否则公开的行为经常会导致对环境的不适应。"① 情景体验教育的活动过程有助于心智的完善。在此活动中，学生通过相互之间的互动以及与教师之间的互动、语言和姿态的交流、角色的扮演，通过实践体验和亲身的角色扮演，融入社会，融入情景，深刻理解了社会规范的含义，明白了围绕不同主题在不同情境之下应如何行为，在自己的头脑中形成了一套针对不同主题不同情境的行动方案，心智不断完善，为自我的产生奠定了基础。例如，围绕公交车上是否可以让座这一主题，经过整个活动过程，学生对这一问题及其本质有了深刻的认识，针对公交车上就让座问题遇到的各种情形在自己头脑中形成了不同的行动方案，进一步促进了其稳定的自我的产生。

米德强调："在经验领域把自己看作一个客体的能力是一种习得的行为。这种行为是通过与其他人互动习得的。""自我产生于使用语言和扮演其他人角色的能力。"② "个体经验到他的自我本身，并非直接的经验，而

① 特纳，毕福勒，鲍尔斯．社会学理论的兴起［M］．侯均生，等译．天津：天津人民出版社，2006：426.

② 特纳，毕福勒，鲍尔斯．社会学理论的兴起［M］．侯均生，等译．天津：天津人民出版社，2006：428.

是间接的经验，是从同一社会群体其他个体成员的特定观点，或从他所属的整个社会群体的一般观点来看待他的自我的。”“自我，作为可成为他自身的对象的自我，本质上是一种社会结构，并且产生于社会经验。当一个自我产生之后，从某种意义上说它为自身提供了它的社会经验，因而我们可以想象一个完全独立的自我。但是无法想象一个产生于社会经验之外的自我。”① 情景体验教育活动的过程是自我完善的过程。在活动开展过程中，通过角色扮演和心智的作用，通过学生相互之间的互动，通过学生与教师之间的互动，通过社会实践活动，进一步明确了不同情景下的社会规范，能通过其他人或整个群体的观点来认识自己，自我形象进一步完善，并能进行正确的自我评价、自我控制，自我得以形成并在一定时间内保持稳定。

（五）活动的开展涉及身份的呈现

角色身份是“个体规划给他（或她）自身的，作为对某一特定社会位置之占据的特定身份和地位”②。“角色身份成为人们计划与目标的一部分，主要是因为，让一个人的身份在他人眼中合法化，一直是推动人们行为的力量。”“角色身份最为重要的观众是个体自身——用自身的理想化观念来估量他们的活动。”③ 通过以上分析可以看出，身份将自我和社会结构进行了连接，角色身份融入了自己的计划与目标，在自我形成过程中起着关键的作用。在情景体验教育活动过程中，学生扮演一定的角色身份，对与某一社会位置相对应的特定身份应该承担的权利和义务有明确的认识，活动的开展过程也是身份的呈现过程，要充分利用角色身份对学生进行指导。

（六）活动的开展涉及文化的作用和情感的表达

2017 年 12 月教育部印发的《高校思想政治工作质量提升工程实施纲

① 乔治·H. 米德. 心灵、自我与社会［M］. 赵月瑟，译. 上海：上海译文出版社，2018：199.

② 乔纳森·H. 特纳. 社会学理论的结构［M］. 邱泽奇，张茂元，等译. 北京：华夏出版社，2006：350.

③ 乔纳森·H. 特纳. 社会学理论的结构［M］. 邱泽奇，张茂元，等译. 北京：华夏出版社，2006：351.

要》强调，注重以文化人以文育人，深入开展中华优秀传统文化、革命文化、社会主义先进文化教育。“互动是人们利用文化资本和情感能量进行交换而形成的。”① 可见，情景体验教育活动的开展离不开文化作用的发挥。在活动开展过程中要积极思考文化与活动之间的关系、文化在活动中的定位，挖掘中华优秀传统文化、革命文化、社会主义先进文化中与情景体验教育活动相关的文化内容，将文化教育融入情景体验教育活动开展过程中，为活动的开展提供文化根基，进一步拓宽活动的外延，增加活动的深度。

“人们发现情感能量有高回报性——即使其他回报与之毫不相关，情感能量仍然是最有价值的。个体总是寻求最大化他们积极的情感能量——他们参与到仪式中去，这些仪式可以引出清楚的关注点、共同的情绪、情感的激励、情绪和激励的共鸣节奏以及所有这些的符号化。”② 情感贯穿于整个情景体验教育活动开展过程中，积极情感体验的激发是促进社会规范内化的重要方式，是深化学生认知的重要方式，在活动开展过程中要注重学生积极情感的激发和引导。

通过以上分析可以看出，情景体验教育活动的内在逻辑即是社会互动的逻辑，要从社会互动过程涉及的心智、自我和社会结构的关系出发，对情景体验教育活动的内在逻辑进行分析。社会结构以情景体验教育的方式在互动过程中作用于青少年，情景体验教育活动的过程即是角色扮演的过程，通过此过程将社会结构内化于每个青少年的心中，促进青少年心智和自我的完善，在此过程中要充分发挥身份、文化和情感的作用。在此过程中，共青团、少先队活动形成固定的模式，实现了活动的程序化，进而形成了模式化的互动，进一步提升了活动的效果，在一定程度上促进了社会结构的改变。

---

① 乔纳森·H. 特纳. 社会学理论的结构［M］. 邱泽奇，张茂元，等译. 北京：华夏出版社，2006：415.

② 乔纳森·H. 特纳. 社会学理论的结构［M］. 邱泽奇，张茂元，等译. 北京：华夏出版社，2006：415.

五、社会互动视角下情景体验教育活动的关键点

结合情景体验教育活动开展过程中出现的问题，以及上文所分析的情景体验教育活动的内在逻辑，应将情景体验教育活动看作社会互动的过程，从互动过程的关键点——互动性、社会结构、心智、自我、身份、文化、情感等出发来开展情景体验教育活动。

（一）注重活动的互动性

从社会互动视角来看，情景体验教育活动的过程是学生和教师在进行反复互动过程中不断实现价值规范内化的过程。在此过程中，学生处于主导地位，教师只是对活动的开展起到辅助的作用。因此，从社会互动视角来看，情景体验教育活动开展的关键点之一是活动互动性的构建。主要表现为：在活动开展过程中，教师要改变传统的单向的知识灌输的思维和教师在活动中居于主导地位的思想，在活动中敢于放开手脚，让学生自己选择剧目蓝本、自己组织剧目的编排，让学生成为活动的主角，让学生在发挥自身主观能动性的基础上加强彼此之间的沟通，让学生在反复互动的基础上提升自身的素质，实现规范的内化。在活动开展过程中，要注重学生与学生之间、学生与教师之间良性互动关系的建构，使两者在平等的基础上进行沟通和交流，在沟通和交流的基础上促进社会规范的内化，促进学生思想政治素质的提高。

（二）注重社会结构尤其是社会规范作用的发挥

从社会互动视角来看，情景体验教育活动的根本目的是通过价值规范的内化达到对学生进行思想政治引领的目的，社会结构尤其是其重要组成部分社会规范，是学生需要学习和内化的内容，是思想政治教育的内容，在对学生进行思想政治引领过程中讲解和解读规范是思想政治教育的第一步，对社会规范的内化和应用是思想政治教育的最终目的。因此，在情景体验教育活动开展过程中要注重利用社会结构尤其是社会规范加强对学生的思想政治引领。首先，在剧本选择的过程中，要从学生的学习、生活实际出发，密切注意所选择活动主题涉及的社会规范，从规范的角度出发对剧目主题的选择进行考量。其次，在剧本解析与修改过程中，要及时向学生讲明剧目所涉及规则的内涵，使学生从深层次上理解剧目的主题。再

次，在剧目编排的过程中，要借助剧目的编排向学生讲明剧目所涉及规范在不同情景下具体的应用。最后，在思辨阶段，教师要引导学生围绕活动主题所涉及的社会规范进行充分讨论。例如，针对公交车上是否应该让座这一问题，应该就这一情景所涉及的尊老爱幼、谦让等社会规范进行详细讲解，并带领学生在实践和排练的过程中充分理解其在不同情景中的应用，就遇到的问题进行充分讨论。

（三）注重学生思维和人格的培养

从社会互动视角来看，情景体验教育活动以互动为主要形式，来实现学生心智和自我的完善，即学生思维和人格的培养。因此，在情景体验教育活动开展过程中，要注重学生思维能力和人格的培养。在情景体验教育活动开展过程中，教师要注重培养学生的思维能力，引导学生在学习社会规范的过程中不断提升自己应用规范的能力，使学生在不同的情境下能灵活运用所学社会规范，将所学社会规范融入自己已有的知识系统，从而促进学生人格的不断完善。尤其要充分利用活动最后的“辩论反思”阶段，引导学生在反思的过程中提升自己的思维能力和思维水平。“杜威曾认为，经验的教育价值具有两个先决条件：一是经验的连贯性，二是对经验的理性反思。反思性实践是理性实践的内在规定性。综合实践活动的实施，一方面需要建立学生系统的、连贯的经验，另一方面需要通过反思提升学生的经验，形成感悟。”①

（四）注重学生所扮演身份的构建

从社会互动视角来看，身份将个体和社会结构进行了连接，身份是实现社会规范内化的重要载体，情景体验教育活动的开展必然会涉及学生所扮演的身份。因此，在情景体验教育活动开展过程中，要将身份的建构作为活动的一个关键点，要注重学生所扮演身份的构建。在活动开展过程中，要引导学生正确认识所扮演身份应承担的权利和义务，引导学生认识所扮演身份在整个社会结构中的位置，引导学生认识所扮演身份与整个社

① 郭元详，舒丹．论综合实践活动的育人功能及其条件［J］．教育发展研究，2019（10）：25－29.

会的关系，从而使学生对自己所扮演身份有完整清晰的认识。在排演过程中要引导学生深入实践，详细了解所扮演身份的呈现情况，使学生对自己所扮演的身份有直观的感受和认识。

（五）注重文化和情感作用的发挥

从以上分析可以看出，互动情景的建构必然会涉及文化和情感作用的发挥。因此，在情景体验教育活动开展过程中，要将文化和情感作为活动开展的关键点之一，利用文化来促进活动的深化，将我国优秀传统文化、革命文化、社会主义先进文化融入情景体验教育活动中；利用情感来保证活动的效果，通过对学生情感的调动来保证思想政治引领的效果。

六、结语

本研究结合情景体验教育活动的开展现状，着重从社会互动中角色扮演出发，从微观的、动态的视角对情景体验教育活动的本质、内在逻辑、关键点和方式方法进行了深入系统的分析，为共青团、少先队活动的创新提供了一定的思路，为情景体验教育活动的开展提供了一定的理论支撑和方式方法，研究取得了初步的成效，但是也存在一些问题。由于经费不足，访谈的个案有限，导致无法用扎根理论的方式对情景体验教育活动进行深入系统的分析，只是就访谈过程中发现的问题进行了一定程度的分析，导致在研究过程中理论与实践结合方面还存在一定的欠缺；社会互动理论涉及的流派较多，学者也较多，但只是根据研究的需要选取了与研究密切相关的以米德为主的部分学者的理论进行了分析，研究的深度和系统性有待进一步提高。

作者简介：

赵慧慧，法学硕士，共青团山西省委团校助理研究员，研究方向为青少年和青少年工作，发表省级期刊论文五篇，主持完成课题两项。

情景体验教育活动的特性

晋中信息学院（原山西农业大学信息学院）　薛可可

一、剧情的真实性、微小性、时效性

（一）真实性

在百度百科中，“真实性”一词源于希腊语，意思是“自己做的”“最初的”。真实性概念最初用于描述博物馆的艺术展品，之后被借用到哲学领域的人类存在主义的研究中。19世纪70年代，旅行者开始重视“真实性”的旅游体验，期望获得更真实、更深入的旅游体验，“真实性”概念于是延伸到旅游领域。情景体验教育设计的剧情，要求故事的真实性，必须遵循“三贴近”原则（贴近生活、贴近学生、贴近实际），杜威强调教育即生活，陶行知强调生活即教育。生活在教育之中，教育在生活之中。学生学习的知识来源于生活，应用于生活，剧情的主题内容应与生活实际相结合，在此基础上，故事的设计和演绎必须符合现实生活逻辑，合乎情理，让学生在剧情中能进入到入景入情入心的状态，最终情景体验的目标才能具有教育性。剧情的真实性不仅体现在剧情内容的真实，还应体现在台词、道具、人物形象等方面的真实，需要还原真实的历史场景。剧情设计时，不可以为了博取眼球或者取得更好的舞台效果随意改编事实，这样做不仅不尊重历史，也会让学生在思想政治教育过程中产生模糊和怀疑的心态。

（二）微小性

小故事大道理，通过校园情景剧传递社会主义核心价值观，剧情的设计需要从生活的细微处入手，捕捉我国各个时期发生的大小事，包括代表性人物、领袖人物等为国奉献、为国捐躯、优良传统等优秀品质的各类点滴小事。学生需要在较短的时间内，把真实的历史场景演绎成一部有声有色的剧情，还原现场，还原事实，并且让学生身临其境，获得高峰体验，达到教育目的，剧情的设计者需要抓住生活中发生的小事进行还原，搬到舞台上演绎人生，传递大道理。

（三）时效性

时效性是指同一事件在不同的时间具有很大的性质上的差异，情景体验的引导和设计要注重顺应时代的发展，紧紧把握其时效性特点，符合当前学生年龄阶段和文化认知水平，在主题活动选择和故事情节改编等方面应做到与时俱进，能够充分发挥学生的独立自主意识和主动探索的精神。围绕学生关注的社会问题、现实生活展开情景设计，在教育过程中，根据学生特点激发其学习的兴趣，努力挖掘和利用贴近学生现实生活的素材。情景体验教育是根据当前大环境下发生的大小事进行剧情设计，所以应做到及时开展，因此，活动中贯穿着社会主流思想的引导和启迪，能够在潜移默化中影响学生的情感和思想，能够迅速激发学生的学习热情和兴趣，并在演绎过程中将所演所思所想直接深入到思想政治教育中。

二、活动过程的叙述性、情景性、体验性、教育性

（一）叙述性

情景体验教育活动在剧情演绎过程中，需要演绎党史、国史、改革开放史中的感人故事，通过叙述主人公事迹发生的背景，事情发生的起因，事情发生的详细经过，事情发生过程中相关的人物，此事对社会和人物的影响，讲述故事的主线，通过角色扮演，配合灯光、服装、音乐、场景等演绎故事。在叙述过程中情节完整，条理清晰，反映事实，追述情由，倾诉经过，回忆往事，说明遭遇，让剧中人能够入景、入情，在演绎过程中，体验深刻，以达到教育的目的。

（二）情景性

情景体验教育活动是以时间、空间为基础创设现实中的具体、生动的情景，是历史故事的情景再现，必须是真实的，舞台背景和故事情节必须相符，场景布置要像生活一样自然，符合现实、生活逻辑和人物性格，不

能违背历史，并明确体验者扮演角色和身份的转换，将体验者置身于相应的情景之中，以人、事、时和物为主要元素进行导入，促使学生在形象的、直观的、动态的氛围中做到情景再现。情景体验教育活动能够帮助学生通过情景体验真实模拟激活内心的情感世界，使学生沉浸于当时的体验之中，直面历史现实问题，体验真实世界的点滴，感受当今社会的热点，使得思想政治教育从理论层面上升到实践层面。

（三）体验性

情景体验教育活动中的体验性是指学生在全剧情过程中要完成所有的实践体验，学生亲身参与其中，全过程完成所有的体验。在情景体验中注重情感与道德体验的内化过程，强调用心去体会，去感悟。“纸上得来终觉浅，绝知此事要躬行”，让学生真实地参与剧本的编写，借助道具、音乐、绘画、舞蹈、灯光等客体，激发表演者的触觉、嗅觉、视觉等感官刺激，让表演者在表演的过程中不断产生灵感，不断寻找解决自身问题的各种途径，融艺术和现实为一体，拉近剧本与现实的距离，拉近演员与角色的距离，只有学生主动参加活动，亲身体验，才能获得真情，才能有刻骨铭心的教育。从剧本主题的选择与改编、人物塑造、角色扮演，甚至是道具的准备与摆放、舞台的设计等每个环节都必须让学生亲身经历，情景体验教育注重学生在体验中学习，在体验中发现问题、解决问题，最终形成对问题阐释的理论认知。情景体验注重人的个体体验，也就是人的内在需求的发展所带来的自我体验学习过程，这一过程可以理解为自我教育的过程。同时学生通过全程参与，自主完成，用学生的视角阐释问题，也增强了剧情活动的趣味性和参与性，让学生在开心中体验，在体验中学习。比如，学生通过角色体验、剧情分析、剧本编写等，亲身体验道德模范的感人故事，设身处地地感受他的生活与行为，感悟他的道德内涵，从而产生深刻的认知，让自己在具体生活中学习他们的精神。

（四）教育性

情景体验教育活动的目的是育人，通过舞台呈现的方式将具有教育意义的党史、新中国史、改革开放史、社会主义发展史中的人物故事演绎出来，教师通过教育主题性的体验设计和组织，让学生带着现实生活问题进入情景，在情景中互动呈现，体验过后彼此分享感悟，教师将“大道理”悄然地灌输到问题中、剧情中，引发学生在实践中探求规律、探寻真理，启迪自我、启发同伴，实现知行合一和融会贯通的教育目的。在社会主义核心价值观的情景剧演绎过程中，学生通过资料查阅、剧本编写、演出排练、道具准备、视频制作等过程能够深化对社会主义核心价值观的认识，增强自主学习、团结协作、创新实践的意识，提高写作能力、思维能力、动手能力、语言表达能力，有效促进学生综合素质的全面发展。

作者简介：

薛可可，体育学硕士，晋中信息学院（原山西农业大学信息学院）副教授。研究方向为体验教育、体育教学，在《大学》《教育现代化》《文体用品与科技》等期刊发表学术论文七篇，主持山西省教育厅、团省委研究课题两项，参与山西省教育科学“十三五”规划专项课题一项。

情景体验教育活动的操作要义之角色分析

运城市文化艺术学校 荆 娟 潘 蕾 范剑青 杨 军 杨 霞

情景体验教育活动的积极意义在于：以学生全员参与、全程参与为原则，以自我教育为手段，引导青少年自觉培育和践行社会主义核心价值观为目标，提高青少年的观察辨识能力，并在参与的过程中认识自我，挖掘潜能，实现其情感认同、思想认同、政治认同、行动认同，达到拟景塑人，以境育人，立德树人。

情景体验教学剧既源于生活，又高于生活，于无形中孕育有形的思想，指导可见的行为。作为一项实践教育活动，学生参与、舞台实践是其主要表现方式。学生通过对剧本角色定位与关系分析，塑造完美的人物形象，让他们在参与的过程中，经过生活的对比、剧情的渗透，从自己内心深处真正地去感受，并将其内化为行为，最终形成良好的思维习惯、行为习惯，积极正面地思考问题。要做好剧本的学习和研究，深入分析人物角色主次、定位及角色之间的关系，引导学生做好角色人物塑造。

情景体验教学剧中人物角色的主次、定位及角色之间的关系分析对剧本人物塑造起着重要作用。剧本角色分析的准确程度关系到整个作品演出后所能达到的效果，关系到对作品主题思想的诠释准确与否。通过剧本的研读，从剖析剧本、分析作品、人物构思、表现角色四部分来进行具体分析，分析人物角色的性格、背景资料、是正面角色还是反面角色、与其他角色的关系、各个角色的动作特点、服装与道具的特殊要求、生活习惯、分别出现在哪些场景中、各个人物角色要完成哪些活动和任务等，使扮演者对作品中的角色了然于心，从而塑造出剧本中完美的人物形象。

一、 剖析剧本， 把准作品的思想内涵

接受创作任务后，要从作品入手，认识作品所需要的角色扮演者。所

谓剖析，既要认其貌又要识其心。通读作品有一个初步的认识，根据自己对剧本作品的理解，各自发表看法和感受，共同讨论、分析。老师主要负责对作品所要表达的思想内涵和时代精神进行诠释、启发和引导，激起学生政治上的认同、思想上的共识。学生通过对作品的通读细化，统揽全剧。在理解的基础上，不仅要关注主要人物，还要注意剧中其他人物，通过角色对比和剧本情节的发展，对人物进行分析研究，可以获得对剧本人物更全面深刻的认识，归纳出人物的个性特征，提炼出鲜明的独特性，理出人物的关系网，分出主次。没有深入的认识，就没有深刻的表演。对角色性格、心理和情绪的独特性认识，是角色定位的前提。

（一）剖析剧本的主题思想，了解排演的实际意义

主题思想是一个作品的灵魂，剧中一切冲突展开的根源，一切人物、环境、情节都是为主题思想服务的。通过对剧本的阅读，体会蕴含在故事情节和人物行为中的思想内涵，理解作品的主题精神，明白对现实生活的指导意义。主题思想是通过冲突展现出来的，一般从分析冲突的性质、冲突双方的人物、冲突结果来提炼主题思想。冲突是剧本故事的助推器，人物在冲突中性格更加鲜明，主题思想在冲突产生的结果中更加明确。

（二）分析故事情节结构，理出全剧的框架结构

剧本的故事情节由开始、发展、高潮、结局四部分组成。通过故事情节中人物的冲突、事件的发展，梳理出剧本的情节线，认识剧本的结构比例，把握每个局部、每个细节在全剧中的位置及内在关系，由浅到深，循序渐进理出情感起伏脉络和故事情节发展过程。

（三）研究故事发生背景，孕育角色形象素材

要把剧本分析透彻，真正理解剧本中人物角色所要表达的感受和情绪，还有一个任务就是理解角色所处的背景。这个背景包括时代背景、历史背景、社会背景，以及身份、习俗、职业特征背景。不论怎样鲜明独特的性格都不能超越历史时期和自身条件的种种局限，或者说不能超越社会文化的局限。每一个社会文化背景下的人，都具有代代相传的行为模式、信念和人与环境之间相互影响、相互作用形成的思维模式以及对事、物、人的观点和看法。

通过剖析剧本学生对人物及整个作品有一个基本的了解后，老师进一步深入启发、引导和分析，让学生明白人物的特征不是单纯的通过个人角色中的动作、语言、情绪所表现出来的，而是通过在舞台上的角色对比、角色间的衬托，产生角色互动，在典型的情景中才有了主要人物鲜明的特征。每个人物角色的精准把握，都需结合整个剧情和单场情节来完成，然后形成剧中人物各自独特的角色定位。

二、对人物角色进行分析，塑造角色形象

角色的分析是通过分析剧本、分析人物之后，对扮演的角色有了理性的认识。分析是对未来形象的设计，是形象在演员心中的孕育和成活。“得角色之心”，然后以此为据，酝酿角色形象。

（一）由表及里，得角色之心

在生活中我们评价一个人的依据是看他说什么、做什么，演员也要通过剧本中角色的台词、言论和行动来认识角色的思想品质。这就像一个中医大夫那样，进行一番“望、闻、问、切”。望，即观察其行动；闻，即分析其语言；问，即分辨其品质；切，即像从脉搏的跳动探其脏腑一样，从外在的表现，寻幽探微，洞察其心灵世界。

1. 从台词中挖掘角色的意向

“语言是人类最重要的交际工具”，人们利用它进行交流，相互了解，实现自己的愿望。在剧本中，语言是剧本的主体，是介绍剧情、展开矛盾冲突、推动情节发展、揭示主题的重要手段。通过人物角色的语言，理出角色的思想线，认识其思想本质。“语言是思想的直接现实”，是表露在外部的思想，但这仅是思想的一小部分。演员研究台词，正是从少量的语言入手，从台词的语气、语调、节奏去感受人物的性格特征，并依此理出人物具体的思想脉络。

“内心独白”是常用的舞台创作术语，是指角色的思维活动，是没说出来的内心语言，包含着角色的感觉、理解、判断和作出相应的决断。

潜台词是掩隐在台词深处的潜在含意，是弦外之音、言外之意，体现

角色的真实意图。

2. 从行动中挖掘性格特征

行动就是人们为了实现自己的愿望、欲求所进行的实践活动，这个活动是通过语言和形体两种基本手段来完成的。行动的过程体现出人的目的性和意志性。舞台上一个艺术形象的塑造，正是由一系列的舞台行动来完成的。离开了舞台行动，就谈不上人物塑造。所以说，表演艺术就是行动的艺术。

性格决定行动，行动体现性格。作家为塑造某种性格，设计了人物一系列的行动。而演员是通过分析人物的系列行动来挖掘人物的性格，认识人物的心理特征、行为特征、外貌特征。把这三个特征集中体现出来的，不仅是人物“做什么”，更重要的是“怎么做”，也就是说人物为了实现自己的目的所采取的行动方式。行动方式的独特性，最能展现性格特征。在通过行动方式分析人物特性时，应注意既要把握性格的基本特征，体现人物的“主旨”，又要注意性格的多面性，即性格的丰富性。通过“察其言，观其行”，由表及里地对角色的思想、感情、性格等进行基本认识，对角色的主旨和主导动机也要做理性的把握。

（二）由此及彼，理出关系网络

一出戏的价值在人物形象的经典塑造。一个鲜明的性格，也只有在一定的关系中才能确立。

1. 在文学作品结构中认识角色的作用和地位

首先是认识角色在人物结构中的位置。一个好的文学作品，有多个人物结构设置。演员要找准各个人物在作品中的人物结构位置，也就是定位，是为了认识角色的功能和作用，以便达到红花绿叶，各得其所，各角色既到位又不越位的恰当处理。其次是认识角色在故事情节结构中的作用。剧本矛盾冲突往往把人物分成既相互对立又相互衬托的矛盾双方。但这些角色又都体现主体思想的一个“分子”，每个角色都有既定的任务，都是为了直接或间接地体现主题思想而存在的。厘清每个角色的愿望，他要做的是什么，阻止他前行的力量是什么，发生冲突双方的原因是什么，理解情节结构的作用，才能找到角色恰如其分的定位。再次，在性格搭配中把握角色的个性。作者在塑造人物时往往采用对比法搭配不同性格，使之更加鲜明，其中包括对抗性搭配和差异性搭配。

2. 在故事情节进展中把握角色性格的发展

人物性格和故事情节是相辅相成的，性格总是伴随着故事情节的发展而生长、变化、发展。某种性格总是在遭遇中产生变化，在和命运的搏斗中推动、升华。故事情节是人物性格成长的历史。性格发展的外部条件是人物的客观境遇，性格发展的内部原因是人物的意志力量。把握主、客观因素也是理解角色的重要依据。

研究人物性格的发展，必须厘清人物发展的阶段和层次，注重其与情节进展的递进关系。层次递进像一幅画卷，有顺序、合乎逻辑的展示，可以使形象节节上升，走向最高点。如人生的每个阶段都具有鲜明的阶段特征，从心理学的角度来说，童年期处于意识的第一个阶段，对世界表露出明显的好奇心，存在各种各样的疑问，又以自我为中心，唯我独尊，外在的行为大多不受约束和控制，处于一种无知无觉的本我状态；青春期表现为自主意识增强，自尊心变强，渴望交流和友谊，易于冲动并富于幻想，性意识也开始萌动，表现为寂寞与孤独、忧虑与不安、期待与向往，以及苦闷与忧郁，处于一种自我探索的冲突状态；青年期因为要进入真正的成年，这一阶段的内心充满了各种激烈的矛盾，一直处于理想、信念和现实的冲突和对抗当中，表现出来的就是内在的种种困扰和外在的活力组合而成的渴望自我标榜的张扬状态；中年期人的个人态度趋于成型，社会地位也逐渐稳固，最突出的特点就是稳定，知识和教养沉淀成为特有的气质，行为逐渐谨慎，喜怒不易外露，表现在内心和外在的都是一种老练持重的平衡状态；老年时期，人的生命不再上升和扩张，生命的燃料濒临耗尽，开始转入虚弱、无争的生活，开始更多地关注安全、健康、舒适，在许多行为和心理上都重新退回到人的初始阶段，进入一种任风雨来袭的从容状态。

人的生命状态的阶段性变化又存在着不同的层次，而且常常表现为生理层次、心理层次、情感层次、精神层次、社会文化层次的综合体。相对于生理层次而言，心理层次更高一级，随着各种心理状态的变化，外在表象包含的内容和意义都会在主体的意识反映里起到不同的作用，引起不同的体验、理解、想象、联想，激发不同的情感和精神活动。社会文化层次，一般来讲，除了个别的现象，会随着年龄的变化而处于整体性的稳定状态，不同的社会文化层次总会表现出这个层次特有的外在行为方式和心理行为方式。例如，1910 年，毛泽东低吟："春来我不先开口，哪个虫儿敢作声。"表露出他宏伟的抱负和奋发向上的勇气。1911 年，周恩来高喊："为中华之崛起而读书。"尽显出中华少年的博大胸襟和爱国情怀。当大多数青少年还在经历叛逆期的时候，年轻的伟人们就已踌躇满志、蓄势待发了。可见，处于同一生理阶层而社会文化层次不同的人，引起的心理层次也必然不同。文化层次越高，思维层次就越深；反之，文化层次越低，思维层次就越肤浅。

（三）通过观察、分析剧本，归纳出人物的个性特征

人物的个性特征包括外部特征、社会特征、心理特征等几个方面。

1. 人物形象的外部特征：即性别、年龄、肖像、健康状况、生理特征、习惯动作、服饰装扮等。

2. 人物形象的社会特征：即人物所处的时代、国家、民族、地域、政治态度、职业特征、家庭环境、习惯爱好等。

3. 人物形象的心理特征：思想品质即对社会、对他人、对自己的态度、道德情感、审美情趣、独特的思维方式；基本素质，即知识储备、智慧程度、思维敏捷度、意志耐受力。

三、对剧本人物构思，使角色成活于心

文学作品给角色扮演者的创作提供了方向，但同时又制约着演员个人的创作轨道。因此，演员必须在吃透剧本的前提下，发挥自己的想象，变平面文学形象为有血有肉的立体舞台形象，引起观看者的思想和情感共鸣，促使其思想于无形中产生，从而影响其行为模式的改变。

（一）角色构思的内容

1. 角色的外貌特征主要包括基本造型、行动方式、音容笑貌、举止言谈、服饰装扮。

2. 角色的心理面貌主要包括思想状况、精神气质、性格特征、鉴赏评价。

3. 角色的发展布局主要包括行动方式、段落结构、技术运用及创新等。

（二）角色构思的方式

构思需要具备一定的联想能力、想象能力和解构能力，充分调动学生的生活积累和艺术体验的经验，把角色的形象成活于心、化形于外。

1. 从作品出发，用心体会

一是吃透作者的创作意图。也就是把握作者对剧本人物的评价、解释及潜在目的。当我们把目光延伸到剧本的背后，去观察作者的心灵时，就会发现更深刻的东西。二是确立自己的角色创作意图。演员是带着自己的社会经验、审美理想、道德观念来感知剧本中的角色并孕育角色的，让自己对剧本的认识转化为看得见、听得见的舞台形象。三是把握角色的现实意义。发挥小舞台对大社会的积极解读和折射作用，以高度的社会责任感，以审美为桥梁，潜移默化地发挥文艺作品的教化功能和认识功能，唤醒学生的自我意识，发挥学生的主体作用，激发学生的创造力、思考力。

2. 从角色出发，用心想象

认识人物是由表及里的，构思人物则是由内到外的。读完一部作品后，脑子里形成的刚刚读过的作品中人物的形象与自己的想象力相结合，根据自己对人物性格的解释选择应有的造型，以对人物内心体验去选择鲜明的表达方式，再从人物的类型出发，去寻找人物的个性，形成剧本人物独特的形象思维。

3. 从技艺出发，用心塑形

外部技术是为塑造人物服务的，为全剧服务的。塑造人物形象，把人物的行动、感情赋予艺术化、生活化、技巧化的表达，以达到舞台人物形象独特、角色性格鲜明的目的。

舞台作品的人物塑造，并非完成于演员，而是完成于观众的心目中，因此，要把心中的形象转化到具体人物形体上来，并运用艺术的手段给予体现，这就需要激发学生的设计能力和表现能力，身体力行地把角色树立在舞台上。正如画家作画，首先“眼中有竹”，有了客观的认识和感受；然后转化为“胸中有竹”，即融入画家的心意和情感，孕育在怀，打好腹稿；最后成为“笔下之竹”，即运用技巧和功力，落笔成画，完成作品的创作，也就是观察体验、酝酿设计和创作塑造的全部过程。

四、形神兼备，把剧本人物角色展现出来

演员对整个剧本中的个人角色的起伏、高潮的把握，对演员之间形成的角色起伏、剧情高潮的把握，以及演员对剧情的烘托，使角色不仅表现出外在的形式美，还需让观众感受到内在的意象美，要达到“意”与“色”合、“形”与“神”合、“观”与“演”合。

“意”是指内在的立意，是看不见、摸不着的；“色”指外在的色相，即看得到的东西。“意”与“色”合，即把无形的立意化为有形的色相。演员根据角色的情感提炼出意象，并把这种意象展现为观众可以看到的舞台上的鲜明的形象。“形”与“神”合，“形”是人体运动的客观状态，“神”是人的主观精神和思想感情的表露，一内一外，互为倚仗，形成一种可感的审美客体。“观”与“演”合，指舞台表演与观众欣赏相结合。好的演员要有爆发力，即激情，才能打动观众。但更好的演员还要有控制力，能放能收，有激情也能含蓄，使观众按演员预设的思路走，把观众的想象引入预定的审美轨道，把控观众的情感体验。演员真正投入自己的感情，将对角色的心理体现做到了出神入化，达到了“形为先，神韵超乎其表；神韵为主，寓于形，融为一体。若有形而无神韵，神采即脱格矣。故形神兼备，神似胜于形似”的境界，这才是演员通过行动体现角色心理的最终目的。

运用心理和技巧准确地表达内心的情感活动，是把主观情感客体化的过程，也是一个移情和通感的过程。艺术领域中的移情，就是人在观察外

界事物时，设身感受事物的境地，把原本没有生命的东西看成有生命的东西，仿佛它也有感觉、思想、情感、意志和活动，同时，人自己也受到对事物的这种错觉的影响，和事物发生共情和共鸣。通感是指“一种感觉兼有另一种感觉的心理现象”。在日常经验里，视觉、听觉、味觉、嗅觉、触觉往往可以彼此打通，身体各个官能的领域可以不分界限。颜色似乎会有温度，声音似乎会有形象，冷暖似乎会有重量，气味似乎会有锋芒。这种移情和通感，实际上就是要求演员在对角色的认识和理解的基础上，积极调动想象联想和情绪记忆，使角色的情感同演员对角色的情感体验、与演员自身的情感体验相融合，化为一种情感上的共鸣。在表演中，演员对角色情感的体验不同于生活当中自我的情感体验，但是，在通过主体意识的活动化身为角色的过程中，移情和通感所产生的快感是自我内心活动所体验到的愉快和欣喜，是演员将自我情感投射在角色身上，对角色的情感产生深层次的理解，达到了创作中自我和角色双重情感的有机融合。

演员创造的具有鲜明性格的角色形象只有能够说服和感染观众，才能够体现创造的价值，如果不考虑观众的感受，闭门造车，那么创造出来的角色就不会有强大的生命力，只能昙花一现、孤芳自赏。

演员在表演过程中，只有处于情境中，用符合角色的身份去做出一些合乎逻辑的行为，进行思考，角色才会显得丰满，才会更加真实自然，从而吸引观众。只有做好角色分配与角色体验，才能在舞台上塑造出生动感人的经典人物形象。通过对作品具体化的表现过程，不仅为学生提供了互相协作、荣辱与共等团队精神的平台，更重要的是让他们在合作基础上，使艺术表现、审美能力和思想感情表达得到锻炼与提升，从而有利于学生的全面发展，有利于个人价值的实现。

参考文献

[1] 胡芝凤．戏曲演员创造角色论［M］．上海：上海文艺出版社，1994．

[2] 赵景勃．戏曲角色创造教程［M］．北京：文化艺术出版社，2004．

[3] 李锦云．表演心理学［M］．北京：世界图书出版公司，2007．

［4］杨旭．演员台词训练［M］．北京：中国戏剧出版社，2016．

［5］胡导．戏剧表演学［M］．北京：中国戏剧出版社，2018．

［6］张志勤．演员如何表现和体验角色［J］．戏剧之家，2019（7）：41．

［7］厉震林，朱卉．论戏曲表演技艺与中国当代影视表演创作及其实践［J］．剧作家，2010（3）：113－119．

［8］杨娜．谈演员对人物的塑造［J］．文艺生活，2018（8）：126．

［9］郑立朝．浅谈戏曲表演与人物塑造［J］．魅力中国，2017（21）．

作者简介：

荆娟，运城市文化艺术学校团委书记，思政讲师，山西骨干教师，运城市思想政治工作研究会理事。

情景体验教育活动内容内化过程分析

山西大学　高　玲

一、 情景体验教育活动内容内化的实质与意义

（一）内化的概念

内化（internalization）的语意是成为主观和内在化，指外部的客观的东西转化为内部的主体的东西的过程。

以迪尔凯姆为代表的社会学家认为，内化是指社会意识向个体意识的转化，亦即意识形态的诸要素移置于个体意识之内。

这一概念后来为一些心理学家所采用并拓展，英格利希、阿伦森等学者认为，内化就是采纳别人或社会的观念、价值观并将其纳入自己的价值体系中。① 维果茨基认为，内化是指个体将社会环境中吸收的知识转化到心理结构中的过程。心理发展源于在社会交互作用中对文化工具的使用，源于将这种交互作用内化和进行心理转换的过程。②

思想政治教育的内化过程就是教育者传授的思想政治教育目标、内容和要求，转化为受教育者的个体意识，是由外在的知识、理论、规范向个体内在思想领域转化的过程。具体来说，内化过程就是教育对象在教育者的帮助下或在其他社会因素的作用下，进入接受活动状态，与接受客体（教育者所传授的思想政治教育信息）直接互动，在理解这些信息所蕴含的意义的基础上作出认知（是非、真假）判断、情感（好恶）判断、价值

---

① 《思想政治教育学原理》编写组. 思想政治教育学原理［M］. 北京：高等教育出版社，2018：18.

② 陈琦，刘儒德. 当代教育心理学［M］. 北京：北京师范大学出版社，2007：40.

（利害）判断、审美（美丑）判断，进而作出吸纳与拒斥选择的过程。①

据此，情景体验教育活动内容内化的实质就是学习者对由教师创设的情景或者学习者自主创设的情景中的各种信息加以感知，并与同处情景中的他人进行符号互动，在自己已有经验的基础上对新信息进行意义理解，将其整合到已有价值体系或创建新的价值体系的过程。内化的结果不仅是学习者真正地相信、接受和遵守社会的思想政治道德要求，而且是自愿将这些要求作为自己的价值准则与行为依据。

（二）情景体验教育活动内容内化的意义

1．充分发挥学习者在教育活动中的主体性作用

情景体验教育活动关注教育对象的自身需要、情感以及价值等感情和情绪，能在鲜活的情境中激发学生学习的内在动机。而传统的思想政治教育偏重于教师的讲授，是一种自上而下的学习。人本主义心理学家马斯洛认为这样的学习是外在学习（external learning），是单纯依赖强化和条件作用的学习，属于一种被动的、机械的教育模式。对学生来说，在教师强制之下的外在学习“是缺少个人意义的，只是对个别刺激所做的零碎反应。像这种学习，无论学到的是什么，都不是学生自己决定的……学生所学一切，对他个人的心智成长，毫无意义”②。因此，马斯洛倡导内在学习（internal learning），认为学习应该依靠学生的内在驱动。③ 罗杰斯则进一步提出，教育要培养“躯体、心智、情感、精神、心力融汇一体”的人，也就是既用情感的方式也用认知的方式行事的情知合一的“全人”（whole person）。他批判传统的教学过分强调学生的认知学习，而非经验学习。他认为认知学习只涉及心智（mind），而不涉及感情或个人意义，是一种“在颈部以上发生的学习”，因而是一种无意义的学习。经验学习以学生的

---

① 王仕民．思想政治教育心理学概论［M］．广州：中山大学出版社，2015：83．

② 张春兴．教育心理学［M］．杭州：浙江教育出版社，1998：260－261．

③ 陈琦，刘儒德．当代教育心理学［M］．北京：北京师范大学出版社，2007：204．

经验生长为中心，以学生的自发性和主动性为学习动力，把学习与学生的愿望、兴趣和需要有机地结合起来，因而经验学习是有意义的学习，能有效地促进个体的发展。基于知情统一的教学观，罗杰斯继而提出学生的学习应该是自由学习，即学生整个人（包括情感和认知两方面）都投入到学习活动的、自发的、可以促进学生的行为和态度以及人格获得全面发展的、由学生自我评价的有意义学习；教师的任务不是教学生学习知识，也不是教学生如何学习，而是为学生提供各种学习资源，提供一种促进学习的气氛，让学生自己决定如何学习。① 因此，罗杰斯主张开展“以学生为中心”的教学，较之于常规的课堂教学，这种教学能够在促进学生心理成熟方面起到更大作用。②

从上述人本主义心理学家的理论观点来审视情景体验教育活动，这种强调学生在具体情景中的体验基础上进行思想政治教育内容内化的学习，正符合了马斯洛所提倡的内在学习以及罗杰斯所提出的经验学习的特点，因而在这种活动中，学生的学习与其个人意义紧密联结。因此，重视情景体验教育活动内容的内化，可以充分调动与体现学生的学习主体性。反之亦然，只有充分发挥学生的主体性，才能真正促进学生对情景体验教育活动内容的内化。

2. 有力促进学习者对教育内容的主动建构

建构主义理论认为，知识不是脱离活动情景的抽象的存在，只有通过实际情景中的应用活动，才能真正被理解。学习不是教师向学生单方面的灌输，而是学生主动的知识再建构。建构主义心理学家强调教师要通过创设一定的情境，让学生感受知识，形成情感体验，进而发挥主观能动性，积极地认识和建构外在客观世界。③

---

① 陈琦，刘儒德. 当代教育心理学［M］. 北京：北京师范大学出版社，2007：205－206.

② 王仕民. 思想政治教育心理学概论［M］. 广州：中山大学出版社，2015：72.

③ 赵国栋，郑惠杰. 对生命教育的一点反思：学校德育中背景体验模式的建构［J］. 太原城市职业技术学院学报，2010（1）：118－119.

在思想政治教育过程中，学生的学习不单是知识由外到内的转移和传递，而是学习者主动地建构自己的知识经验的过程，即通过新经验与原有知识经验的双向的相互作用，来充实、丰富和改造自己的知识经验。在这一过程中，学习者不是被动的信息吸收者，相反，他要主动地建构信息的意义，在接收新知识时，会主动激活已有的认知结构，对新知识接受过程进行检验与核对，检视新知识与旧有认知结构的区别与优劣，选择性接收并建构新的认知结构。① 因而我们也可以将通过情景体验教育活动而展开的认知学习理解为一种在已有认知结构的基础上形成新的认知结构的过程。在情景体验教育活动内容内化的过程中，学生的学习过程始终与情境化的社会实践活动有机结合。面对情境所提供的新信息、新概念、新现象或新问题，学习者必须充分激活头脑中的先前知识经验，通过高层次思维活动，有目的、有意识、连贯性地对知识进行分析、综合、应用、反思和评价。学习者要不断地思考，对他所看到、听到、接触到、感受到的各种信息和观念进行加工转换，基于新、旧知识进行综合和概括，解释有关的现象，形成新的假设和推论，并对自己的想法进行反思性的推敲和检验。学习者作为学习活动的主人承担着学习的责任，需要对学习活动进行积极的自我管理和调节。② 正是在这种具体的、情境性的、可感知的活动之中，教育内容才能真正被学生所理解和接受，主动建构起自己的意义体系。

3. 切实提高情景体验教育活动的实效性

对情景体验教育活动的实效性的检验，一方面考查学习者对教育内容的内化程度，另一方面也强调学习者能够将所内化的知识外化为实际行为的能力，但是脱离开学生对教育内容的内化过程而单纯强调行为规范的形成，将无法实现思想政治教育践行的目标。因此，为提高情感体验教育活动的实效性，就必须科学组织学生对教育内容的内化过程。这一过程不能

---

① 王仕民. 思想政治教育心理学概论［M］. 广州：中山大学出版社，2015：71.

② 陈琦，刘儒德. 当代教育心理学［M］. 北京：北京师范大学出版社，2007：186.

仅仅由教育者的外部要求、命令来推进，必须通过受教育者自己的思想矛盾运动，即受教育者参与、认同、接受，教育才能实现；教育者不仅要把正确的政治思想、道德规范传授给受教育者，更重要的是促进受教育者把正确的政治思想、道德规范内化于心，否则，教育难以顺利进行，也不可能有效果。①

接受内化是思想政治教育接受活动的关键阶段，一般包括三个心理活动环节：注意与感受、分析与理解、选择与接受。② 接受理论也适用于解释情景体验教育活动内容的内化过程。情景体验教育活动通常由“情景—体验—内化”三个环节构成。对情景体验教育活动内容的内化过程实际上从学生接触到特定情景时就已经展开了，学习者首先对情景内容产生初步认知，同时通过全身心投入到情景中的体验加深对活动内容的理解，通过与自己先前的相关经验的分析比较，继而将新的教育内容内化到已有的认知结构中（同化）或者形成新的认知结构（顺应），真正完成内化过程。其中的同化和顺应就是学习者将新信息内化到已有心理结构的两个基本途径。具体来说，在第一环节，创设与课程内容相关的具有生活化特点的情景，可以使教育的内容信息（接受客体）充分吸引教育对象的注意，容易被他们的感官所感受，引起感官反应，形成有关表象。在第二环节，通过具身认知、符号互动，学习者形成特定的情感体验，加深对认知内容的理解。在第三环节，学习者将感悟到的新信息与自己已有的经验进行分析比较，进行判断和选择，对符合原有认知结构的信息加以同化、吸收，丰富和发展原有认知结构；对不符合原有认知结构的信息，则尝试构建新的认知结构。当然，这其中的每一个阶段如果不能顺利进行，学习者就无法真正实现对教育内容的内化，情景体验教育活动的目标就无法达成。

---

① 《思想政治教育学原理》编写组．思想政治教育学原理［M］．北京：高等教育出版社，2018：18.

② 王仕民．思想政治教育心理学概论［M］．广州：中山大学出版社，2015：84.

二、 不同理论视角下情景体验教育活动内容内化机制

情景体验教育活动较之于传统的课堂思想政治教育，其突出的特点就是给学习者创造一个能够全身心感知、体验的学习环境，使学习者通过对情景中各种信息即社会心理学家所说的符号进行辨认、理解，并主动地建构意义体系。因此，从具身认知理论和符号互动论的角度来分析情景体验教育活动，将有助于我们深入理解学习者对其他教育活动内容的思维内化机制。

（一）具身认知理论视角下情景体验教育活动内容内化机制

具身认知是近年来出现的一种新认知观，将这一理论引入到教育领域，学者们提出了具身学习的概念。具身学习的核心要义就是“身体参与学习”①，即学习者在学习过程中，通过身体及感知、运动系统与环境的交互作用所形成的具身经验，通过生理体验激活心理感觉，从而使其在行为或行为潜能上产生相对持久的变化，② 进而实现知、情、意、行的和谐统一。③

具身教学实际上是由感官参与、身心统一、身体力行三个方面组成的。④ 从具身学习的角度来看，认识与学习的过程是一个由外而内的机械反应过程。我们的身体各部位在认知学习时都发挥着作用。身体、心智、环境相互作用与影响，心智根植于身体，身体根植于环境。布朗、杜吉穗和柯林斯在《情境认知与学习文化》中指出：“知识是具有情境性的，知识是活动、背景和文化产品的一部分，知识正是在活动中、丰富多彩的情境文化中不断进步完善。具体情境、思维方式和理论知识三者是相互联

① 李青，赵越．具身学习国外研究及实践现状述评——基于2009—2015年的SSCI期刊文献［J］．远程教育杂志．2016（5）：59－67.

② 陈醒，王国光．国际具身学习的研究历程、理论发展与技术转向［J］．现代远程教育研究，2019（6）：78－88.

③ 胡德运．儿童具身学习：价值意蕴、核心要素与实践路径［J］．基础教育课程，2020（17）：37－43.

④ 范文翔，赵瑞斌．具身认知的知识观、学习观与教学观［J］．电化教育研究．2020（7）：21－27.

系、相互影响的。”①

从具身认知理论的角度来看，从学习者进入到特定的教育情景中的那一刻开始，学习者的认知活动就已经发生了。因此，教师在设计情景体验教学或教育活动时，就要充分考虑情境对学习者认知形成的影响作用。在实际的教学实践中，可以通过构建多模态的教学环境、选择趣味化的教学内容以及采用“做中学”的教学方式来实现具身教学。而在新媒体时代，对青年学生进行具身教育则可以利用网络平台、应用程序或者微信公众号，集文字、图画、动画、视频、音频等丰富呈现形式于一体来展现课堂内容，让学生借助手指触摸、视觉刺激、参与讨论、价值澄清、心智训练、情感交流等多种形式和方式，积累感觉知觉的经验，以此促进认知身心的一体化。② 也可以设计丰富多样的活动，如角色扮演、情境感染、体验教学、实践教学等多种方式来实现。在这样的情景中，学生的身体得到充分解放，学习者的所有感官都在对情景中的信息进行采集、感知。我国著名教育专著《学记》中就曾提到“学无当于五官，五官弗得不治”，这就是说，没有五官的参与，学习很难取得应有的效果，正是肯定了学习的身体参与。③ 在具身认知指导下的教学实践活动中，通过在情景中体验，让感性的认知上升为情感的认同；通过对情景中所有信息的反思、质疑，将情感的认同再上升为思想的认同，④ 从而完成学习者自身对教育活动内容的意义建构。

（二）符号互动论视角下情景体验教育活动内容内化机制

符号互动论是20世纪初由美国社会心理学家米德创立的。米德认为，

---

① 赵燕怡．初中思想品德课体验式教学的实践研究［D/OL］．河北：河北师范大学，2016.

② 魏晓波，乔樵．从“离身认知”到“具身认知”：青年学生社会主义核心价值观认同范式的嬗变［J］．通化师范学院学报（人文社会科学版），2020（3）：22－28.

③ 王奥轩．具身认知：情境教学的理论基础［J］．基础教育研究，2017（11）：33－36.

④ 谢瑞琦，洪伟．具身认知视域下的思想政治教育方式研究［J］．科教导刊，2017（6）：65－68.

符号互动是“一种基于符号和语言的相互作用过程”“人类的社会互动就是以有意义的象征符号为基础的行动过程”。米德认为象征符号乃是社会生活的基础。人们通过语言、文字、手势、表情等象征符号进行交往，达到共同理解。

从符号互动论来看，在情景体验教育活动中所创设的情景本身就是一个“符号场”，视频、图片、文本、漫画、主题剧等，不管是以哪种形式来呈现情景，情景中所包含的每一个人物、素材、细节，甚至整个情景都是一种符号。学习者与情景中的各种符号发生互动，从而产生情感和认知体验。体验是情景体验教育活动的核心阶段，学习者在参与教育活动全过程的同时，对学习材料、学习过程和学习结果产生一种身心的领悟。如角色扮演者要明确自己所扮演的角色所处的地位以及他在情景中面对人和事时应有的态度，这就需要扮演者通过不断的排练尽可能深入角色，去体会不同角色的内心世界。在情景体验过程中，个体行为受其自身对情景定义的影响。人对情景的定义表现在其不停地解释所见所闻，赋予各种意义于各种事件和物体中，这个解释过程，或者说定义过程也是一种符号互动。客体本身没有意义，意义是在互动中形成的。当学生通过互动从内心体验到某种价值，产生认同、信任的情感体验的时候，才能真正使教育内容与学习者个体发生现实的关联，通过学习者自身的体悟、自主选择、判断、反思，实现对教育内容的内化。根据符号互动理论，人的心智活动正是人在社会相互作用过程中掌握与运用符号并通过符号相互作用而产生与发展起来的，它既是社会客体向主观领域过渡的内化过程，也是大脑赋意义于客体的外化过程。

三、 情景体验教育活动内容内化的一般过程

综合以上理论，情景体验教育活动内容的内化过程实质上就是学习者全身心地投入到教育情景、活动中，不断觉察、理解情景中各种符号的意义，从而产生新认知的过程。因此，我们可将情景体验教育活动内容的内化过程划分为“情景创设—感悟体验—反思内化”三个阶段。

在情景体验教育活动中，情景具有相互感化、相互促进的“场效应”作用，它是教育者与受教育者共同创造的“教育场”。通过情景的创设，

思想政治教育由单一主体的教育模式转变为开放沟通模式，由单纯的思想政治教育模式转变为参与互动模式。① 对教育内容的内化，必须经由学习者自身的实际体验，才能促使学习者从情景中注意到某些信息，并主动对这些信息进行认知加工。而能提升学习者对教育内容体验感的主要方式就是角色扮演。通过角色扮演，学习者能够更加深刻地体会到某种具体角色的处境，感受角色的情感，表现相应的角色行为。情景体验教育活动的剧本实际上起着“锚”的作用，因为一旦“锚”被确定，那么每个人在这一特定的剧本中的角色行为也就相对固定了。这里的“相对固定”的含义是，虽然剧本是按照教育活动的目标进行编写的，无论采取了何种呈现方式，表演者应该依据剧本完成相应的角色任务，但是剧本、环境、角色扮演者自己以及其他演员的言语、表情、身体动作、情绪等都是促进扮演者对角色行为产生认知的符号，通过与他人及环境的互动，扮演者对于各种符号的意义进行辨认和理解，并通过角色而预知对方的反应。这意味着，通过情景体验活动，个体将他所接触的各种信息以及对自我的觉察进行内化，加深了对原先已经形成的态度、观点的进一步认识和理解，从而深化了原有认知结构；或者，改变了原有经验世界中的一些旧观念，而产生了新的认知经验。前一种内化过程就是同化，后者则是顺应。同化和顺应正是促进个体认知发展的两个重要途径。也就是说，学习者的认知是随着情景感染、角色互动、自我反省而逐渐生成的，而这种自发生成的、不是由教师强制规定的思维内化正是情景体验教育活动的重要目标，反映了学习者的主体性、对知识的主动建构性。“在这样的体验中，学生与教师，学生与学生，学生与他人有了心灵的共鸣，思维的共振，内心的澄明，视界的敞亮。”②

综上所述，为了促进学习者对情景体验教育活动内容的内化，必须重

---

① 郑永廷. 思想政治教育方法论［M］. 北京：高等教育出版社，2010：179－180.

② 倪一鸣. “情境体验”教学模式的实施和研究［D/OL］. 苏州：苏州大学，2012.

视情景创设，增进学习者的积极体验，促进学习者产生思维内化的内在动机。因此，选择有效的组织形式，运用丰富的可用资源，推动有效的多向互动，真正解放学习者的身体，让学习者的各种感官都能被情景调动起来，学习者才能够产生丰富的、积极的情绪体验和认知活动。正如李戬等人在论述德育内化时所提到的："将道德知识加以内化是一个从情感上的'认同'向观念上的'应当'过渡的过程。在这个过程中，相应的情感体验使认知对象具有了主观意义，因而就使认知内容与个体的心理产生了'共鸣'，因而也使主体能体悟到认知对象的价值和认知内容的含义，进而就能自觉地将之内化为自己'应当'的行为准则。"① 通过积极体验和思维内化，个体更倾向于产生一些创造性或创新性的思想和行为，并把这些思想和行为迁移到其他方面。因此，在情景体验教育活动中学生被激活了学习的内在动机，这意味着在创设的情景消失后，在没有导师监督、朋辈陪伴的条件下，个体依然能够进行自我激励、自我演进，实现情景迁移；或者自己成为情景创设的主导者，这一行为固化后，即为习惯、技能、素养的范畴。

作者简介：

高玲，发展与教育心理学硕士，山西大学教育科学学院副教授，硕士生导师，山西省心理学会教育心理专委会主任、学校心理专委会副主任。研究方向为道德心理与社会性发展，在 *Children and Youth Services Review*、*Child Psychiatry & Human Development*、*Child Abuse & Neglect* 等 SSCI 一区和二区期刊以及《心理科学》《心理发展与教育》《心理行为与研究》《教育理论与实践》等期刊发表学术论文 27 篇，主持教育部人文社会科学研究项目 2 项，出版专著 1 部。

① 李戬，古春梅. 内化与践行：基于道德学习的学校德育调适 [J]. 教育探索，2011 (10)：135 - 136.

情景体验教育活动评价体系的构建初探

怀仁六小　郭晓霞

一、引言

情景体验教育源于欧洲，最早可追溯到古希腊时期的教学思想，夸美纽斯的教学思想，卢梭自然主义教学思想以及杜威经验主义教学思想。我们国内，在2500多年前，孔圣人就明示了“行万里路胜读万卷书”这种以体验为基础的教育理念，但是目前对体验式教育进行系统的研究和实践的人屈指可数。其中比较著名的以李吉林老师为代表的情景体验教学法已经取得了较为瞩目的成就，官方机构也正在积极推崇。而无论国内外，大多数的研究也只是课堂中对体验式教学和体验式学习的探讨。事实证明，情景体验式教学结合了学生的心理特点，更能有效地提升教学效果，也更能满足学习的需求。于是不少研究者又把情景体验式教育从课堂内移到了课堂外，这就是我们今天所说的情景体验教育活动。可以说这一举措无疑为活动对象的个体品德形成提供了催化作用，同时也为活动对象的心理健康提供了有力保障。然而现行的情景体验教育活动由于缺乏规范合理的指导和依据，存在活动价值意义认知模糊，组织策划、主题设计的针对性和系统性不强，内容选择陈旧、跟不上时代要求，场地依托单一、局限性强，活动开展重形式、轻实效的现象。我们认为，这其中最主要的原因就是关于情景体验教育活动评价激励体系的不健全。

因此，本研究对于情景体验教育活动的评价体系进行研究探索。首先，对于不同阶段的情景体验教育活动的活动目的、活动对象和活动现状进行了解，最终从全面培养受教者的素养、全面提升受教者的思想政治高度出发，建立一套评价主体多元、评价内容全面、评价方式合理的评价体系，从而有效地改进、规范和指导情景体验教育活动的实施，增强活动的实效性，促进活动对象的发展和提高。

二、活动目标、活动对象及活动的价值判定

（一）关于活动目标的综述

情景体验教育活动目标是个系统的构成体，具有多层意义：既包含长远的社会主义建设的大目标，又包含时代需求的近期小目标；既体现全面发展社会主义一代新人的总体培养目标，也包含受教育者个体需求的特定目标。因此，我们在进行情景体验教育活动时，必须改零敲碎打为系统规范，把情景体验教育活动的远景目标分解为递进的近景目标，系统地设计出受教者自我追求的具体目标系列，从而通过活动提升不同阶段的受教者独立、主动的创造精神和自我教育能力，并产生伟大的精神力量，为活动对象日后的发展指明方向，使其能够为实现这个目标而努力奋斗。

（二）关于活动的服务对象

从纵向的角度来看，情景体验教育活动涉及幼儿教育阶段、义务教育阶段、高中教育阶段、高等教育阶段等；从横向角度说，有普通教育、职业教育、成人教育等。它“不局限于学龄阶段，而是贯穿人的一生，满足不同年龄受教育者的教育需求”，只要有教育需求的存在，就有情景体验教育活动的必要。本研究以小学教育阶段为着眼点进行研究，希望能够为其他教育阶段情景体验教育活动评价体系的构建提供借鉴和参考。

（三）关于活动的价值判定

自党的十八大以来，习近平总书记关于教育的重要论述对有关我国教育的重大理论和实践问题进行了深入分析和阐释，内涵丰富、思想深刻、视域宽广，形成了系统的理论观点和逻辑体系。不仅为我们指明了未来教育改革和发展的大方向，而且阐明了教育在推动人类文明发展和构建人类命运共同体中的重要作用。总书记指出：“教育兴则国家兴，教育强则国家强。”因此，我们教育的最终目的就是要培养中国特色社会主义合格的建设者和接班人。而情景体验教育活动特有的趣味性和有效性，正是实现这一终极目标的有效手段。正确恰当的活动价值判定可以帮助我们在目标

的设定，题材的选取，过程的导引、定向、支持、调节和控制等多方面帮助教育者控制好方向，避免受教育者在体验的时候走弯路，甚至走偏路、歪路。

三、评价功能

教育评价功能是通过教育评价的过程与结果，作用于评价对象而体现出来的，其功能主要取决于评价活动的结构及运行机制。而具体到情景体验教育活动评价的功能，则是通过对活动目标、活动过程、活动参与度、活动对象及活动结果等的鉴定与判断，对其作出活动意义的价值判断，从而指导教育者通过对活动的评价进一步认知活动的实际价值及功效，同时为下一步增强活动的实效性而储备经验。

（一）导向性功能

评价体系的构建，不仅要评价活动的优良等级，更重要的是通过评价的过程去发现活动中存在的一些问题，以及活动发展中可能出现的一些障碍。通过评价，不断反思、改善，全方位地规范情景体验教育活动，并引导教育者在活动的目标设定初期即能拥有正确的导向，引导活动参与者朝着理想目标一路前行。

为了更加理性地了解情景体验教育活动的现状，我们通过访谈及问卷调查的方式，对山西省怀仁市三所小学（怀仁市城镇第六小学、怀仁市城镇第一小学、怀仁市城镇第二小学）的同一活动参与者进行了关于情景体验教育活动评价导向性的访谈和开放性问卷调查。此次调查共发放问卷450份，回收435份，剔除无效问卷8份，获得有效问卷427份，有效率为94.9%。其中，76.32%的活动参与者认为自己所参与的情景体验教育活动在活动总结中重视思想政治引领导向，有着正确的价值导向功能。由此可见，目前的小学教育阶段各学校在情景体验教育活动的评价导向方面是重视思想政治引领导向的。这是符合教育部等五部门印发的《关于加强新时代中小学思想政治理论课教师队伍建设的意见》中提出的要求，即引导中小学生扣好人生的第一粒扣子，突出教育教学中育人实效的导向，深入学习习近平新时代中国特色社会主义思想，坚定正确政治方向，坚定理想信念。

有78.4%的活动参与者对情景体验教育活动评价植入思想政治引领导向持十分满意态度，一般满意的占12.13%，还有9.47%的参与者持不满意态度。这一数据从侧面反映出我们现阶段的情景体验教育活动评价中的思想政治引领导向还不够深入，活动参与者对社会主义核心价值的信仰不够。这就更要求我们发挥情景体验教育活动的导向性功能，让红色基因深植于不同教育阶段活动参与者的血脉之中。

是否要把思想政治引领放在情景体验教育活动评价的首位，有48.73%的活动参与者认为相当有必要，这相对于鉴定选拔功能、激励性功能和交流改进功能占比较高，但我们认为还不够。有19.71%的活动参与者认为鉴定选拔功能应放在活动评价的首位，有20.13%的活动参与者认为激励性功能应放在活动评价的首位，11.43%的活动参与者认为交流改进功能应放在活动评价的首位。因此，我们认为目前在小学教育阶段各学校情景体验教育活动评价导向功能的地位相对稳定，但仍需提高。

（二）鉴定选拔功能

情景体验教育活动的鉴定与选拔功能，是指通过评价，对被评价对象（包括活动方案、活动参与者等）进行甄别、筛选，对被评价对象起到检查、督促的作用，从而为提高情景体验教育活动的实效性、规范情景体验教育活动的实施、加强对情景体验教育活动引导者的专业培训等提供指导和依据。

（三）激励性功能

现代教育评价中的激励功能，是指通过评价激发和维持评价对象的内在动力，调动被评价者的内部潜力，提高其工作的积极性和创造性，从而达到教育管理的目的。

这一功能同样适用于情景体验教育活动的评价。我们就是要通过评价不断地激励评价对象参与情景体验教育活动的热度，同时更深、更广地挖掘活动参与者的潜力，不断提高其人际交往、团队协作等各方面的能力，引导其向更高的思想层面迈进。

（四）交流改进功能

美国课程论专家斯塔弗尔比姆曾说过“评价最主要的意图不是为了证明，而是为了改进”。这也是我们在情景体验教育活动评价中希望得到的，我们要让情景体验教育活动评价的作用不单是要对活动进行评优评良评等级，也不单是要对活动进行考核管理，而是要通过评价的过程对情景体验教育活动的实施过程进行监督，在对活动参与者的经历及行为变化的信息中发现活动参与者的发展状况，从而交流、反馈、改进，得到最佳效果。可以说，我们评价的目的在于通过了解评价对象表现的优劣得失及其原因，从而协助其改进方案或作为其他相关决定的依据。

四、把握评价时间点的切入

（一）分层递进，切准评价的时间点

1. 诊断性评价，即活动前对评价对象已有的认知作出合理的评价，为下一步活动的有效实施提供信息资源，支撑活动。它涉及的内容一般包括评价对象的知识储备、生活经验、性格特征、个人能力等。评价使活动参与者更能发挥自身的长处并补救或克服其短处，助其在不同的基础上获得最大程度的进步。

2. 形成性评价，即阶段性评价，针对过程中的某一个点进行评价，并及时反馈、矫正。是针对活动参与者在活动过程中的表现，通过自我剖析、查找，以及与他人的交流讨论对活动前一个阶段进行小结，同时改进后一个阶段的实施。也就是说形成性评价是在活动过程的某一阶段针对在过程中发现的问题，为正在进行的活动提供反馈，从而提高活动最终实效性的评价，它可以在活动过程中进行一次，也可以进行多次。

3. 总结性评价，只在活动结束后进行，是对活动全过程的检验，是对活动实效性的评判。

（二）案例分析

例如，为了让红色教育活起来，我们通过表演红色情景体验剧的形式，引导孩子们边学边演，在整个排演（剧本的设定、改编，道具的制作、准备，舞台的设计、布置，剧目的演出等）的过程中得到直观的冲

击，产生情感的共鸣。以对红色情景体验剧《金色的鱼钩》（见附件1）评价为例。

首先是活动方案出来后，活动进行前的诊断性评价，可以分为两个方面。一是对活动设计意图和设计目标的评价，通过评价判定活动的可行性及其价值意义。而红色情景体验剧《金色的鱼钩》这一剧本展现了红军战士团结友爱、顾全大局、勇于献身的崇高品质，通过情景体验剧的排演，孩子们在对剧本历史背景的调查和对剧本情节的学习，以及剧目的排演过程中深刻地体会到老一辈革命者忠于革命、忠于党、舍己为人的精神品质，更能理解今天幸福生活的来之不易。可以说这是一个非常有教育意义的剧本，这一活动也将成为一个很好的帮助学生传承红色基因的载体。二是对活动参与者的评价。我们要结合体验剧的剧本，对活动参与者的知识储备、生活经验、性格特征、个人能力等进行评价，通过评价分配活动参与者的任务，例如人物角色的分配、服装道具的准备、演出背景及灯光的设计和准备、演员及各方面的调度等，争取使每一个参与者都能在活动中发挥自身的长处，保质保量地完成体验剧的排演，从而使这一情景体验教育活动收到预期甚至是超预期的效果。

其次是形成性评价，即阶段性评价。情景体验教育活动的实施、开展过程，才是真正向参与者集中进行教育的环节，是整个情景体验教育活动的核心环节。在这一阶段，辅导员需要将明确的活动目标传达给参与者，并将活动任务完成分解并落实到具体参与者，最后完成实施。活动前期的分配不一定是最合理的，因此我们要在活动中通过阶段性的适时的评价，快速及时地得到参与者的反馈信息，便于对活动中的各个层面、各个环节可能出现的情况、问题，作出及时合理的调整，从而确保活动的最终效果。如果说让评价者时时跟踪评价，显然是不合理的。为此，我们特别制作了一份形成性评价表（见附件2），放置在活动场所的指定地点。这样，每位参与者都能对自己近段时间的表现一目了然，这也使评价便于操作和统计。表格一周一换，更换表格时评出本阶段的优秀者和进步者，通过得到的小红花的数量，激励孩子们努力完成自己的工作，并不断进步。

最后是总结性评价。在活动结束后结合前面的诊断性评价、形成性评价，对活动的效果作最后的总结性评价。总体上来看，在这次情景体验剧《金色的鱼钩》的排演和展示过程中，孩子们自主选材、自主分配角色设定、创设情景、编排演练，在体验的过程中学思结合，受到了深刻的红色革命传统教育，这种体验式的教育活动是值得推广的。不过，在今后的活动中要注意全员参与性，争取使中队中人人有任务、个个有角色、全程不缺位。

这次评价的不足之处是没有针对参与者个体作出总结性评价，更不要说从相对和绝对两个方面进行个体评价了。

五、评价方法的研究和确立，从而对活动的实效性进行检验

（一）评价要注意从内涵分析入手抓活动核心

活动实施前活动参与者的心理准备主要指的是参与者是否有足够的兴趣参与这个活动。对活动的强烈需要和兴趣，是直接推动参与者自觉地、情绪高昂地参加活动的内部驱动力。而这个活动的需要和兴趣更要与我们的教育目的相吻合。因此，评价首先要从以下几点出发：

1. 是否提出或树立了能够激发参与者积极参加活动的奋斗目标或榜样。

2. 活动是否能将参与者带入到一个能激发其想要探索追究既定目标的情景中。

3. 创造良好的心理气氛，提供良好的心境条件，使参与者产生积极向上的情绪。

（二）从活动过程的表象（认知、表现）和结果进行分析，做好成长记录评价

对情景体验教育活动的评价，除了活动本身的实效性以外，还应注意到活动从准备到结束整个过程中所有参与者，包括活动组织者、引导者、实施者的表现及收获。

首先，对辅导员的评价。情景体验教育活动的实施必须要建立在丰富

的活动资源上，没有活动资源的支撑就难以取得好的教育效果，活动资源主要是人材与境材，人材即人力资源，包括情景活动的组织者、参与者、后勤人员等；境材包括环境、氛围等因素。在将方案付诸实施前需要学校各部门、组织、人员协同配合，需要对校内外与情景体验教育活动相关的人、事、财、物等资源加以合理配置和使用，充分发挥其效益。人材与境材这两项准备是否充分是活动实施的必备条件，关系到活动能否顺利、有条不紊地实施。因此，对辅导员的评价要围绕以下几点进行：

1. 严密细致地引导参与者对情景体验教育活动的步骤、顺序、负责人等作出分工和安排。

2. 根据时间先后、环节安排、参与者心理特征采取适当的活动手段，采用新颖、活跃、生动的形式，以增强活动的表现力、感染力。

3. 根据情景活动的需要，从实际和教育实效出发，灵活选定活动时间。

4. 参与者自己动手、动脑，因地制宜、因陋就简、就地取材，创造与主题相吻合的气氛和环境，使其身临其境，情景交融。

5. 辅导员一定要记住自己是活动的引导者，而非组织者，切忌越俎代庖。

其次，对主要参与对象的评价。少先队工作学会首任会长胡德华曾呼吁“把少先队还给少先队员”。活动方案设计出来了，要尽量由参与活动的队员自己当家作主，把设计方案转化为少先队员的自主活动过程。不止少先队活动，共青团的活动也是一样的道理。因此，我们的评价更要围绕活动参与对象进行，主要有以下几点：

1. 在整个活动参与过程前、过程中，以及过程后，活动参与对象所表现出来的道德品质及公民素养，尤其是思想政治高度的变化情况。

2. 在整个活动参与过程前、过程中，以及过程后，参与对象学习能力、交流与合作能力、自主能力等多方面能力的变化情况。

3. 在整个活动参与过程前、过程中，以及过程后，参与对象所表现出来的心理健康、审美观、世界观、价值观、人生观的变化情况。

以上评价可以通过自评、互评，以及问卷调查的形式进行。同时，我们还可以把多次活动的评价结果分别整理成辅导员和学生的成长档案，记录其每一次活动评价指标的变化，作为其思想、能力等多方面的发展依据。

六、评价中可能出现的问题

在所有的体系形成进程中，都会遇到这样或那样的问题，经验告诉我们，为了不至于陷入被动、落后的局面，在大胆尝试的同时，一定要考虑到评价中可能出现的问题，防患于未然。例如：

1. 为评价而评价，重结果，轻过程、轻意图，脱离发展。

2. 追求量化，忽视行为表现和完整而丰富的信息。

3. 由于评价的片面性导致评价结果不够全面、没有说服力。

七、结语

情景体验教育活动可以说是一种较为年轻的教育形式，而情景体验教育活动的评价更是一个新生的事物，它需要不断地适应情景体验教育活动的发展，并对其起到促进作用。因此，我们的评价观念、评价体系，应该是发展的、动态的，绝不能是一成不变的。随着情景体验教育活动的不断成熟、发展，我们对情景体验教育活动的评价也要随着其发展不断地改变、完善，同时，还要跟得上时代的发展需要。我们希望能有更多专家和老师提出该评价体系的不足，并与我们一起研究探索，最终得到一套更加科学、合理、全面、多元的情景体验教育活动评价体系。

参考文献

[1] 刘尧. 论教育评论的导向功能 [J]. 吉林教育科学，1997 (1)：15 – 17.

[2] 柴培. 论高职德育评价导向功能的理论及其实践 [J]. 广东技术师范学院学报，2017 (4)：70 – 75.

[3] 陶西平. 教育评价辞典 [M]. 北京：北京师范大学出版社，1998.

附件1

红色情景体验剧《金色的鱼钩》剧本

时间：1935年秋。

地点：长征路上，一望无际的草地。

人物：炊事班长（近四十岁，个儿高，背有点儿驼，两鬓斑白，满脸皱纹）、红军战士小梁（十七八岁，瘦弱有病）、小战士甲和乙（十二三岁，病弱交加，疲惫不堪）。

第一幕　草地夜话

画外音：1935年秋，红军进入草地。炊事班长奉命照顾三个病号。青稞面吃完了，战士们只好吃野菜、草根。一天，老班长用缝衣针做成鱼钩钓来了小鱼。

（幕启）小战士们津津有味地喝着鱼汤。老班长坐在一旁慈祥地望着他们。

小梁：老班长，你怎么不吃啊？

班长（摸摸嘴，回味似的）：吃过了，我一起锅就吃，比你们还先吃呢。

（老班长收拾好碗筷，下，从另一边上，小梁悄悄地跟上，老班长坐在草地上艰难地嚼着草根和剩下的鱼骨头）

小梁（痛苦地）：老班长，你怎么……

班长（支吾着）：我，早吃过了。看到碗里还没吃干净……扔了怪可惜的……

小梁：不！我全知道了。

班长：小点声，小梁。（搂过小梁，又指了指两个小战士睡觉的地方）咱俩是党员，你既然知道了，可不能再告诉别人。

小梁：可是，你也要爱惜自己啊！

班长：不要紧，我身子骨还结实。（抬头望了望星空，良久）指导员把你们三个人交给我时说，一路上，我是上级，是保姆，是勤务员，再苦再累也要把你们带出草地。我估摸着还要20天的路程，这20天，难熬呀！眼看你们一天天衰弱下去，真要有个三长两短，我怎么向党汇报呢？

小梁：可是，你总该跟我们一起吃点儿呀！

班长：唉，太少了。（轻轻摇头）小梁，弄点儿吃的太难了。有时候等了大半夜，也不见鱼上钩。为了弄条蚯蚓做鱼饵，我不知翻了多少草皮。还有，我的眼睛坏了，一到夜里，找野菜得一棵一棵地摸……

小梁（抢着说）：老班长，以后我帮你，我看得见！

班长：不，咱们不是早分好工了吗？再说，你病得也不轻，不好好休息会支持不住的。

小梁：不……

班长（严厉地）：小梁同志，共产党员要服从党的分配。你的任务是坚持走路，安定两个小同志的情绪，增强他们战胜困难的信心！（小梁张口无语，扑在老班长怀里哭了）（幕落）

第二幕　凝重的眼神（略）

第三幕　最后的嘱咐

（幕启）远处重重叠叠的山峰依稀可见。近处，四个衣衫褴褛的红军战士围在一起。身后，是茫茫的草地和一条踩得稀烂的路。

老班长（快活地）：同志们，咱们快走出这草地了。（指指远山）我们在这儿停一下，好好弄点儿吃的，鼓一鼓劲，一口气走出草地去。（说罢，拿鱼钩找水塘去了，小红军们快活地找野菜、拾干柴）

小梁：怎么老班长还没回来？

小战士甲、乙：啊？（有些慌乱）去找找！

（老班长在水塘边昏迷不醒，鱼钩还握在手中）

小梁：我来钓鱼，你俩一个照顾老班长，一个赶紧生火。

（终于钓到一条小鱼，赶忙熬鱼汤）

小梁（俯下身）：老班长，你醒醒！喝点儿鱼汤就会好的……

（小战士甲、乙跪在一旁哭泣）

老班长（微微睁眼，盯着鱼汤）：小梁，别浪费东西了，我……我不行啦。你们吃吧，吃了还要赶路，这二十多里路，一定要走出去！

小梁：老班长，你吃呀！我们抬也要把你抬出草地！（哭泣）

老班长（抚摸小梁的头）：不，你们吃吧，你们一定要走出草地去！见着指导员，告诉他，我没有完成党交给我的任务……（手突然滑下去）

三个战士（齐声哭喊）：老班长，老班长，你醒醒呀！醒醒呀！

（小梁小心翼翼地包好鱼钩，放在贴身衣袋里，动作缓慢）

画外音起（小梁的声音）：老班长，等革命胜利了，我一定把这个珍贵的鱼钩送到革命烈士纪念馆去，让我们的子孙后代瞻仰它，永远记住这个金色的鱼钩，记住这段峥嵘的岁月。（幕落）

附件2

情景体验剧《金色的鱼钩》排演活动形成性评价表

年级　　班级　　姓名

评估细则	小红花	总评
活动不迟到不早退		
活动表现		
活动建议被采纳		
受到辅导员的表扬		
完成自己的任务并帮助其他组		
一周表现自我评价 （注意从思想和能力等多方面进行评价）		
计划改进方向及做法 （注意从思想和能力等多方面进行剖析）		
辅导员评语		

作者简介：

郭晓霞，中小学一级教师，山西省怀仁市城镇第六小学教师，中国青少年研究会会员，研究方向为活动的策划、组织及评价。多次荣获“朔州市少先队辅导员”称号，怀仁市“师德标兵”称号。撰写的教学案例分析曾获得山西省一等奖、朔州市一等奖，撰写的征文在“山西课改十年”征文中获二等奖，承担的课题在山西省“2019 年度青少年思想政治引领研究”课题评比中荣获一等奖，主持的课题在“2020 年度青少年思想政治引领研究”课题评比中荣获二等奖。

情景体验式教育在青年团员思想引领中的运用

山西工程科技职业大学　杜娟　李亚楠　李蕊　王虎威　刘艳萍　贾慧敏

一、引言

（一）问题的提出和研究意义

习近平总书记在全国高校思想政治教育工作会议上指出，把思想政治工作贯穿教育教学全过程，实现全程育人、全方位育人。在大思政理念指引下，高校狠抓思想政治教育工作，呈现出一片向好之势，但从疫情防控期间爆出的公派留学生辱国事件，可以管中窥豹，探出高校思想政治教育依然存在一些短板和薄弱环节。比如，思想政治教育的方法、模式刻板单一，思想政治教育实效性亟待提升等。《关于加强和改进新形势下高校共青团思想政治工作的意见》中指出："参与做好高校思想政治工作，是高校共青团的核心使命任务。"明确了思想政治引领在高校共青团工作中的核心地位，将研究方向聚焦到青年团员的思想政治引领上，而青年团员的思想引领要爆发出蓬勃力量，必须依靠好的方法，思想政治教育方法是联结教育思想和青年学生的桥梁纽带。结合日常工作，并经过调查研究发现，高校共青团与青年学生有着天然的亲近感，举办相关活动的数量多、范围广、参与人数多，但也存在思想政治引领的针对性相对弱、实效性不显著等弊端。因此，将研究主题确定在如何提高院（系）基层团支部的思想政治引领实效性，带着这一问题，在访谈、收集文献的基础上，将研究主题进一步精确到情景体验式教育在青年团员思想政治引领方面的作用，并在山西大学商务学院会计学院进行了一系列的实践探索，例如通过情景剧、话剧、诗朗诵等形式进行中华传统文化教育、爱国爱党教育等。情景体验教育活动结束后，通过前期的个体访谈、团体访谈以及问卷调查，参与同学认可情景体验教育这一方法，因为它以喜闻乐见的方式将思想政治引领如春风拂面、润物无声般入脑入心。

本次情景体验教育活动中成效较为显著的是《五四春潮》这一情景剧，之所以选定五四运动这一主题，是因为2019年恰逢五四运动100周年，习近平总书记在纪念五四运动100周年大会上不仅高度评价了五四运动的历史意义，指出五四运动在近代中华民族追求民族独立发展进步的历史进程中具有里程碑意义，更深切缅怀了五四先驱崇高的爱国情怀和革命精神，并殷切寄语新时代中国青年，要坚持中国共产党的领导，同人民一道，以实现中华民族伟大复兴为己任。

（二）研究方法

本研究综合运用了问卷调查法、经验总结法、访谈法，本次研究致力于提高高校基层团支部在青年团员思想政治引领上的实效性，将方法聚焦于情景体验式教育这一模式。结合实践工作，选择了山西大学商务学院会计学院参与情景剧、话剧等情景体验式教育的学生，包括组织者、参与者、观看者进行了访谈，详细了解他们对情景体验教育活动的理解、参与感受以及开展意见等。在访谈基础上，采用分层随机抽样，对1238名观看情景剧的学生、22名实际参与情景剧的学生进行了问卷调查。

二、以《五四春潮》为例，评析情景体验式教育在高校共青团思想引领工作中的应用

（一）剧目背景

青年时期是价值观形成和确立的关键期，引导青年树立正确的世界观、人生观和价值观是高校立德树人根本任务中的关键一环。党的十八大以来，以习近平同志为核心的党中央高度重视新时代青年的发展，习近平总书记在纪念五四运动100周年大会上讲道：“国家的希望在青年，民族的未来在青年。”“新时代中国青年的使命，就是坚持中国共产党领导，同人民一道，为实现‘两个一百年’奋斗目标、实现中华民族伟大复兴的中国梦而奋斗。”高校也自然要担负起培养担当复兴大任的时代新人的重要使命，高校共青团要担负起青年思想政治引领的任务。

山西大学商务学院历来重视学生的第二课堂建设，丰富多彩的校园文化吸引了广大的青年学子积极参与，这为共青团开展青年思想政治引领工作提供了天然的土壤，促成各类育人项目的产生。在众多的育人项目中，当属“五四”系列活动最受青年的欢迎，是青年参与度最高、受众最广、关注度最高的活动。每年一到“五四”，商务学院青年会用诗会、朗诵、话剧、情景剧、才艺秀、大合唱等形式来纪念“五四”，其中情景剧形式最受学生青睐。2019 年为积极践行习近平总书记在纪念五四运动 100 周年大会上的讲话精神，会计学院团总支组织了“讲好中国故事，传播中国声音”中华优秀文化主题教育成果展演（图 1）。展演中，以多种形式让学生感受到了中华传统文化的博大精深。情景剧《五四春潮》（图 2）为现场近千名师生上了一堂生动的思想政治教育课，令师生备受鼓舞，参与情景剧演出的全体演职人员也得到一次浸入式体验，参与学生不仅收获多，对五四精神也有了更深刻的理解。

图 1　“讲好中国故事，传播中国声音”全体工作人员合影留念

图2 《五四春潮》剧照

（二）剧本

第一幕

旁白：在一战开始后不久，日本借口与英国结盟，派军队进攻德国在中国租借地胶州湾，并且要在山东半岛借道。种种原因，袁世凯政府在当地划出一块交战区，中国就此被卷入一战战火。第一次世界大战结束后，中国以战胜国的身份在巴黎和会上提出取消列强在华特权，取消中日《二十一条》不平等条约，归还大战期间日本从德国手中夺去的德国在山东占有的各项权利等要求。

法官：巴黎和会现在开始。请英国、美国、法国、意大利、日本、中国各代表入座。根据议程，首先接受德国投降。关于山东问题，现在请日本代表牧野男爵陈述日本政府关于山东问题的观点。

（日本代表牧野男爵找怀表）

法官：请牧野男爵发言。

牧野男爵：是，主席阁下，关于山东问题，日本政府和中国政府早已签订了《二十一条》，无须在这个会议上来讨论了。

法官：那么，你的意思是不需要再发言了？

牧野男爵：是这样的，没错。鉴于我们日本军队战时对协约国作出了重大贡献，而中国是未出一兵一卒的战胜国，这样的战胜国，也有脸面到这个会场上来吗？我不知道，他们是否还有勇气到这个讲台上来讲话。

法官：现在请中国代表顾维钧讲话。

顾维钧：请允许我在正式发言之前，给大家看一样东西。（掏出金表）

牧野男爵（与顾维钧同步发言）：我的！我的！我的怀表……

顾维钧：进入会场之前，牧野先生为了讨好我，争夺山东的特权，把这块金表送给了我。

牧野男爵（与顾维钧同步发言）：我抗议，这是盗窃，中国代表偷了我的怀表，这是公开的盗窃！无耻！极端的无耻！

法官：日本代表请你坐下。

顾维钧：牧野男爵愤怒了，他真的愤怒了，姑且算是我偷了他的金表，那么我倒想问问牧野男爵，你们日本在全世界面前偷了整个山东省，山东省的3600万人民该不该愤怒？四万万中国人民该不该愤怒？我想请问日本的这个行为算不算是盗窃，是不是无耻啊，是不是极端的无耻！山东是中国文化的摇篮，中国不能失去山东，就像西方不能失去耶路撒冷！

（各国代表鼓掌，窃窃私语）

顾维钧：尊敬的主席阁下，尊敬的各位代表，我很高兴能代表中国参加这次和会，我自感责任重大，因为我是代表了占全世界四分之一人口的中国在这里发言，刚才牧野先生说中国是未出一兵一卒的战胜国，这是无视最起码的事实，请看，（拿出照片）战争期间，中国派往欧洲的劳工遍布战场的每个角落，他们和所有战胜国的军人一样在流血、在牺牲，他们为了什么？就是为了赢得这场战争！换回自己家园的和平和安宁！因此，中国代表团深信，会议在讨论中国山东问题的时候，会考虑到中国基本的合法权益，也就是主权和领土完整，否则，亚洲将有无数的灵魂哭泣，世界不会得到安宁！我的话完了，谢谢！

（各国代表鼓掌，会议结束）

第二幕

旁白：巴黎和会上，列强要求把山东割让给日本的消息传回国内，引起中国人民的强烈不满。

（学生示威游行）

报童：卖报了，卖报了！巴黎和会上山东将不保了。同学要来份报纸吗？

学生1：不要不要！

学生2：给我一份报纸，同学们，我们的山东将不保了。

学生3：啊！怎么会这样？

学生4：什么？（将手中的报纸揉成团）曹汝霖这个狗贼竟然出卖了山东！我要去找他讨回公道！

学生2：你这样过去也只会是送死！

学生4：我们岂能坐以待毙！眼睁睁看着那狗贼将山东拱手让给日本人！我要去他家抗议！

学生1（摔书）：别闹了！你冲到他面前又能怎样啊？倒不如我们去宣传去游行！让更多的同胞知道这个消息，团结起来去抗议！

学生2：对对对，走！

学生团体："外争国权，内惩国贼！"

警察1：你们干什么？

警察2：报告！外面有学生闹事！

曹汝霖：把他们代表放进来，我倒要看看他们能干什么？

警察2：是！

（学生1、学生2进入）

学生1（抓住曹汝霖领口）：你这狗贼，如何能做出此等卖国的事情？（愤恨地给了曹汝霖一拳）

学生2：国家就是有了你这种人，都快要灭亡了，帝国主义给了你什么好处？啊？你说。

警察1：别动。（一把掰开了抓住曹汝霖的两名学生）

曹汝霖（指着学生领袖）：把他给我轰出去。

警察1：好大的胆子，敢到这里来闹事！（说完走到曹汝霖身边，猥琐道）曹长官，您没事吧？

曹汝霖：哼！给我好好收拾收拾他们。（说完便得意地离开）

警察1（低声下气地）：是是是，请曹长官放心。

学生2：曹汝霖，卖国贼！

学生1：同胞们，站起来斗争！

学生2：警察先生，你难道不知道吗？山东将不保，国家主权将不存在了？

警察1：什么山东，什么主权？你们这些黄毛孩子，冒犯了曹长官，就等着受刑吧！

学生2：政府在丧权辱国的《二十一条》上签字了，山东就要成为殖民地了，曹汝霖这个狗贼出卖了山东，曹汝霖就是卖国贼！

警察1：都给我抓起来带走！

学生1：放开我！放开我！

第三幕

旁白：巴黎和会外交失败，中国各地学生纷纷上街游行，声讨卖国贼曹汝霖，曹汝霖大怒，扣押学生代表。

（公堂上）

警察1：把人给我带上来。

曹汝霖：快把你的同党交出来，说，你是受谁指使的？

学生1：良心未泯之国人均是同党。

曹汝霖：你为何要造反？

学生1：我不是造反？是革命，是为了四万万同胞的尊严。

曹汝霖：那你又为何闹革命？

学生1：政府如此腐败无能，若不革命，中华举国安能完全？

警察1：混账，给我跪下。

曹汝霖：我念你是个人才，只要你肯诚心悔改，为我做事，我就饶你不死。

学生1：呵呵！笑话，死有何惧？我等莽撞书生奋起一击，必掀起亿万万中华儿女的革命浪潮，到时天下必为之一振，我等一死，死得其所，血洒神州，快哉快哉！

曹汝霖：敬酒不吃吃罚酒，把他给我压下去……（抹脖子的手势）

第四幕

旁白：巴黎和会上各国代表无视中国的反对意见，毅然将山东割让给日本，消息传来，举国震愤，顾维钧决定拒绝在合约上签字。

（德国代表起身，在合约上签字。各国代表轮流在合约上签字）

中国代表：尊敬的主席阁下，尊敬的各位代表，我很失望。最高委员会无视中国人民的存在，出卖了作为战胜国的中国，我很愤怒，你们凭什么，凭什么把中国的山东送给日本人？中国人已经做到了仁至义尽。我想问问，这样一份丧权辱国的协约，谁能接受?！所以，我们拒绝签字，请你们记住，中国人永远不会忘记这沉痛的一天！

第五幕

旁白：巴黎和会上，中国代表拒绝签字的消息传回了国内，终于打破了“始争终让”的局面。这也是中国外交胜利的起点，顺应了民意，代表了千千万万中国人民的心声，举国欢呼，群众情绪高涨。

（教室里）

（全体学生在小声讨论卖国贼曹汝霖）

学生5：外争国权，内惩国贼。

全体起立：外争国权，内惩国贼。

学生6（右手高举过头顶，站着）：废除《二十一条》！顾维钧，好样的！

学生4（站在椅子上慷慨激昂地）：曹汝霖，卖国贼……

学生3：别激动，你们激动什么啊？那是在1919年，现在是2020年，我们是回不去的。

学生4（意犹未尽）：唉！真想回到那个年代，参加那样的爱国运动，为国家奉献热血青春！

警察1：五四运动虽然已成为历史，但是五四精神仍需要我们传承，我们要像前辈们一样，做有为青年，报效祖国！

学生7（双手摊开，耸肩，做遗憾状）：我们现在处在和平年代，国家富强了，再也不需要我们上街游行去争取自由，反抗压迫了！

警察2：不对不对！五四精神绝不仅仅是上街游行，用暴力方式爱国，新时代的我们要用科学知识做武器，为祖国的社会主义现代化建设挥洒热血！

报童、学生1—4：这才是真正地弘扬五四精神！

警察1：没错！中华民族的伟大复兴就要靠我们这一代人的努力！

学生1：我们青年一定要从自身做起，以习近平总书记对新时代中国青年提出的六点期望为准绳，时时刻刻要求自己。

学生3：是啊，咱们再回忆一下这六点期望吧！

学生3：希望新时代中国青年要树立远大理想。

学生7：希望新时代中国青年要热爱伟大祖国。

警察1：希望新时代中国青年要担当时代责任。

警察2、学生4：希望新时代中国青年要勇于砥砺奋斗。

学生1—4：希望新时代中国青年要练就过硬本领。

学生6、警察1：希望新时代中国青年要锤炼品德修为。

所有人：青年兴则国兴，青年强则国强，祖国的未来属于中国青年！民族的光荣属于中国青年！青年学子要不负青春，不负韶华，不负时代！

（三）情景体验式教育活动体验感调查与分析

为深入了解情景体验式教育——《五四春潮》这一活动参与者的体验感，针对22名演员、导演、编剧召开了专题座谈会，座谈会围绕五个方面开展：第一，在《五四春潮》中扮演什么角色，是如何认知这一角色的？第二，当时计划怎样塑造这一角色，为塑造角色作出了哪些探索？第三，《五四春潮》情景剧结束后，具体描述一下有什么样的收获。第四，情景剧结束后，在思想行为上有没有改变，改变是什么？第五，在情景剧结束后，你觉得有哪些不一样的地方，是别人所没有的？围绕这五个问题，同学们畅谈了自己的诸多想法。在座谈会后，发放了调查问卷——《情景体验教育思辨》，切实考查其在思想政治教育中的实效性。

1. 体验感分析

《五四春潮》这一情景剧中，关于参与本次情景体验教育活动的目的：16 位同学出于兴趣使然，8 位同学选择了提升思想政治水平（图 3）；在体验感方面所有的同学都选择了积极的体验感（图 4）；在观看者问卷当中，非常有触动的有 164 人，很大触动的有 518 人，一般感触的有 446 人，没有太大感触的有 92 人，完全无感的有 18 人（图 5）；在问到高校是否有必要开展情景体验式教育活动时，在观看的同学当中，304 人选择了非常有必要，723 人选择了必要，认为没必要、完全没必要的只有 14 人（图 6）。

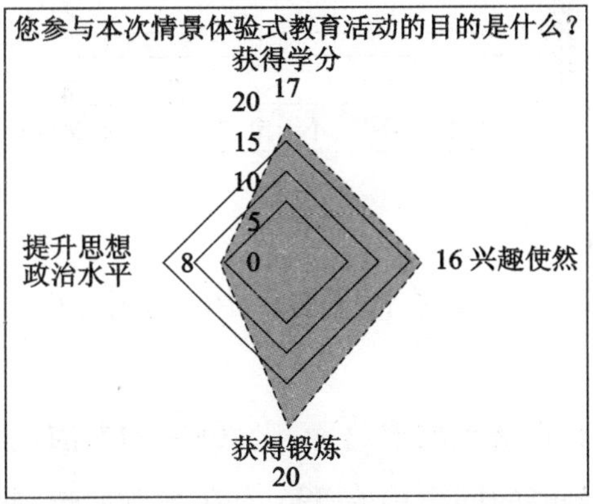

图 3

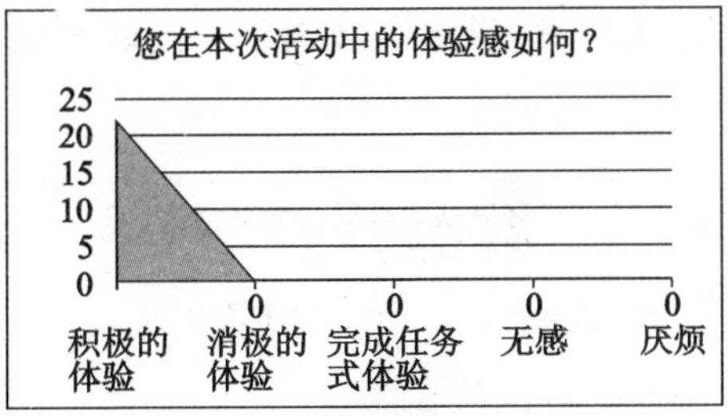

图 4

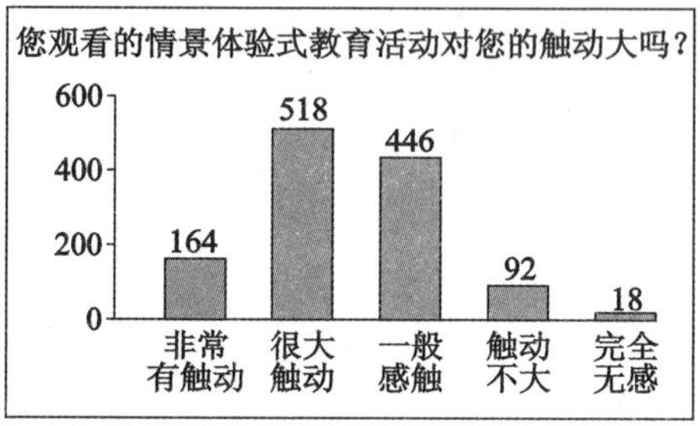

图5

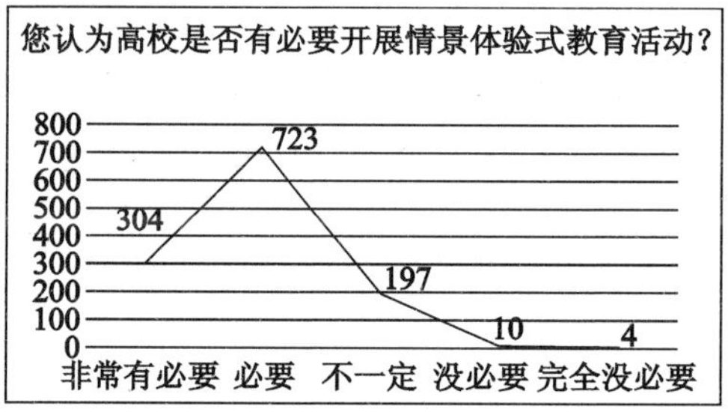

图6

2. 情景体验式教育活动在团员教育中的运用分析

（1）主题选择

就情景体验式教育活动的取材而言，68%的参演同学选择了历史事件（图7），而观看情景剧的同学中有596人在观看后选择了当代先进人物事迹，占比48.18%（图8），这也为以后进行情景体验式教育活动在选材方面提供了参考，毫无疑问，选择学生喜闻乐见的题材能更好地增强思想政治引领的实效性。

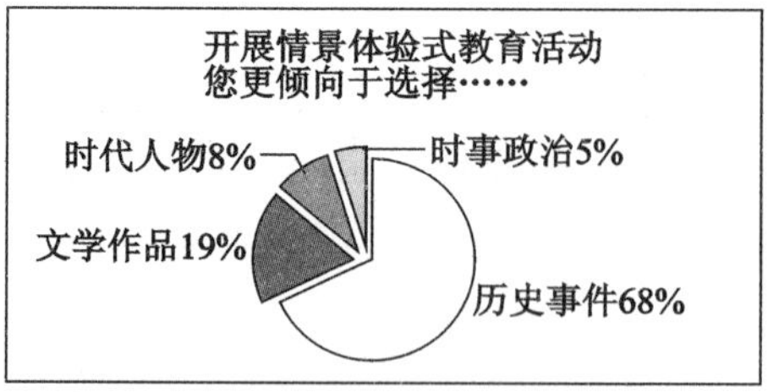

图7

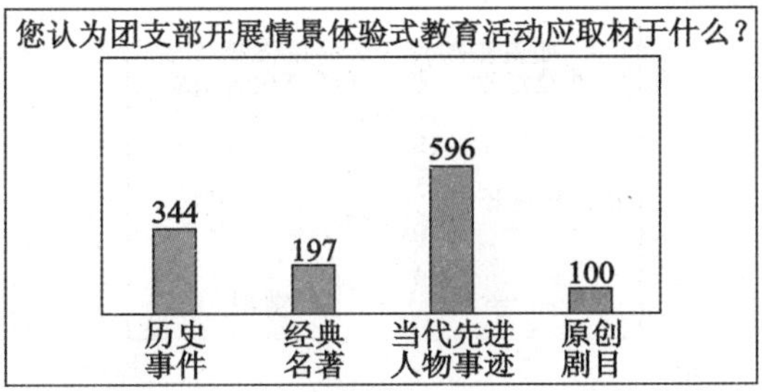

图 8

（2）指导老师

在情景体验式教育活动中是否需要指导老师这一栏中，认为非常需要的为 5 人，需要的为 15 人，一般需要的为 2 人，没有人选择不需要（图 9）。

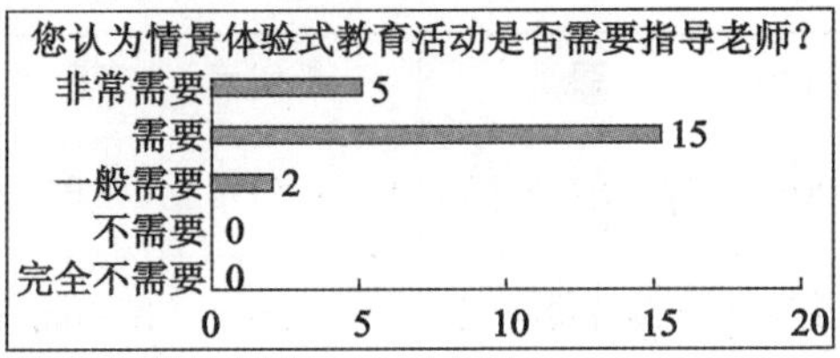

图 9

（3）活动频次

此次情景体验式教育活动后，在参与学生和观看学生的问卷当中，都涉及了情景体验式教育活动的召开频次，567 人选择了一月一次，359 人选择了一季度一次，250 人选择了一学期一次（图 10），而实际参演的同学（结合访谈加实地指导佐证，拍剧战线一般较长）只有 1 人选择了一月一次（图 11）。

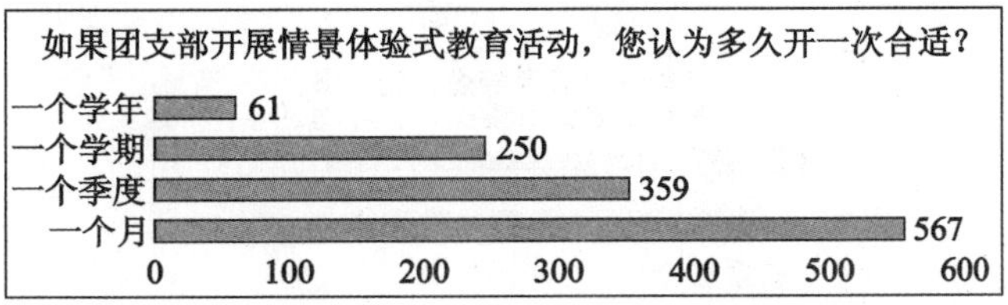

图 10

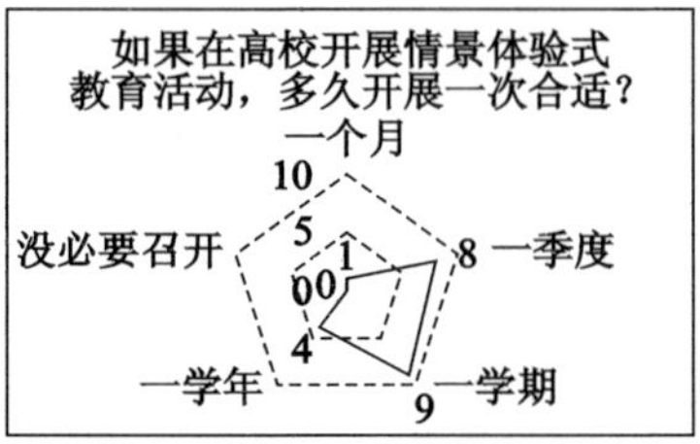

图 11

3. 情景体验式教育活动在团员教育中思想性分析

在参演完《五四春潮》之后，对所有参与者的访谈与调研中，都显示出对其思想、认知、行为、习惯方面的改变，其中思想、认知方面的改变这一栏选择非常同意的有 9 个同学。（见下表）

选项 题目	非常同意	同意	一般同意	不同意	非常不同意	平均分
思想方面的改变	9（40.90%）	12（54.55%）	1（4.55%）	0（0%）	0（0%）	4.36
认知方面的改变	9（40.91%）	11（50%）	2（9.09%）	0（0%）	0（0%）	4.32
行为方面的改变	11（50%）	9（40.91%）	2（9.09%）	0（0%）	0（0%）	4.41
习惯方面的改变	6（27.27%）	12（54.55%）	4（18.18%）	0（0%）	0（0%）	4.09
小计	35（39.77%）	44（50%）	9（10.23%）	0（0%）	0（0%）	4.3

4. 情景体验式教育活动后行动分析

《五四春潮》后，学生是否愿意采取实际行动是情景体验式教育活动实效性的重要验证方法，其中有 13 人非常愿意践行爱国主义行动，9 人愿意践行爱国主义行动（图 12），在 2020 年抗疫中，6 人投身到志愿服务当中（图 13）。

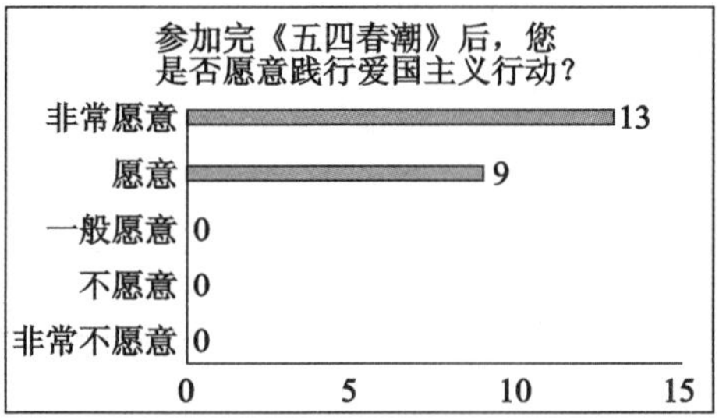

图 12

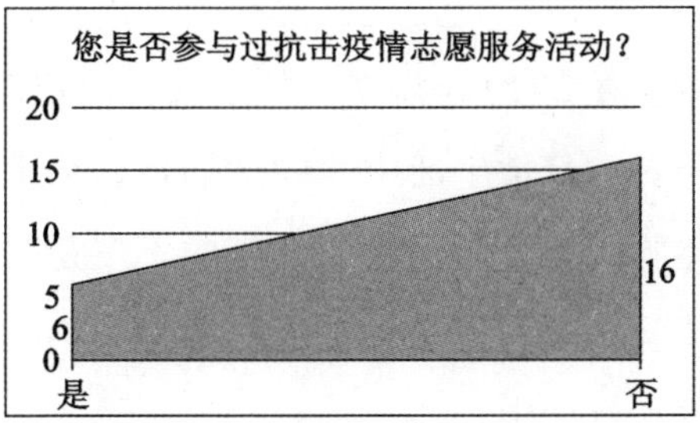

图 13

（四）开展情景体验式教育活动的总结与思考

1. 活动形式分析

情景剧《五四春潮》充分验证了情景体验式教育活动模式是开展青年思想政治教育的一种有效形式，它突出了学生的主体地位，能激发学生的主观能动性，对学生有吸引力，既展示了学生的个性能力，又让学生在浸入式的体验模式中受到教育，有了新的收获。

进入大学阶段的青年对自己的大学生活充满期待，他们具备一定的知识储备和个人能力，对自己的成长充满渴望，他们迫切希望能拓展自己的交际圈，在平台上展现自己，使得自身在各方面得到锻炼与肯定，情景式体验教育模式正好与学生的需求相契合，其最大的特点就是突出学生的主体性，将思想教育的模式变被动为主动。《五四春潮》通过各个角色的设定吸引青年参与，通过演员招募将学生的兴趣和能力融入角色中，激发了学生对自身价值的认可，同时在角色塑造过程中，激发了学生的主动意识，促使学生积极主动地去查阅资料、文献、典籍等，明晰了自己的认知，在体验过程中起到共情的效果，进而达到教育的目的。

在访谈中，日本代表牧野男爵的扮演者为了演好这个角色，不仅多次到图书馆查阅历史资料，还从影视作品中查找相关角色信息，甚至主动去学习了日语，在舞台上他全程用日语进行展示，为这一角色增添光彩的同时，自己也获得了成长。中国代表顾维钧的扮演者讲到此次扮演最大的收获是自己成为一个具有正义感的人。在扮演顾维钧的过程中，他查阅了关于顾维钧的各种史料，充分了解了顾维钧的履历、个性、外交事迹等，形成了对顾维钧角色的自我认知，认为顾维钧是一位爱国的外交官。在剧中，顾维钧与牧野男爵的辩论成为全剧的亮点，顾维钧这个角色也对他产生了潜移默化的影响，在2020年疫情防控期间，他积极参与到社区疫情防控中，成为一名志愿者；日常生活中，同学们也认为他是一个具有正义感的人。可见，情景体验式教育活动给予青年的不仅是知识和展示自我的机会，更多的是通过体验式教育，学生在潜移默化中由内而外得到提升，将教育融入自己的思想和行动中。

2. 活动内容分析

《五四春潮》在还原历史事件的同时，以剧中剧的形式结合新时代思考进行演绎，该剧具有真实性、微小性和时效性特点，以小切入点呈现五四精神的深刻内涵，又立足新时代，用历史唯物主义视角回看“五四”，引发青年对新时代青年使命的思考，激发青年的认同感。

《五四春潮》全剧15分钟，22名学生全程参与剧本创作及演出，剧本围绕1919年巴黎和会召开的始末，再现当时中国的国际国内形势，以及青年学生掀起的伟大爱国运动，通过示威游行要求严惩曹汝霖，展示了青年学生不畏强权和诱惑，誓死捍卫祖国领土完整的爱国之情。全剧还原历史但不拘泥于历史，采用了剧中剧的形式，从新时代青年的视角回看历史，结合习近平总书记在纪念五四运动100周年大会上的讲话精神，在对五四先驱崇高的爱国情怀和革命精神理解的基础上，从历史唯物主义的视角，深入挖掘历史，更能辩证地看问题。特别是在对待青年运动这一主题，情景体验式教育形式能激发学生主动了解历史，能清晰准确地认识到爱国运动的本质，能认识到在不同的历史阶段有不一样的国情，青年爱国要与国家和民族的命运紧密联系在一起，对新时代青年的使命也有了高度认同感，明确新时代中国青年要为全面建成小康社会、加快建设社会主义现代化国家、实现中华民族伟大复兴的中国梦而奋斗。

3. 活动过程分析

《五四春潮》从剧本的创作，到演员招募，再到导演、剧务等都由学生自主独立进行。在剧本的创作和剧情设计中突出叙述性和情景性特点，剧本有血有肉，在剧目呈现过程中学生全程参与，突出了体验性特点，在不同的角色中有不同的体验和收获，促成了个性化的积极体验感。

共青团与青年有着天然的亲近感，能切中青年脉搏，能敏锐发现青年的兴趣点和需求，这为开展青年思想引领工作奠定了坚实的基础，共青团开展情景体验式教育活动，为青年活动搭建平台，为学生展示自我提供机会，能发挥组织作用和辅助指导作用。在本次活动中，团总支书记担任了指导老师的角色，主要负责对剧本的把关，协助导演指导剧作，协调解决演出事宜，组织活动复盘总结及座谈思辨环节。特别是在思辨环节，采用了座谈会的形式进行，由学生总负责人担任主持，全体成员围绕参演本剧自己的整体感受、自己塑造角色的过程、自己对角色的体会、参加本次活动后自己的收获以及自己发生的变化等进行了分享。通过座谈分享，同学们着重介绍了自己为塑造好角色作出的努力，自己融入当时的情境中，融入所在的角色中，主动收集史料的过程，对五四精神有了深刻的体会，对爱国主义精神有了清晰的认识。通过分享自己参与活动后的成就感，同学们将视角放在个人改变上，回顾参加情景体验剧以来，在思想、行为、社交等方面发生的变化。在同学们个人分享的同时，启发了团队其他成员从不同视角感受自己的体验，扩大了体验式教育活动的意义，激发了认同感。

4. 活动效果及评价分析

学生通过全过程参与《五四春潮》，体验感强，认同感强，促进了同学们思想和行为的协同性发展。情景体验式教育活动的价值不是为了体验而体验，而是为了通过体验的形式达到内化的目的，进而将体悟与思考在实际生活中付诸行动。

该情景剧在会计学院进行过两次展演，分别由 2019 级和 2020 级学生进行展示，1600 余名同学观看了演出，演出后随机进行过采访，同学们对这种形式的演出是认可的，为演员展示的个性能力点赞，也表示演出在自己脑海中留下了印象，赞同该剧传递的青年爱国主义精神。参演的学生们表示，通过全程参与演出，自己付出辛苦的同时，更享受这个过程，享受被大家认可的那一刻，感受到自己的价值，体会到自己的价值是可以不断被拓展的，讲到自己在舞台上当了一回“明星”，认为自己作为“公众人物”要在日后的生活中有更加优异的表现。

《五四春潮》一剧将情景体验式教育形式运用到高校共青团青年思想政治教育工作中，发挥了共青团思想育人、实践育人、文化育人的功能，将思想政治引领工作与学生的成长成才需求有效结合，让学生在思政教育活动中当主角，变被动为主动，对解决思想政治教育中学生听不听、信不信、认不认和跟不跟的问题有积极意义。

三、小结

高校开展思想政治教育改革，落实习近平总书记讲的将思想政治教育贯穿教育教学全过程的指示精神，高校共青团的核心使命任务是参与做好高校思想政治工作。情景剧模式是共青团落实参与思想政治教育工作的一种教育形式，它以更加生动活泼的方式激发了学生参与思想政治教育工作的主动性。近年来思政课程改革的视角也转向实践教学的探索，而情景体验式教育活动的形式可以将思政教育老师们“我讲给你听”模式变为学生们“我们演给你们看”模式，情景体验式教育活动的过程是学生自我教育的过程，自主选题的开始便是主动“听”的开端，参演的过程便是“信”的过程，思辨的过程解决“认”并“跟”的问题。

在这次情景体验式教育活动当中，“讲好中国故事，传播中国声音”中华优秀文化主题教育成果展演和情景剧《五四春潮》中的参与者在访谈、问卷中都有非常积极的反馈，全过程、全方位的参与，不仅使学生们的知识、能力得到提高，更对爱国情怀有了深刻的体悟。对高校共青团而言，情景体验式教育活动这种模式实现了思想引领功能的有效落地。在这次探索中，也发现了一些问题，对观看者而言，情景体验式教育活动更偏向于是一次活色生香的演出，在参与时以及参与后一段时间内对学生都非常有触动，但时效性难以持久，情景体验式教育活动作为第二课堂活动也决定了其不能太频繁举办，以免影响学生学业。因此，探索情景体验式教育活动在观看学生中的实效性是未来研究的主题，只有真正将观看者的体验内化于心、外化于行，才能真正将情景体验式教育活动这一有效模式落地生根于思想政治教育这片沃土上，充分发挥共青团的思想引领作用，进一步落实高校立德树人的根本任务。

作者简介：

杜娟，经济学硕士，山西工程科技职业大学会计学院团委书记，中国青少年研究会会员。从事共青团工作10年，研究方向为思想政治教育、共青团组织建设、学生管理、大学生职业生涯规划与就业指导，所在支部两次被遴选为全国活力团支部，获全省五四红旗团支部称号。主持团省委思想政治引领研究课题2项。

李亚楠，中国史硕士，山西工程科技职业大学专职辅导员，曾获得中共山西省委教育工作委员会优秀共产党员荣誉称号。研究方向为思想政治教育、大学生职业生涯规划与就业指导，曾参与省级课题3项，发表省级学术论文4篇。

王虎威，教育管理硕士，山西工程科技职业大学会计学院党委第二负责人（专职）。长期从事党建、学生管理、就业创业、心理健康教育等工作。在《休闲》《中阿科技论坛》等刊物发表学术论文4篇，参与国家级产教研协同育人课题、山西省哲学社会科学课题、山西省教育规划课题等多项。

刘艳萍，管理学博士，山西工程科技职业大学会计学院副教授，会计实务与管理教研室主任，研究方向为企业财务与成本管理、会计职业生涯规划，在北大核心和南大核心发表论文18篇。出版专著2部。

贾慧敏，软件工程硕士，山西工程科技职业大学外国语学院团委书记，从事共青团工作17年。

高校思政实践教学与共青团依托情境体验教育实现协同育人的路径研究

山西医科大学　白　静　李　冰　张玉洁　肖昆鹏　寇梓鑫　孙馨悦

“各类课程与思想政治理论课同向同行”，需要学校各个部门形成合力，协同推进。共青团作为党的助手和后备军，根本任务就是要培养合格的社会主义建设者和接班人，把巩固和扩大党执政的青年群众基础作为政治责任，围绕中心、服务大局是工作主线，全力做好大学生的思想政治引领和价值引领工作。因此，高校要做好“为谁培养人”“培养什么样的人”的工作，必须将思政实践和校团委工作紧密结合，协同育人。

一、 协同育人的重要意义

面对世界多极化深入发展，单边主义倾向抬头，意识形态领域斗争加剧，世界百年未有之大变局，2020 年 5 月 28 日，教育部印发《高等学校课程思政建设指导纲要》（以下简称《纲要》）。《纲要》中明确提出全面推进高校课程思政建设这一重要考量，“这一战略举措，影响甚至决定着接班人问题，影响甚至决定着国家长治久安，影响甚至决定着民族复兴和国家崛起”。因此，下面主要从宏观、微观两个层面对协同育人的必要性进行论述。

（一）从宏观层面看，思政课程和校团委育人目标一致

大学阶段是人生的美好时光，堪称最为宝贵的黄金时期，是学习科学文化知识和运用知识增加本领的关键阶段。高校一方面要通过课堂教学这个主渠道传授知识，把育才工作放在重要位置；另一方面还要高度重视育人这个核心任务，通过活动实践来涵养大学生的良好德行。古人云：“才者，德之资也；德者，才之帅也。”人才培养过程一方面是育才，另一方面也是育人的过程，育才和育人相互促进、共同发展。思政课程和校团委工作都是为了培养德才兼备的高质量人才，为社会主义建设培养合格的接

班人，所以说两者是“一体两翼”，目标一致。

（二）从微观层面看，思政课程和校团委育人各有特点

高校中的共青团组织地位极其重要，是仅次于学校党委的核心组织。当今，我国绝大多数高校都有较为完整的团组织，在下属的学院、系、班级等基层组织中相应地建立起较为完备的基层团组织，团员的数量在所有学生中的比例超过95%，可以说共青团组织是高校最先进的青年组织。团组织的领导干部一般都是由热爱青年工作、充满活力的青年学生担任，他们政治立场较为坚定，在工作中表现出较高的热情、激情，他们往往具有号召力、影响力，和学生打成一片，在学生群体当中发挥着引领学生思想意识与价值观念的积极作用。从队伍来源看，共青团组织的成员来自校内的优秀青年，这赋予了共青团组织极为鲜明的青春个性。共青团在开展活动时以大学生的个性和思想为出发点，举办一些彰显青春风采、贴近学生生活的思政教育活动，例如理论宣讲团、红色故事、红色电影配音大赛等。

但是高校共青团组织中教师的专业背景有时候缺乏思政专业，相对缺乏思政理论功底，难以聚集思政专业教师参与团委活动，因此，不容易做到“精准育人”。

新时代中国特色社会主义思想政治教育系统中思政课占有至关重要的地位，起着纵贯联结作用。全面贯彻党的教育方针需要思政课，同时思政课又是新时代中国特色社会主义的理论载体，这也是高校思政工作的中心环节，思政课对于学生形成正确的世界观、人生观和价值观，对于培养勇担民族复兴大任的时代新人发挥着不可替代的作用。本科阶段，思政课主要包括《毛泽东思想和中国特色社会主义理论体系概论》《马克思主义基本原理概论》《中国近现代史纲要》和《形势与政策》，这是具有整体功能特性、多要素构成的有机系统，学习中要坚持课堂理论教学和综合实践教学两大方向，“心服口服”产生理论认同，用“运动、变化、发展”的眼光看待世界，认识和改造世界相统一，促进理论内化与实践外化。思想政治理论课的系统性有利于构建综合实践教学“育人共同体”。综合实践教学促进学生“学中用”“用中学”，作为推进高校思想政治工作的重要抓手，这也是巩固、深化课堂教学的延伸拓展。

但是思政课需要思考综合实践教学协同问题，需要党政、宣传、教务、学工、科研、财务、人事等部门共同配合，明确各自工作定位，真抓实干。各部门各学科都要做到守好一段渠、种好责任田。在实践教学体系建设中，一方面需要考虑思想政治工作规律、育人规律、学生成长规律和学生成长发展需求的综合性，以学生为主体；另一方面在实践教学过程实施中还需要考虑部门、学科、课程的衔接性，充分考虑部门学科之间的协同性和支撑性，实现精准无缝对接。

二、 思政实践与校团委协同育人的结合点——情境体验思政实践

情境体验思政实践把育人作为教学的出发点和落脚点，树立以学生为本的教学观，充分调动其积极性和创造性，以实现他们的全面发展，处理好课堂教学和课下实践教学的关系，在注重学生知识积累的同时促进学生身体力行地将所掌握的知识运用于思政实践。

（一）情境体验思政实践课堂特点

情境体验教学法中的“体验”，主要是指通过艺术形式进行的情感体验和生活体验。思政课情境体验教学法实施过程是根据教师预先设计的主题和情境，学生在课下通过查阅资料进行学习和研究，并将学习研究的体会及成果以诗歌、朗诵、歌曲、舞蹈、话剧小品、课堂辩论、演讲、微电影和手抄报等形式进行展示，且学生展示和任课教师点评总结相结合，通过情境体验实现价值认同的教学方式。

情境体验式教学过程中如何将社会主义核心价值观一以贯之地融入教学全过程？如何处理好系统讲解和重点体验之间的关系以及情境体验的内容如何设计？如何把握不同体验内容之间的关联性？由于医科院校的特性，我们将以医学专业学生的职业精神的培养和塑造为落脚点，形成社会主义核心价值观在医学专业特色教育方面的可行性方案，探索社会主义核心价值观融入思政教育的有效途径。

鉴于以上特点，情境体验教学既融入了艺术元素，又可以将情境体验成果在校团委提供的平台上进行展演，起到了桥梁作用。

（二）情境体验思政实践的特点

本着实现全过程、全方位的育人目标，我们不仅要在增强第一课堂吸引力上努力探索，而且也非常重视将育人范围延伸到第二课堂，为了弥补单一课堂情境体验教学的欠缺，假期我们开展了生活体验式教学。为此，我们与校团委合作，根据校团委暑期“三下乡”实践活动，思政教师带队指导，奔赴革命老区武乡、忻州和吕梁等地进行社会实践，和老区人民一起进行为期两周的生活，在体验生活的同时，宣传健康知识、体检、走访了抗战时期的儿童团团长老八路、参观八路军纪念馆，返校前还与村民共同举办了一场别开生面的联欢会，场面热烈感人，告别时依依不舍。使学生们接受了一次深刻的革命传统教育，体验了老区人民的精神生活风貌，促进了情境体验与生活体验的紧密结合。

鉴于以上特点，情境体验教学既融入了生活元素，又可以将情境体验成果在社会大舞台进行展演，再次发挥了桥梁作用。

三、 协同育人的路径探索

（一）发挥思政课教师“针眼”作用，穿针引线，编制“实践育人”立体网格

在铸魂育人、立德树人的教育体系中，思政课发挥着“压舱石”的作用，思政课综合实践发挥着“试金石”的作用。“两石”功能效用的发挥，离不开思政课教师这个“针眼”。思政课教师作为立德树人“关键课程”的“关键主体”，其贯彻、组织、协调、引导、实施能力直接决定了思政课理论教学和实践教学系统的稳定性、有序性和有效性。必须牢牢牵住这个“牛鼻子”，在思政教育途径的多种多样中、在铸魂工作的千头万绪中、在实践教学方式的百家千版中，思政课教师要从大局、从全局出发，科学分析综合实践教学体系中必要的构成要素及内在联系，促成实践要素的全方位、多角度、多维度的结合和高度融合。整合实践教学资源，拓展实践教学形式，注重实践教学效果，增强时代感和吸引力，努力实现思想政治理论课综合实践教学“配方”先进、“工艺”精湛、“包装”时尚，使实践教学活起来、用起来、美起来。

具体操作上，教师必须确定教学目的和意义。在学期之初召集学生干部开会，进行前期培训，布置教学任务。然后以教室为单位，由各系学生干部根据所在教室的总体安排，将所有同学分成若干节目组，将任务具体分配到组，同学们再下去准备。要求人人必须参与节目组任意角色，包括收集资料、策划、编剧、导演、表演、服装道具、多媒体制作、宣传报道等角色。每个节目组同学的分工情况会呈现在他们的PPT上，作为教学过程性评价的依据。经过3—4周的准备后，学生将自己准备的内容完整、形式多样的作品展示在相应专题的课堂上。由教师导课，设置一个情境，随后将讲台交给学生，由学生自行主持进行作品展演、展播和展示。教师在学生汇报演出完成之后进行点评，将本节课要表达的中心思想传递出来，点题并升华主题，以实现预期的教学目的。为了使这种情境体验更加持久和更充分地表达，我们还将课堂上展示出来的优秀学习成果精选出来，在教师的辅导下进行修改和编排，并与校团委形成长期固定的合作模式，以“主题话剧晚会”“微电影晚会”和“手抄报展”等形式呈现在校园舞台上，为全校师生提供精神大餐，使社会主义核心价值观教育在课堂和校园文化建设间实现对接。

（二）高校团委要大力挖掘各种育人资源，把优质育人资源用在恰当的位置

高校团委在协同推进思政育人过程中可以以“挑战杯”“技能竞赛”等活动为抓手，整合学科专业课程资源和力量，组建跨学科、跨专业、跨课程的创新团队，弘扬团队精神、集体精神、创新精神。同时，大力挖掘育人师资资源。高校团委要发挥广泛联系思政课教师和青年学生的优势，一方面把学校那些热爱学生工作、关心学生成长的思政教师汇聚在团旗下，聘请他们为大学生创新创业项目、各种竞赛比赛、心理健康咨询等方面的成长导师；另一方面，聘请校外各领域的杰出青年、各领域的劳动模范、各行业的道德模范担任青年大学生成长的客座教授，常态化邀请他们进校园开展宣讲。大力培养一批专、兼、挂职共青团干部队伍，发挥他们在协同课程思政育人过程中教育指导、桥梁纽带、服务师生、协调沟通等方面的作用。

（三）培育良好的校园环境，各部门形成推动思政实践建设的合力

优化协同育人的外部环境，探索建立全方位支持思政实践的实效长效机制，形成合力，要在“统筹”、胜在“拓展”。要在“统筹”，即必须加强统筹指导、强化统筹管理。实践教学虽形式万千、多校多策、一校多策，但从系统性、规范性、持续性上看，仍要求思政课综合实践教学建设系统规划、统筹推进。要统筹好思想政治理论课实践教学课程建设，加强实践教学理论研究工作，研制发布实践教学指南，及时发布教学建议。理论来源于实践、实践促进理论的升华，思想政治理论课教师必须经常进行理论培训和实践研修，加大社会实践力度，结合实际制定合理的政策，创造有利的条件，使实践教学管理责任能够落到实处、开花结果。胜在“拓展”，即必须拓展工作格局、拓宽渠道资源。要不断拓展思政课综合实践教学建设的工作格局，切实加强领域间、区域间、部门间、层次间、类别间的合作交流。要不断拓宽渠道资源，整合社会资源，形成资源合力，因地制宜，凝聚特色化思政资源库，突出综合实践教学鲜明的“集团作战”风格。以思路求新、举措求活、成效求实为导向，一体化构建高校思政实践工作体系，培育良好的校园环境。

高校推进协同育人，对于思政课入心、入行有着重要意义，对于作为党的助手和后备军的共青团开展育人工作有着重要的推动作用。思政实践和高校团委要各自发挥自身综合优势，结合工作实际，创新工作方法，完善协同机制，同向同行，守好思想政治引领和价值引领的“责任田”，为培养德、智、体、美、劳全面发展的社会主义建设者和接班人作出新的贡献。

参考文献

[1] 李桂兰，孙雪琳. 关于高校思政课综合实践教学“育人共同体”的探索［J］. 文教资料，2020（10）：137－139.

作者简介：

白静，法学硕士，山西医科大学马克思主义学院讲师。研究方向为马克思主义理论，在《思想政治教育研究》《理论建设》《山西高等学校社会科学学报》等期刊发表学术论文九篇，主持和参与国家社会科学基金一项、省级项目四项、校级课题四项。

李冰，法学、经济学双学士，山西医科大学马克思主义学院副教授。学校第七届教学督导委员会委员。山西医科大学优秀共产党员（2017）、山医名师（2019）、山西省教科文卫体系统“五一劳动奖章”（2019）、全国优秀教师（2019），研究方向为思想政治教育，在《山西日报》《生产力研究》《理论前沿》等报刊发表学术论文八篇，主持和参与省级项目三项、校级课题两项，出版学术专著两部。

思想政治引领下的中学情景体验教育活动

太原市育英中学校 边保军 曹怡丽 梁 敏 郭 毅

随着新课程的不断发展，体验教育从21世纪初的被国内学者关注、研究，到现在在学校、教育机构的蓬勃发展，充分说明这是一项有意义的教育理念和方法。

体验教育最初是与生活教育、生命教育、生态教育联系在一起的。研究者们认为体验教育就是要充分利用学生的一切生命感官，使生命的意义与语言的符号相结合，从而使学习成为个体的主观需求。

体验教育来源于卢梭、杜威、皮亚杰、大卫·库伯等著名学者提出的系列蕴含体验教育思想的现代教育理论。卢梭提出了“自然教育”理论，倡导从体验中学；杜威认为经验是一切认知的来源，主张“做中学”；皮亚杰创立了一套完整的学习与认知发展模式，他认为，体验、观念、反思和行动四个维度构成了人基本的连续性发展思维，学习的过程是个体在与环境相互作用中的一种建构过程；大卫·库伯在杜威、皮亚杰等人的理论基础之上，系统地探讨了体验学习的概念、过程与结构模型，创造性地提出了“体验学习圈”，将体验学习程序化、科学化，提出了“具体体验、反思观察、抽象概括和行动应用”四阶学习循环系统。

国内对体验教育的研究从21世纪初开始。最早是被作为一种教育方法应用在学科教育之中，近年来体验教育也越来越多的开始应用到学校的德育教育中。张玲玲等人提出“移情体验法”（2003年），范清义提出了“榜样示范体验法”（2007年），蒋文英提出了“情境事件体验法、社会实践体验法、交流参与体验法”等方法（2011年）。

近年来体验教育在中学德育教育中也有了收获。福建福鼎一中“体验式德育”活动已成系列化：一融合（体验式德育与各学科教学常态化融合）、二空间（校内体验空间、校外体验空间）、三模拟（模拟法庭、模拟联合国、模拟营销）、四大节体验（体育节、艺术节、科学节和读书节）、五彩缤纷的体验主题展（科技、创业、农事、生命教育、革命传统等主题）。

情景体验教育，是体验式教育中的一部分。情景体验式教学发源于欧洲，它是把教师的情境设置和学生主体生命体验两者统一于一体的教学方法，强调教学的意义不仅在于知识的积累和能力的发展，还在于情感、态度、价值观与道德信念的生成与演化，在于个体生命诸方面的整体发展。

在共青团的引领下，我们将中学德育和情景体验教育结合，做了一些深入的研究。思想政治引领下的情景体验教育用情境感知、研究讨论、探究等强化体悟的方式，对学生的德育乃至五育起到了有效的作用。

一、 中学视野下， 思想政治引领下的情景体验教育

《教育部关于全面深化课程改革落实立德树人根本任务的意见》（下文简称《意见》）提到了以“立德树人”为教育的根本任务，明确指明了教育的方向一定是在落实德育的前提下进行，培养社会主义接班人。因此，强调思想政治引领是中学教育的前提，没有了这个前提，教育就可能会出现方向的偏差，甚至错误。故而，本课题探讨的情景体验教育提出了在思想政治引领下的要求。我们将通过具体的案例理解思想政治引领下的情景体验教育如何做，做什么。

在《意见》中，首次提出核心素养体系。核心素养体系以培养全面发展的人为核心，分为自主发展、社会参与、文化基础三个层面，分别包含学会学习、健康生活、责任担当、实践创新、人文底蕴、科学精神六大素养。情景体验教育恰以其独特的方式融合六大素养，促进德、智、体、美、劳“五育”并举。从中学教育的角度看，情景体验式教育是很好的教育载体。

情景体验教育，顾名思义，是要架设情景，而不是情境，不是让学生意会，而是在有限的条件下尽量做到让学生身临其境。情景比情境有更强烈的震撼力，会更深入人心，更能触动内心的思考。

同时，情景体验教育也适合中学生的心理成长特点。处于青春期的中

学生多思好动，充满好奇心，特别是喜欢挑战，喜欢新鲜的生活。情景体验教育有效弥补了中学生文化课学习之余的空白，也以立体化的方式将文化课的苦学适当转化为了乐学趣学，促成了中学生学习方式的转变。当下，由于生活压力变大，社会节奏增速，中学生心理问题日益凸显，而思想政治引领下的情景体验教育在促进学生内心强大、化解成长压力等方面均可以起到很好的作用。

二、思想政治引领下的中学情景体验教育的尝试和反思

2020年春节，新冠肺炎疫情暴发，医务人员白衣执甲，外卖小哥奔波劳碌，建筑工人不眠不休，全国人民都参与到这场特殊的抗疫之战中。战“疫”中涌现出了许多感人事迹，而这些也成为学校教育的重要素材。为了让学生记录这场经历，深刻理解危机中人民的伟大，我们创设了几次情景体验教育。

第一次是2月底的时候，各所学校都在准备开学，需要写《开学预案》。于是我们想到了借此机会给学生创设情景，便依托班会课程引导学生写《开学预案》。让学生写《开学预案》的活动有效地激发了学生思考问题、解决问题的意识。这一活动需要学生自己在家中进行模拟实操，比如如何防疫、出现疫情如何应对，学校的教学管理、后勤管理等如何应对。在情景体验活动中，学生对自己非常熟悉的校园生活进行了认真的思考，并且在写预案的过程中反复锤炼语言，锻炼逻辑思维能力，是情景体验教育的一次热身。而在这次的体验中，我们始终强调“生命意识”“人民的生命安全高于一切”等思想，正是在这种思想的引领下，学生在创设开学情景时会认识到“做好开学前的摸排”是工作重点，还特别提到“要保护感染者的隐私，要点对点摸排”，有的学生在预案中详细写了发现疫情如何送医和隔离。学生在完成《开学预案》的活动中，了解了责任担当，有了初步的职业规划的意识。这样的体验式教育活动因为结合学生当下的生活体验，较好地激发了学生创作的愿望，也让学生在实际写作中体验活动，是一次初步的情景体验活动。

随着疫情的加剧，学校延迟开学。为了让学生深入了解这次危机，记

录这段特殊的经历，更重要的是丰富停课期间的学习内容，我们组织学生开始编写“抗疫微剧本”。由于疫情，没有按时完成表演，我们又组织有能力的学生将微剧本以微视频的方式进行呈现，同样完成了情景体验教育活动。在整个微剧本创作中，我们感受到了学生在情景体验中获得的成长，也进一步明确了思想政治引领在学生微剧本创作中的指引作用，了解了经过创作表演学生获得的提升。

通过这两次的情景体验教育活动，我们探索了一些在中学实施情景体验教育的要点和效果。

1. 思想政治引领是决定情景体验教育效力的基石。

有位同学根据自己的亲身经历创作了微剧本《逆行而上》。剧本讲述了疫情期间，为了保障网络畅通，在联通上班的父亲早出晚归，调试网络，全力保障抗疫。剧本中有这样一段情节：

地点：家中客厅

此刻已是正月初四的19：30，夜幕降临，万家灯火，每个电视频道都在播放疫情状况。疫情事态越来越严峻，国家下令武汉封城，全国人民居家自安。

我：爸爸，赶快吃饭吧。（看到刚进家门的爸爸，我急忙催促他，顺手接过爸爸脱下的脏外套）

爸爸：今天拉皮线，出了一身汗，着急又上火，受了风寒，忙得也顾不上喝口水，现在一点儿不饿，就想抱个暖瓶狂饮。（说完自顾自笑了起来，随手拿起桌上的一杯水一饮而尽，心满意足地用手背抹了一把流在下巴上的水）

妈妈：累了一天早点休息吧。（满目心疼）

爸爸：今天我们分局给山西省卫健委安装了疫情防控专线，这条专线可以及时向国家卫健委上报最新疫情。时间紧迫，春节期间安装人员短缺，作为领导，需要我亲自带队，关键时候我必须上。（一脸自豪，成就感让他忘却了疲惫）

我：爸爸，你一早出门还是穿着干净整洁、里外一新的衣服，怎么这

才一天你的裤子和衣服都是灰尘，好脏呀！干什么去了？（用手拎着外套，笑着调侃爸爸，假装一脸嫌弃的样子看着他）

妈妈：你误解爸爸了，安装员叔叔不够，爸爸亲自扯出皮线，扛着那么粗的皮线来回布线路，还要爬高上梯找电话线源头，接好线后不断调试设备，直到电话能清晰地通话，才算大功告成。你是爸爸的小棉袄，我想你应该理解他。（心平气和）

我：妈妈，我当然理解爸爸，就是想和他开个玩笑，轻松轻松！（笑了一下，但心里是对爸爸满满的心疼）我坚信，有各行各业无私奉献的逆行者自愿牺牲个人利益奋战在岗位上，我们强大的祖国一定能够在党中央正确的决策和领导下战胜新冠病毒！

在这个片段中，爸爸有这样一段台词："今天我们分局给山西省卫健委安装了疫情防控专线，这条专线可以及时向国家卫健委上报最新疫情。时间紧迫，春节期间安装人员短缺，作为领导，需要我亲自带队，关键时候我必须上。"创作者通过人物语言交代了疫情防控的一些措施，更重要的是展示了全民抗疫的感人精神。作者将宏大的政治语言自如地写到剧本中，塑造了平民英雄式的"爸爸"形象。"我坚信，有各行各业无私奉献的逆行者自愿牺牲个人利益奋战在岗位上，我们强大的祖国一定能够在党中央正确的决策和领导下战胜新冠病毒！"这样的台词读来没有生涩感，却有满满的感动，这种较高水准的表达能力除了学生日常的写作功底外，思想政治的引领是重要的"发动机"。在思想政治引领下，学生站得高了，体会到了辛苦背后全民抗疫的重要性，于是学生有感而发，自然而然地写出来，而作为读者的我们也会在感动之余受到深深的感染。可见，单有情景教育是不够的，一定要在思想的指引下，才能唤起受教育者内心的崇高感，从而促使情景教育起到震撼心灵的指导作用。

2. 情景体验会激发学生内心的情绪，从而让德育思政教育自然而然地渗透到学生的内心。

《逆行而上》中还记录了一个内容，就是网络教学期间，作为联通一员的"爸爸"全力保障网络畅通。面对"我"对"爸爸"辛苦工作的关心和担忧，“爸爸”说道：“可我是一名共产党员，那些战斗在疫情一线的白衣天使们更辛苦、更危险。我能做到的就是把后方工作做好，逆行而上的精神适用于每一位有责任有担当的共产党员。放心吧，我会小心的。”作者艺术化地借人物语言写出主题，又相当接地气。

这么有感染力的语言，正是因为剧本创作中的情景再现有效地让学生聚焦自己日常生活中的小事，放大其中的感动，从而提炼出深刻的主题。剧本最后，作者写了一段旁白：“爸爸又要出发了，肩上扛着使命和责任。平凡的工作，却铸造了不平凡的爸爸。春天来了，祈求疫情快快过去，我们伟大的祖国依旧繁荣昌盛。我爱自己的国家，也深爱我的爸爸。爸爸，你是我未来人生前行的榜样，女儿为你感到骄傲和自豪！”这段旁白作者没有一味拔高主题，而是回归平凡，写“爸爸”在女儿心中的形象，这种化大为小的处理，反倒进一步凸显了作品的感染力，而这种感染力正是学生在情景体验中自发生成的。

点评教师也被剧本感动，发自内心地写下评语：“作者独辟蹊径，选取抗疫后方的真实故事，将自己的亲身经历写成剧本铭记。在这场抗疫战争中，我们每个人都是一分力量。坚守后方的人在前线英雄的感召下，逆行而上，为抗疫努力做好自己的本职工作。小作者的眼中，爸爸就是英雄；小作者的笔下，爸爸就是楷模。小作者的剧本也深深感动了我，她用小故事讲述大主题，展示了共产党员的优秀品质，展示了平凡人的不凡力量，令人赞叹！”

剧本创作后经过修改，作者最终又通过微视频的方式将剧本呈现出来，在微视频中作者用父亲工作的照片串联情节，用自己真挚的歌声抒发感情，这是情景体验教育的又一次深入。微剧本的创作让学生将大道理生活化，用自己的眼睛和语言写内容，从而完成自我的成长和精神升华。

3. 情景体验教育可以引导学生关注生活，弥补学科教学重吸收、少输出的不足，修改完善的过程也进一步强化情景体验。

剧本创作中，常常会涉及一些生活常识，由于学生缺少必要体验，往往导致剧本硬伤。而在剧本修改批注的过程中，这些硬伤被发现，学生的认知短板也被及时修复。比如，一位学生在剧本中写到一名医生的台词："我跟你说，今天我刚刚做完手术，去给那位病人喂水，他是昨天晚上抢救回来的，生命体征一直很稳定。他说水太烫了，一会儿喝，我就转身准备输液的蛋白，结果就那么一瞬间，他就走了。"这些台词说明学生对医生和护士的职责并不明确，而指导修改的过程恰恰是学生对社会职业深入认识的过程，可以说是完成了一次职业体验教育。

还有一位同学的剧本中提道："我妈为啥每年都是年三十值班啊。"说明学生对农历的知识有欠缺，通过剧本的修改，学生对农历的大小月知识有了了解，进而增强了对中国传统文化学习的热情。这是情景体验教育泛学科教育的一种表现，也体现了全面培养人的育人理念。

还有一位同学在剧本中提到主人公住院从落叶到萌绿芽，仔细算来住了三个月；另一位同学写穿着隔离服的医护人员在相互擦汗。这些都与实际情况完全不符。对于这样的硬伤学生照理是不会出现的，但是学生由于习惯性的表达便做了违反实情的处理，由于没有真正进入到情景中从而"胡编乱造"。在修改的过程中，学生将自己切实置身于情景中，深入思考，真实表达。而这样的情景体验教育，其实也是学生逻辑思维能力的锻炼。

这些剧本修改的过程，让学生发现自身的认知短板，也为学生开启了观察生活、了解生活的大门，启智启德。

在剧本创作中，学生常常会自觉地进入对知识的研究中。比如有个剧本是介绍五菱汽车制口罩的，剧本借人物台词完成了一次小小的知识科普：

一台口罩机占地不足6平方米，直接改到生产线上就能投入生产。我们坐在车里，外面的噪音很小，主要是车里安装了吸音棉，这种吸音棉和生产N95口罩的材料是一样的。所以车厂储备了大量的这种材料，直接就可以拿来使用。制口罩最麻烦的就是消毒过程，整个过程需要7—15天。对环境要求非常高，必须在一个无尘车间完成。一线工作人员进入车间，经过11道消毒程序，连空气也得经过3次净化。而各大车厂恰好具备这种条件，用造摩天大楼的本领来建造低矮小屋，完全是绰绰有余、得心应手。这次跨行生产看似业余，实则专业无比。

这说明学生在创作中是进行过研究学习的，这样的学习变被动为主动，还锻炼了语言表达能力。

三、中学视野下，思想政治引领下的情景体验教育方法的探索

中学生适逢青春期，身体和心理的成长带给日常学习、生活强烈的影响。比如“初二现象”，正是由于青春期到来和思想上的幼稚交融形成矛盾，所以才会有叛逆发生，如果这一时期没有得到积极引导，就会对个人的成长产生负面影响。基于中学生的特点，思想政治引领下的情景体验教育既有其重要的效力，更需要我们进行一些方法的探索。

1. 抓住好的教育时机，进行情景体验教育。

比如在新冠肺炎疫情的防控过程中，社会主义制度的优越性不断体现，学生的情绪也被调动起来，这个时候指导学生进行适合的情景体验教育，会有巨大的感染力。

微剧本《我是个普通人》中，创作者智慧地将抗疫和扶贫工作结合起来，记录下时代的声音：

倩倩：爸，妈，这3万斤苹果可是你们俩起早贪黑、辛辛苦苦用一年的血汗换来的收成啊！容易嘛？3万斤呐！10万块钱！你们一句话，说捐就都捐啦？咱们家的生活怎么办呀？

爸爸：倩倩，咱家还有积蓄。

倩倩：还有什么积蓄啊？你们那点积蓄我还不知道啊？这几年，咱家的苹果收成一直不好……今年好不容易丰收了，终于可以多卖几个钱了，你们全捐了，咱家可咋过呀？

爸爸：闺女，爸爸可告诉你，做人要有良心，要懂得感恩，要记得回报！我们做事求个心安理得，其他的，我和你妈什么都不图。爸爸住院的时候，有一位护士得知爸爸是农村人，家庭情况又不好，看到你妈妈医院家里两头跑不容易，她就在各方面给了我无微不至的关心和照顾，一直到

我康复出院。我们真的是从心里感谢她，本打算春节的时候我和你妈妈挑出咱家最好的苹果去看她，去表达一下对她的感激之情，可没想到，疫情这么严重，去不了啊！前天我给她打电话，你猜她去哪儿了？

倩倩：去哪儿了？

爸爸：她已经驰援湖北，到武汉抗疫一线啦！

倩倩：啊？

爸爸：倩倩，爸爸文化水平不高，不会讲大道理，爸爸知道有个词叫多难兴邦，越是在国家有难的时候，咱就越应该团结在党和政府的周围，心往一处想，劲往一处使，齐心协力战胜困难，这样，咱们国家才会更强盛。

妈妈：倩倩，你想啊，一线的医护人员有的自愿请命，有的临危受命，有多少父母不知道子女去了武汉，有多少子女不知道父母去了抗疫一线。有的专家、医生永远倒在了抗疫一线，再也回不来了，这种残酷的现实，他们的亲人也必须痛苦地去面对呀！比起生命，比起亲人生离死别，咱们这3万斤苹果又算得了什么？

爸爸：是啊，我和你妈妈捐苹果就是想表达对那些医护人员的感激之情，给一线的医护人员包括患者，还有其他工作人员一些帮助，才能给他们营造一个安心、牢固的生活保障。我们是农民，我们能做的只有这些。倩倩，你要坚信，这个世界上永远是好人多。凡是好人，都有一颗爱心。只要有爱心，就没有战胜不了的困难！就没有过不去的坎儿！爸爸妈妈只是个普通人，闺女啊，爸爸今天跟你说句话，你一定要记住：将来无论你身处何方，永远别忘了自己是个中国人！

如果我们像命题作文一样给学生布置任务去创作，学生是不会有这样的创意的。但正是我们利用这个契机，引导学生寻找生活中的感动，学生心中便有了方向，思想犹如炬火一般照到了生活的角落，才有了中学生眼中的扶贫抗疫故事。看着学生创作的剧本，心中忍不住想说："太棒了！"平时教科书上讲的道理，因为学生的情景体验自然而然地表达出来，成为学生生命成长中自然植入的语言，可见依托合适的时机进行情景体验教育，可以让思想政治的引领作用更加凸显。

2. 在表演中升华情景体验教育。

剧本是要演的，学生在表演时会通过语气、动作、服装等让内容更加生动，更加震撼内心。所以，表演是情景体验教育深入的重要方式。

这是《庚子同心》中的一个选段：

郝警官：火神山拔地而起解急忧。

贾医生：雷神山从天而降舍万疾。

两人齐：钟南山力拔山兮破疫情，三山齐出镇天下。

郝警官：一人睡觉，全家光荣，全家睡觉，精忠报国，为了疫情的控制，请大家不要随意出门啊，过年想旅游的都放一放。

贾医生：你这句话缺乏严谨性，严格来讲，在什么地方都是可以旅游的。

郝警官：此话怎讲？疫情期间怎么能旅游呢？

贾医生：这不简单吗？在客厅是省内游，在家里各房间是国内游，出家门倒垃圾是国外游，出小区是星际环游。

郝警官：那从外面回小区不得成了外星入侵吗？

贾医生：正是如此！

郝警官：贾医生，我严重怀疑你有点发烧的迹象。（说着假意要去拿体温计测量）

贾医生：别闹，有车来了，不要放跑一个传染源。

创作者选取生活中的一些内容编成了一部轻喜剧，阅读效果不错。但是在后来表演中却发生了偏移。学生在表演中将“郝警官”的台词说得戏谑轻松，忽视了人物身份中的威严性，从而影响了观感。经过教师指导，学生将人物语言放慢，语气变平和从容，人物形象一下子就得到了升华。在我们后期的反思中，学生提到之所以之前表演不好，是因为只想着搞笑，忽视了剧本的主题和人物的身份。而经过教师的指导，学生摸准了人物的心理，理解了剧中人物的“笑”不是“搞笑”，而是一种积极面对疫情的生活态度，由于在认识上升华了，在表演中人物的展示就到位了。

这次表演，让我们意识到情景体验教育中“演”的必要性。中学生的思维能力还不够成熟，只通过阅读创作是不能展示他们思想中的盲区的，而表演恰恰弥补了这个短板，教师的指导表演也是一次重要的思想政治引领。

此外，学生在表演中对道具的选用等也会是重要的教育资源。比如要求表演的道具不能租用只能废物利用式地原创。这就要求学生去了解相关的历史和知识，同时也锻炼了学生的动手能力和思考能力。比如为了完成剧本微视频的编辑，学生们收集了几十条新闻界面进行编辑，这首先需要学生强大的信息整合能力和提取能力，微视频编辑、剪辑的过程正是学生们进行情景感受的过程，真正的收获恰恰在这个过程中。

做了一系列的情景体验教育活动，我们的最大感受是这样的教育是对现有以说教为主的思想教育的重要改变。特别是在中学生心理问题日益凸显的当下，情景体验教育像一道光驱散了学生心理成长中的阴霾。但是情景体验教育中务必要有积极正面的思想进行引领，否则就会使教育内容流于平庸甚至庸俗。而强化思想政治引领，将立德树人的理念强化，将积极进取的思想根植到中学生的精神世界中，从而让青年在成长的关键节点有方向、有原则、有操守。这样的教育我们会继续积累经验。

附太原市育英中学校 “抗疫微剧本” 优秀作品选录：

1.

庚子同心

郝　帅　贾志裕　张潇帆　韩圣杰

地点：公路交警站点

人物：郝警官，贾医生（携带体温计），热心市民小杰一行人（携带口罩一箱），热心市民小帆（带着早餐）

旁白：2020 庚子年节，武汉疫情突发，百姓居家不出，实为难矣，幸全国举一心，终解患矣……

郝警官：火神山拔地而起解急忧。

贾医生：雷神山从天而降舍万疾。

两人齐：钟南山力拔山兮破疫情，三山齐出镇天下。

郝警官：一人睡觉，全家光荣，全家睡觉，精忠报国，为了疫情的控制，请大家不要随意出门啊，过年想旅游的都放一放。

贾医生：你这句话缺乏严谨性，严格来讲，在什么地方都是可以旅游的。

郝警官：此话怎讲？疫情期间怎么能旅游呢？

贾医生：这不简单吗？在客厅是省内游，在家里各房间是国内游，出家门倒垃圾是国外游，出小区是星际环游。

郝警官：那从外面回小区不得成了外星入侵吗？

贾医生：正是如此！

郝警官：贾医生，我严重怀疑你有点发烧的迹象。（说着假意要去拿体温计测量）

贾医生：别闹，有车来了，不要放跑一个传染源。

（此时小杰开着“车”入场，哔哔滴滴，下车）

郝警官：别着急，先给你量一下体温。（贾医生上手量温度）

小杰：来来来，我不动，先歇一歇，不着急。您看这天儿这么冷，还不歇一歇？（小杰邪魅一笑）在下年方二十六，工作稳定，有房有车，我猜您应该尚未婚娶，可否……

贾医生：我是受过专业训练的医生！一般情况下，我是毫不动摇！（郝警官偷偷笑）

小杰和贾医生：你笑什么？

郝警官：我是受过专业训练的警官，我是不可能笑的！（小杰偷偷观察贾医生）

小杰：贾医生我看你如今尚未婚配，可否……

郝警官：除非忍不住，哈哈……

贾医生：我是受过专业训练的医生，温度正常可以通行，还有我性取向正常。

小杰：那挺好啊！我家小妹最崇拜的就是您这样的圣手医生，冲锋于第一线，与疫病做斗争，置生命于不顾，如果可以的话，疫情过后，可以和小妹见一面吗？

贾医生：这……我可受不起这样的名誉，但我是正经的医生，受过专业培训，我相信和她一定可以聊得来的。

小杰：您当然担当得起，白衣天使怎么担当不起这样的名誉，还有等一下，我有东西送给你们。（说着从“车”里面拿出来一箱口罩）你们为国家为人民贡献力量，我也得向你们尽一份绵薄之力。

郝警官：那怎么行，为人民服务是我们的职责所在。

（小帆慢慢带着早餐上前）

贾医生：好好待在家里不信谣、不传谣，就是对我们最大的帮助。

小帆：来来来，这大早上的又冷又冻，两位先吃点东西吧。

贾医生：我是受过专业训练的医生，目测温度正常。

郝警官：谢谢您了，这大冷天的还麻烦您给我们送吃的。

小帆：这有什么呢，你们为我们守卫了这么久，我们怎么能不帮你们做一点点事情呢？

贾医生：这是我们的责任，不过疫情期间，还是不能乱走动。

郝警官：我相信只要全国人民齐心协力，没有什么过不去的坎儿。

全体演员：岂曰无衣，与子同袍，愿天下太平，武汉加油，中国加油！谢谢大家！

2.

最美夕阳红

王浩宇

场景：武汉大学人民医院里，27 岁的刘医生正推着 87 岁的病患去做 CT，夕阳下，大地沐浴在余晖的彩霞中，夕阳很美。

刘医生（缓缓望向天空）：老先生，要不要看一会儿？

张老先生（渴望地）：想看！

于是停下来，两个人一起欣赏这美丽的日落。

张老先生（手指着夕阳）：夕阳蛮好。

刘医生（看向天空）：老人家，等病好了，咱们站起来看。

张老先生：住了一个月了，多亏了你们的照顾，孩子，你多大了？

刘医生：我27岁了。

张老先生（担心地）：好孩子，看到你就像看到我孙子一样，也不知道他怎么样了？

刘医生：放心吧，老人家，这里有最好的医生和护士，都会好起来的。

张老先生（感激地）：这么长时间都是你们无微不至地照顾，从喂饭喂药，清洗身体到陪我们拍片检查，真是给你们添麻烦了。你们还这么年轻，一定要注意身体，做好防护啊。

刘医生：老人家，可别这么说，这都是我们应该做的，我们齐心协力，一起战胜疫情，早日回家。

张老先生（热泪盈眶）：感谢党，感谢人民，感谢医务工作者，你们真是冒着风险，抢救病人，一点都不嫌弃我们，给予我们很大的鼓励，让我们战胜病魔。真心地感谢你们！

一抹殷红色的夕阳照在27岁的医生和87岁的病患脸上，相聚一甲子，携手看夕阳，这画面真美！这世界真好，有阳光，有善良的医护，任何时候都不要放弃对世界的热爱。

作者简介：

边保军，中共党员，大学本科，1997年毕业于华东师范大学，高级教师，现任太原市育英中学校教学副校长。长期坚持在教学一线承担教学工作，山西省高水平骨干教师，多次被评为市级优秀教师、市级优秀班主任、市级优秀党员标兵，山西青年智库情景体验教育指导团导师，山西城乡管理法治研究会常任理事。撰写教育教学论文20余篇，发表论文10余篇，领衔完成了多项省市级课题。

研学实践篇

研学实践活动的国际经验及本土化借鉴

山西农业大学　何云峰　陈晶晶　任爱霞　马　晶　岳丽锦　石　静　崔志勤

山西师范大学　王　霞

一、 研究背景

研学旅行作为校外第二课堂在实践育人方面发挥着越来越重要的作用，近年来也颇受各界关注和推崇，但由于我国研学旅行刚刚兴起，必然存在着诸多理念、政策、机构、课程内容等方面的问题。国际上许多发达国家和地区的研学旅行研究起步早，在长期的实践中积累了丰富的宝贵经验，有助于我们国家的研学旅行从中吸取与借鉴优秀的经验做法，进而推动研学旅行的深入发展。

关于“研学旅行”的研究，国外开展较早。英文中，“研学旅行”被翻译为“Grand Tour”“Study Tour”“Educational Tour”等。“Grand Tour”指长时间的周游，是英国社会上层人士为了文化和教育的发展而进行的长时间的游历、学习；“Study Tour”和“Educational Tour”都离不开旅行和学习，但两者的侧重点略有不同，“Study Tour”侧重于受教育者主动进行探究，“Educational Tour”侧重于教育者主动施教。早在16、17世纪，教育旅行在英国逐渐成为一种社会传统和教育习俗，“大陆游学”是教育旅行之前身。第二次世界大战后，欧美国家推崇营地教育。日本则开始发展修学旅行，现在修学旅行已成为日本国民教育体系中的一部分，现代的研学旅行也被认为是起源于日本的修学旅行。新加坡研学旅行也是国民教育的重要组成部分。迄今为止，已有许多国家将研学旅行作为学校系统内拓展大中小学生视野、提高跨文化理解能力的重要教育方式之一，并且积累了丰富的经验。

在我国，“研学旅行”的说法出现较晚，“研学旅行”最早出现于国务院2013年2月印发的《国民旅游休闲纲要（2013—2020年）》（以下简称《纲要》）中，《纲要》提出要在中小学逐步推行研学旅行，并在全国开展研学旅行试点工作。2014年4月19日，在第十二届全国基础教育学校论坛上，时任教育部基础教育一司司长王定华首先定义了研学旅行的内涵，研学旅行是指学生集体参加的有组织、有计划、有目的的校外参观体验实践活动。2016年11月，教育部等11部门下发的《关于推进中小学生研学旅行的意见》中指出，“中小学生研学旅行是由教育部门和学校有计划地组织安排，通过集体旅行、集中食宿方式开展的研究性学习和旅行体验相结合的校外教育活动”。与此同时，国家旅游局发布了《研学旅行服务规范》，并指出“研学旅行是以中小学生为主体对象，以集体旅行生活为载体，以提升学生素质为教学目的，依托旅游吸引物等社会资源，进行体验式教育和研究性学习的一种教育旅游活动”。2017年、2018年教育部两次公布了全国中小学生研学实践教育基地581个单位、营地40个单位；截至2019年4月，已有20个省市积极响应国家政策，出台研学旅行相关地方政策，推动本地研学旅行健康发展。十多年来，在沿海地区省份的学校、社区及地方教育行政部门的推动下，研学旅行活动成为新兴的实践育人方式。

研学旅行作为撬动素质教育的杠杆，使学生从僵化的课本中走出来，到自然界、生活场域去汲取知识。近年来，国内外诸多学者对研学旅行进行了深入研究。在对研学旅行的内涵和特征研究方面，杨晓（2018 年）认为，研学旅行作为教育部门和学校有计划有组织安排的活动，它既是一种综合实践活动课程，又是一种研究性体验式学习，更是以学习共同体的方式开展的集体性学习活动，是走向社会、走向自然，在社会和大自然等课堂里面学习、在旅行中研究、在行动中探索、在实践中获得真知的教育形式。郑秀劼（2019 年）认为，研学旅行是通过旅行体验的方式，让学生在旅行过程中积累直接经验，并对先前已有的间接经验进行整合和反思。Kimonen（2014 年）从户外教育的角度，分析考察了 20 世纪美国和印度的教育与社会之间的相互关系后认为，户外教育是一种以学生与环境互动为目的的有组织的活动。黄宇、杨雪（2019 年）依据建构主义学习所具有的特征，分析国内现有的研学旅行案例，并将其与大众旅游产品进行对比，认为研学旅行具有提倡通过情境体验开展探究性学习、提倡在自我感悟中促进生成性学习、提倡在主动参与下开展合作学习三个特征。可见，研学旅行是一项由多方展开、以学生为主体的走出校门的实践活动，也即户外活动，与以往课堂学习的理性知识不同，更注重以眼看、耳听、身体去体会的感性学习，强调“旅游”与“学习”深度结合，注重学生与环境互动，提倡体验学习。

在对研学旅行课程设计与实施方面，周璇、何善亮（2017 年）认为，研学旅行课程是一门以学生为中心的活动课程，强调通过学生的亲身经历和参与获取直接经验。和学校其他课程相比，作为课程形态的中小学研学旅行课程具有学习情境的真实性、学习内容的综合性、思维培养的整体性三个特征。卢立涛（2019 年）认为，课程目标的确立应综合考虑社会需要、学生需要以及学科知识的需要，并通过哲学和心理学进行价值判断和可行性判断。学校作为课程开发的主体，课程开发的依据来源于学校所处地域的经济发展、文化传承等需要。郭勤（2019 年）认为，学校可根据学生年龄特点和需求，有针对性地开发自然类、历史类、地理类、科技类、人文类、体验类等多种类型的活动课程。Juli-Anna Aerila（2016 年）等人认为，文化遗产教育作为课程载体的一种形式，能够促进儿童融入社会，通过参观当地的历史博物馆和城市博物馆来学习，而后孩子们通过写作和制作手工艺品来表达他们的经历。通过阅读文献发现，研学旅行课程设计以学生为中心，注重活动体验，课程设计丰富多样，有文化体验类课程、科技探索类课程、地理冒险类课程等，课程的实施场景类型多样，如历史遗迹、博物馆、自然场景、旅游基地等都可成为研学课程实施的基地，学校可根据研学内容和目标选择适合的课程实施基地，重点突出“实践”和“育人”的双重功效。

在研学旅行价值研究方面，白长虹（2017 年）指出，研学旅行在问题解决和思考能力、人际沟通能力、信息管理能力、自我管理的学习能力、适应能力、对社会与文化的包容能力、时间及财务管理能力及自我激励和独立个人品性能力八项能力培养方面具有教育功能。衣新发（2017 年）借鉴培养创新人才所需要的心智模型，特别阐释了研学旅行在知识心智、内在动机心智、多元文化经验心智、问题发现心智、专门领域判断心智和说服传播心智方面对学生心智能力培育的影响和意义。Hos（2014 年）指出，新加坡的户外教育在培养心理抗逆能力、与国家建立情感联系、培养生态素养三个方面提供了服务。可见，研学旅行通过走出校园的围墙，引导学生在实践中体验、学习，提高了学生的多方面能力，真正发挥了实践育人的效果。

在研学旅行困境及优化建议方面，任虹燕（2017 年）认为，对研学旅行课程认识不足、定位不准，影响了研学旅行课程的实践活动；当地的旅行资源、师资力量、配套政策等基础条件限制了课程开发范围和深度。夏可军（2017 年）认为，研学旅行出行前面临着经费保障问题、协调资源问题、旅游市场问题；出行时面临着安全保障问题、现场指导问题；出行后面临着效果评价问题。杨艳丽（2014 年）针对如何提升研学质量并使研学旅行教育功能最大化的问题，提出了“研学旅行需要进行课程化建构”的建议。研学旅行的发展在我国起步较晚，虽然日益得到重视，但是在整个研学旅行过程中依旧存在政策、资金、师资、课程实施、评价等各方面、各环节问题。优化研学旅行，推动研学旅行深入发展，更好地发挥实践育人成效是各界仍需努力的主题。

综上所述，研学旅行是以学生为教育主体，通过集体活动和集中食宿方式开展的研究性学习和旅行体验相结合的以促进学生成长为目标开展的校外教育活动。研学旅行具有互动性、开放性、不确定性等特征，与老师、同学、旅行中的陌生人多方互动，不局限于学校，目的地面向世界、面向旅行路程中形形色色的人、面向各式各样新奇的景色等。踏上旅程，前面的一切都是未知数，突发状况、不可抗拒因素等增加了旅行的不确定性。研学旅行具有重要的作用意义，在培养学生团队意识，激发学生的创造性、独立性，增强与人交往的能力、解决问题的能力等多方面都有重要作用。

二、日本、英国、美国、新加坡四国研学实践概况及经验

（一）日本研学实践概况

1. 日本研学实践发展概况

在日本，属于研学范畴的教育活动被称为“修学旅行”。日本修学旅行的历史最早可以追溯至江户时代，但真正意义上的修学旅行应是1882年日本栃木县第一初级中学组织学生赴东京参观上野第二届实业发展促进博览会，这被认为是日本修学旅行的萌芽。1886年，东京师范学校组织了“长途远足”。这次活动为期12天，师生共99人参加。他们携带步枪进行徒步远足，并完成了点火演习、散兵演习、气象调查的学术演习、参观学校等活动，这次活动是日本修学旅行的真正开端。第二次世界大战期间，由于战争原因，修学旅行发展滞缓。第二次世界大战结束后，由于经济困窘，很多地方禁止修学旅行，如大阪府因粮食不足等原因曾于1947年、1948年两度颁布修学旅行禁令，但仍有部分学校组织修学旅行。1950年开始文部省逐渐放宽对修学旅行的限制，并于1955年召开第一届修学旅行协议会，出台了修学旅行协议，第二年根据修学旅行协议会的协议，发布了《修学旅行指南》，对修学旅行事业进一步作出了指导和指示，要求各地教

育委员会将修学旅行作为重要的学校教育内容。1955 年成立全国修学旅行研究协会，该协会是连接学校与社会的平台，每年公布全国公立中小学的修学旅行情况调查结果、各地教育委员会关于修学旅行有关规定、修学旅行研究进展等，附设的修学旅行实施委员会则定期召开修学旅行有关研讨会。铁路部门也大力支持修学旅行发展，1954 年，专用列车开始为修学旅行服务，进行联合运输；20 世纪 70 年代，新干线陆续投入使用并对参加修学旅行的学生分别实行不同层次的费用折扣。1988 年，日本确立“国际化”教育政策，相继发布“腾飞计划”，改订《修学旅行实施基准》，以加强海外修学旅行；2004 年，日本实行了对韩国、中国的修学旅行学生免除签证举措，旨在进一步加强国家间的修学旅行实践。

2. 日本研学实践特点及经验

其一，政府部门主导。日本中央政府明文规定各级教育部门必须开展国内外修学旅行，并且制定了相对完善的修学旅行政策。制定国内、海外修学旅行实施基准，分地区、年级对旅行的时间、费用、实施学年、实施方向、引导教职员等作出明确规定及修学旅行实施细则，规定辖区内的中小学校必须遵照执行。对修学旅行活动内容、指导教师、应急管理等进行全方位审核，从各个细节上确保修学旅行的制度化和规范化。政府部门的大力支持是日本修学旅行取得成就的重要保证。

其二，姊妹学校联盟。为促进修学旅行健康、持续发展，日本国内外多校结成姊妹学校，形成修学旅行学校联盟。小学在组织修学旅行活动时，一般会与邻县学校联盟，就近安排参观景点和进行集体活动；知名度较高的中学则尝试以官方旅游机构、各地政府为媒介，充分利用友好城市之间的交流合作便利结识国外姊妹学校，与目的地相关部门、地方学术机构或居民家庭合作互动。

其三，专业机构监督。全国修学旅行研究协会（简称“全修协”），作为专门的修学旅行指导监督机构，在日本修学旅行的发展中发挥了巨大作用。其主要职能是协调与相关利益部门的关系，通过各类调查为学校、业内提供交通、安全、费用、基地和理论研究等修学旅行信息，并处理相关的申诉和请求，监督保障活动质量。在“全修协”之下，各地还设有地方修学旅行协会，如日本关东地区公立初中修学旅行委员会等。他们会定期举办研讨会，积极探讨修学旅行发展的新方向，及时跟进其发展的新势头，并进行经验学习和成果分享，同时邀请当地学校参加，公告修学旅行专用交通工具时刻表等信息，以便学校组织。

其四，多机构配合。为消除民众对学生参加修学旅行的风险顾虑，日本新闻媒介积极配合学校、政府等组织方进行宣传，例如，日本秋田电视台（AKT）从1969年起就在其覆盖的学区范围内，在傍晚时段播报参加修学旅行的孩子的平安状况，至今仍旧坚持以25—30分钟的节目来播报学生修学旅行状况。铁路部门积极配合优化修学旅行路线服务，例如，开通专用列车为修学旅行服务，给参加修学旅行活动的学生提供不同层次的票价优惠。国家财政部门为修学旅行提供财政支持，大大减轻了参加修学旅行学生的家庭经济负担，促进了修学旅行的普及和发展。相关签证机构部门也提供大力支持，对韩国、中国的修学旅行学生免除签证，以更好地促进国家间的交流。

（二）英国的研学实践概况

1. 英国研学实践发展概况

英国是一个岛屿国家，国民大多信仰天主教，大批虔诚的英国天主教徒经常前往欧亚大陆朝圣，这种朝圣之旅——“Ground Tour”（大陆游学）可以看作是研学旅行在英国的起源。这种早期的朝圣之旅极大地拓展了他们对岛外广阔世界的认知，并逐渐形成一种在旅行中接受教育的传统。16至18世纪，大陆游学是英国贵族子弟教育的重要组成部分，贵族子弟在英国完成学校教育后，受强烈的好奇心和求知欲的驱使，到欧亚大陆学习语言、古典文化、法学、医学等知识，以及时尚、社交礼仪。但是，作为贵族学子，大多数人都不以“学”为主要目的，将“游”作为游学的重点。直到18世纪末19世纪初，伴随着工业革命的到来，大量的中产阶级和普通工薪阶层的子女也加入大陆游学的队伍中去，促进了英国研学旅行从“贵族化”走向“大众化”。这种局面引起了英国政府对研学旅行的重视并带来了一个最直接的影响，即英国政府将研学旅行作为一个重要内容纳入地方教学大纲，规定包括私立学校在内的所有学校都必须开展研学旅行。至此，研学旅行得到了英国地方各学校以及旅行机构的支持，地方各学校都为学生开设了暑假学校，招收来自不同地方的学生进行混合式教学；旅行社开始为学生准备安全、健康向上的研学旅行项目，确保学生有序出行。此过程体现了英国研学旅行从重“游”到重“学”，再到“游中学”二者有机融合的特点。

2. 英国研学实践特点及经验

其一，政府支持，目标明确。2006 年春季，英国教育与技能部发布了《课外教育宣言》（以下简称《宣言》）。《宣言》重点明确了开展研学旅行的办法和措施，甚至具体到地方政府、学校、教师、家长和其他相关组织应如何做。《宣言》强调课外教育活动的立足点不在于“学生学什么”，而在于“学生如何去学”以及“在哪里学”。基于此，《宣言》明确提出了在英国开展研学旅行的六个目标：第一个目标是给所有儿童提供一系列内容广泛且高品质的课外体验，培养包括个人学习、思考、探究等在内的关键生活技能；第二个目标是鼓励教师或者其他相关人员开展行动研究，探寻更为有效的实施研学旅行的方法；第三个目标是支持学校和地方教育当局安全、有效地管理参观活动，并为儿童提供安全保障；第四个目标是为教师提供组织参观活动时所需要的指南、建议及资源；第五个目标是鼓励家长支持和参与儿童的课外教育，并且要确保他们的孩子能够从课堂外的体验中取得最大的收获；第六个目标是鼓励学校与其他学校及各类组织联合开展相关活动，一起从活动中获得成长。

其二，人性化、多样化设计课程。针对不同年龄层次，提供贴近生活和社会、形式多样的教育旅行，比如体验式环境教育、社区教育、航海旅行等多种教育形式。英国的体验式环境教育是专门针对小学适龄儿童设计的一种校外教育形式，注重儿童对自然环境的直接感知。由于体验的环境大多为郊外的森林，这种校外教育又被称为“森林教育”。在这个过程中，教师会给孩子们讲述有关森林的故事，让孩子在真实的自然环境中认识更多植物，同时也可以潜在地使孩子对空间及方位的感知、对感知对象的记忆以及语言描述等方面的能力得到锻炼和提升。英国教育界十分注重开发和利用社区资源以促进学生的发展。例如，基于社区的健身房或者运动场，学校针对中小学生经常组织摔跤、蒙眼走路、三人足球等运动项目，在锻炼学生合作交流能力的同时增加彼此的信任度。作为一个岛屿国家，航海是英国人一种重要的生产和生活方式，并逐渐演变出深受青年学子青睐的一种校外学习方式——航海旅行，参与对象多为中学生或大学生。在为期7—21天的行程中，船队所有成员要克服种种不可预测的困难完成既定路线的航行任务。由于航海旅行过程中随时有未知的状况发生，尤其是天气及“船员”身体状况的变化会给航行带来极大的障碍，对青年学生来说是一种极大的挑战。青年学生通过这种冒险系数较高的活动能够最大限度地了解自身的身体状况，发现自己的潜能，同时还能有效地锻炼自身的应变能力和决策能力。

其三，民间机构的支持。英国著名的民间机构“国民信托”是一个以保护自然环境和历史文化环境为最终目标、跨国界的民间慈善组织，也是学校参观英格兰、威尔士、北爱尔兰的历史建筑、海岸和乡村的最大资金提供者，在研学旅行中发挥着重要作用。据统计，每年有超过50万名中小学生参与“国民信托”组织的课外参观教育活动。该组织也曾邀请过1700多名12岁以下的英国孩子就他们最喜爱的户外教育形式开展调查，为研学旅行组织形式拓宽思路并最终开发出受孩子们喜爱的活动。根据孩子们列出的“心中最喜欢的活动”，该组织综合整理了一份“12岁前必须完成的50项户外活动清单”。在该清单中，长途骑行被约三分之一的孩子列为最喜欢的户外活动，除此之外，岩洞探险、观鸟、爬树、野营、参观农场等被认为是较受欢迎的户外活动。

其四，国家项目支持高等教育领域研学发展。随着世界经济全球化趋势的增强，当今世界高等教育的国际化趋势也日益加强。学生的国际化是高等教育国际化的一项重要指标。许多国家高校都很重视这一指标，努力扩大在校留学生数量，加强与其他国家高校间的交流与合作，交换生项目是重要途径之一，如欧洲的伊拉斯谟项目。伊拉斯谟项目旨在促进短期的海外学习，并使短期交换学习成为大学课程的一部分。伊拉斯谟项目支持的短期活动一般为期三个月至一年不等，学生通过短期的交换学习在各项能力方面得到提升，为交换形式的研学提供了借鉴经验。

（三）美国研学实践概况

1. 美国研学实践发展概况

美国研学活动被称为营地教育（Camp Education）。关于营地教育，美国营地协会1988年给出的定义是："一种在户外，以团队生活为形式，能够达到创造性、娱乐性并兼具教育意义的持续体验活动。通过领导力培训以及自然环境的熏陶，帮助每一位营员达到生理、心理、社交能力以及心灵方面的成长。"1861年，美国康涅狄格州一位名叫肯恩的教师，率领学生进行为期两周的登山、帆船、钓鱼等户外活动。此后，"肯恩营队"每年8月在一座森林的湖畔集结，持续12年之久，为美国营地教育的实施形式和内容奠定了基础。时至今日，160年的营地发展史不仅让营地教育家喻户晓，而且也使美国成为世界营地教育行业中的佼佼者。目前，全美有1.2万多个营地，每年有1000万左右的儿童和青少年参加营地教育。

美国的研学实践主要有国内研学和国际研学两大类。国内研学，主要是依据学生的学段特点和教学内容在美国各地开展的教育活动，其目的是拓宽课堂知识范围，培养学生的独立性和创造性，增强处理现实问题的能力，丰富社会生活经验，提升文化素养。国际研学，主要是依据学生的兴趣和不同国家的文化独特性在世界各地开展的教育活动，其主要目的是引领学生走出去，体验不同国家、不同地区、不同文化的真实生活，在国际交流中理解文化，包容差异，培养独立的人格，提升语言能力、应变能力、抗压能力以及思维格局等。美国的研学实践活动时间安排非常灵活，从几天到一年不等。除了学校组织的研学活动外，学生们依据自己的实际情况，可以选择在春假、暑假、寒假、春季学期、秋季学期、学年进行。美国的研学实践活动主题丰富多彩、特色鲜明。常见的活动主题主要有八类，分别是历史文化类、艺术体育类、天文科普类、社会活动类、自然探索类、职业发展类、学术竞赛类、生活技能类。这些丰富的研学实践活动作为新的课堂形态，全方位、多角度、立体式地推动学生的实践能力和综合素养的发展，对培养合格的公民起到了积极的促进作用。

2. 美国研学实践特点及经验

其一，政府严格把关，重视法律规范。美国的地方、州和联邦法律都制定了相应的法律法规保障学生在研学活动中的安全和健康。以加州为例，《加利福尼亚州法规》要求所有营地受加州公共健康部直接管理，从营地的经营许可到营地各类工作人员的资格认定、健康审查等都有详细清晰的规定。营地必须遵守安全法等所有法律，否则将由于任何疏忽或未能达到应有的行业标准而承担刑事或民事责任。

其二，协会的监督管理。1910 年，阿兰 · S. 威廉斯创立美国营地协会，初次制定青少年营地体验标准。1948 年美国夏令营协会制定的夏令营认证标准得到美国法律认可，并被政府指定为夏令营产业的行业标准。协会网站上列有各种夏令营的价格、地点、活动内容等。协会还通过应急措施、管理人员资格认定和培训、营地工作人员与孩子的比例、如何解决孩子不遵守纪律以及想家等 300 条标准，来对这些夏令营活动进行经常性检测和评估，并定期在协会网站上公开检测结果，规范研学实践的实行。

其三，专业游学教育机构的支持。环识国际是美国第一家提供研学项目的专业教育机构，也是全球最大的研学教育机构。自 1967 年成立以来，它向全世界超过 900 万名的大中小学生提供了覆盖全球的研学实践活动。每年有超过 40 多万名各个年龄段的学生跟随它前往 100 多个国家、400 多个目的地进行学习考察，在趣味性与探索性的情境中，引导学生体验学习。根据其官网显示，它的研学活动主题多样，包括教育游学、海外学习、沉浸式语言教育、职业探索、服务学习、艺术学习和体育研学等。

其四，实践活动类型多样。美国学校组织的常见的研学项目有间隔年项目、中学生项目、研究生项目、本科生项目；教育机构的研学实践活动类型也很多，常见的类型有海外研学项目、实习项目、志愿服务项目、教学实践项目、沉浸式语言教育项目、学位项目、定制项目。

其五，家长参与度、支持度高。大多数美国家长自己从小也参加过营地教育，这是美国教育的传统。家长们相信美国的营地项目受到严格的监管，达到了健康和安全等方面的行业标准，孩子也可以从中体验到不同于学校的课程，学到更多的知识，提升自己的能力，所以大力支持营地教育，很愿意把孩子送到营地。

其六，研学实践工作人员数量多、质量高。美国有超过 140 万人从事夏令营工作，绝大多数是大学生，他们季节性地在营地工作，并且总是在同一家营地工作。这些大学生多数具有丰富的营地工作经验，因为他们从小就参加营地活动，对工作环境和内容非常熟悉，他们在高中阶段成为实习导师，最后在进入大学时加入营地成为导师。美国从事营地教育的工作人员数量较多，而且都有营地体验，能更好地成为营地导师。

（四）新加坡研学实践概况

1. 新加坡研学实践发展概况

新加坡官方组织的研学活动是“国际经验旅行”，也被称为“浸濡活动”。新加坡采取“政府鼓励提供资金，学校进行具体操作”的模式进行推广。在学段选择上，主要参加的学生为小学 4—6 年级和中学 1—4 年级学生。新加坡政府认为，每个学生在小学或中学阶段至少有一次机会参加出国浸濡活动，教育部会提供一定费用来资助学生出国，让每个学生都负担得起。在团体规模上，从小到 15 人的小型团队，多至全年级 100 人的大型团队都可以，根据学校自己的实际情况安排。在研学范围上，以亚洲国家，特别是中国为主。在研学实践内容上，新加坡研学旅行实践是围绕户外教育（Outdoor Education）开展的。新加坡的户外教育最早可追溯至国家独立之时，是为增强国家防御能力、为服务国家建设而产生的。因此早期的户外教育主要在新加坡年轻群体中开展，开设的主要为冒险探险类课程，为新加坡军事防御培养人才。至 1985 年，社区中心有 11 所冒险俱乐部，到 1990 年增加到 20 所。新加坡的研学旅行发展到现在，几乎所有学校都向学生提供露营、海外探险等基于冒险课程开发的项目。为充分使用新加坡教育部的冒险学习中心，每个学校都可以去利用这些中心开展一个三天两夜的营地活动。1999 年，新加坡教育部重新修订了高等学校体育教学大纲，将户外活动确定为高校学习活动的一项内容。营地项目和海外探险活动在新加坡大中专院校中日趋流行，新加坡的小学也积极推进户外教育活动。

2. 新加坡研学实践特点及经验

其一，教育部严格要求。新加坡教育部要求所有公立学校都要定期带学生参加研学旅行，并且要求研学旅行与艺术、文化、科学、人格、体育和公民教育等课程相联系，同时需要中小学、高等院校等机构共同商议、设计、审查和修订教学大纲与教学材料，为学校有效实施研学旅行提供引导，加强学生在认知、情感、身体和美学领域的学习。

其二，研学实践路径多样。为了满足学生差异化的需求，新加坡不同的开发主体会根据自身的资源条件，力求有效地将公共资源转化为研学旅行资源，设计出独特的、可供学校选择的研学之旅。路径一：基于场馆的研学旅行，公园、博物馆、美术馆、科学中心、体育中心、水族馆、戏剧学院等都是学生研学旅行普遍选择的地点。例如在美术馆，学生可以发挥自己的想象力进行绘画创作；在亚洲文明博物馆，学生可以了解到多元的文化。路径二：基于真实社会生活情境的研学旅行，农场、工厂、陶器产地、超市等各类生活场所也是中小学开展研学旅行活动的重要场所。譬如在农场，学生通过了解农作物从种植到收获的全过程来体会食物的来之不易，通过喂养青蛙深入了解身边常见的动物等。路径三：基于模拟社会情境的研学旅行，即根据实际职业生活，创设模拟的生活情境、职业等，学生可直接参与模拟，分担不同的角色。比如学生可以在消防局扮演消防员的角色，体验灭火工作；也可以在餐厅成为初级厨师，体验烹饪工作。通过角色扮演，学生体会到不同职业的乐趣和艰辛，因此学会尊重每个职业的从业者。

其三，冒险训练课程丰富。新加坡户外教育课程形式多样，冒险训练营是户外教育活动的一个重要组成部分，为学生提供学习基本生存技能的机会。新加坡教育部设有四个户外探险学习中心：樟宜海岸中心，牛乳场中心，惹兰沓特拉中心，拉柏多中心。四个冒险中心为新加坡的学校提供了大规模的营地体验课程。除教育部直接管理运营的冒险营地外，还有像童军营地、克里丝汀营地等非教育部管理的户外探险营地。学校也会在部分学生群体中开展拓展训练，经费预算充足的学校还会组织本校学生参加海外探险活动。作为学校课程的一部分，每个学生将在小学高年级和中学低年级经历至少两次露营活动，学校可在其间选择这些户外探险中心作为场地。实际上不仅仅学生可以参加，家长也可以陪同学生一起参与高空走粗杆、攀岩走壁、绕绳下降等多项户外探险项目，同时还能体验户外烹饪、徒步、捕鱼以及调配天然饮料等多种活动。此外，通过参加徒步旅行、皮艇运动等，学生的领导能力、团队协作能力和身体素质均能得到有效提升。

三、 研学实践活动的本土化借鉴与实践

（一）健全政策法规，发挥政府实效

我国已发布的针对研学旅行的相关政策法规文件等，指出将研学旅行纳入教育教学计划，强调加强研学旅行基地建设、丰富研学旅行课程体系、规范研学旅行组织管理、健全经费筹措机制、建立安全责任体系等，但相对而言，我国有关研学旅行的目标任务仍显笼统，具体执行的办法也不够具体，仍缺少对其开展实施以及部门协调合作等方面的相关细则。所以政府部门要切实发挥实效作用，进一步细化相关政策法规，进一步协调各部门配合支持研学旅行的开展，进一步进行规范化管理。一方面，国家应进一步完善细化有关研学旅行的实施基准、实施细则等政策法规，发挥宏观调节作用。协调不同部门配合支持研学旅行的开展，如明确规定财政部门对研学旅行进行资金补助；联合交通部门对交通费用进行一定的减免，甚至可以学习日本开通研学旅行专列，在交通方面给予充分支持；对相关景区门票以及实践基地的食宿费用进行一定的补贴或减免，有效减轻困难学生的家庭经济负担；对开展国际研学的可以免签证，目前日本就实行了对韩国和中国的修学旅行学生免除签证举措，旨在促进国际研学实践的开展。另一方面，地方政府以及研学旅行机构要严格执行国家有关规

定，由上而下制定出地方研学旅行政策法规，从细节上规范研学旅行的时间、次数，研学基地建设和研学旅行质量考评等环节，真正确保研学旅行的制度化和规范化，实现研学旅行的有效开展和均衡化发展，促进学生全面发展。

（二）设立研学旅行协会，鼓励研学机构发展

日本设立的“全修协”，作为专门为修学旅行设立的指导监督机构，它在协调各部门关系、提供研学信息、监督研学质量、处理研学申诉与请求等方面发挥了巨大作用。美国“营地协会”同样在分享营地信息、制定营地标准、评估营地开展效果、规范研学实践实行方面发挥了重要作用。要想真正规范研学市场、促进研学信息和研学资源互联互通，监督研学旅行开展效果，除了政府部门的发起和推动以外，还需要设立类似日本“全修协”、美国“营地协会”这样权威的研学旅行研究协会。一方面，可以聚集一批专业研学人才，组织其开展对各省份研学旅行现状的调查研究，定期进行数据统计和分享，为业内及政府部门提供决策咨询。另一方面，作为政府部门下的一个专业管理机构，足以彰显对研学旅行的重视。研学协会这种专业机构可以更好地对研学旅行活动进行监督与评价，更好地为业内研学旅行开展提供指导，在学校、市场、政府部门之间发挥桥梁纽带作用。英国的“国民信托”和美国的“环识国际”虽然不是官方专业管理机构，但是“国民信托”作为英国一个民间机构，为英国研学旅行的开展提供了大量的资金支持以及活动方案和活动基地的支持；“环识国际”作为美国提供游学服务的专业教育机构，也是全球最大的研学教育机构，为美国提供了丰富的研学实践活动，甚至是覆盖全球的研学实践。由此可见，促进研学市场的发展也需要鼓励研学旅行机构的发展，在市场作用下，研学旅行机构会不断提高研学课程的质量，不断优化研学体验与效果，提供多类型、高质量的研学服务，甚至可以为研学旅行提供资金支持。

（三）搭建帮扶系统，推进学校联盟合作

中小学生研学旅行大多集中在交通较为便利、经济条件比较良好的城市，而部分偏远的乡村小学则被孤立，甚至可能因为生源较少无法开展研学活动。我们可以学习日本建立修学旅行学校联盟，打造城乡研学教育共同体，对促进我国中小学生研学旅行的均衡发展具有重要意义。小学生的研学旅行多以乡土乡情为主，偏远的乡村小学应同邻近交通便利、条件良好地区的小学缔结联盟关系，生源较少的乡村小学应主动加入邻近生源较多的学校，就近安排研学实践活动。初中生的研学旅行多以县情市情为主，乡村中学可与城市中学结成姊妹学校，通过城乡研学互访，城乡中学之间互帮互助，进行定期的研学旅行交流座谈会，分享研学旅行发展经验，共享研学资源。高中生的研学旅行则多以省情国情为主，尝试以官方旅游机构、各地政府为媒介，充分利用友好城市之间的交流合作便利结识省内、国内的其他学校，结成姊妹学校联盟，共同开展研学帮扶工作，促进研学旅行健康、持续发展。

（四）联合新闻媒介，推进研学活动开展

现代信息技术的发展使得信息的传播与获得更加快捷便利，新闻媒介在研学旅行中发挥的作用不容忽视。比如日本秋田电视台（AKT）从1969年起至今坚持在傍晚时段以25—30分钟的节目来播报修学旅行状况以及孩子的平安状况。由于研学旅行在我国实施的时间较短，新闻媒介作用还未得到充分发挥，全国性媒介的信息也还只停留在理论层面，地方性媒介还未发挥在区域内传播研学信息的主体作用。因此，一方面，全国性媒介应利用自身的国际国内强大影响力，为研学旅行积极发声，发挥权威媒体优势，增进家长对研学旅行的正确认知。另一方面，地方性媒介应充分发挥区域优势，聚焦民众时刻关心的问题，通过构建研学节目专栏强化学生的认知与参与性，以电视播放、网络直播等形式定时定期播报学生在外的研学状况和安全情况等，使家长能够及时获取学生动态，放心让孩子走出家庭和校园，参加研学旅行。

（五）倡导社会各界参与，鼓励全民参与

我国研学实践的现状是政府层面喊得响亮，学校和研学机构积极筹备，但是社会其他力量参与不充分。在鼓励各界参与、全员参与中，尤其值得我们学习和借鉴的是英国和美国的研学实践。英国的研学旅行不仅由英国教育部直接策划组织，还有社会组织提供资金支持和社会市场调查帮扶。美国的研学旅行全员参与度非常高，有超过140万人从事夏令营工作，而且这部分人员大多为大学生，家长的参与度也十分高，在美国大多数家长都参与过研学旅行，所以他们也十分支持孩子参与研学旅行，在美国，研学旅行的传承性非常高。这就要求我国在推动研学实践的过程中，充分调动社会各界的力量，实现全过程、全方位、全员参与。要求家长要参与到学生研学旅行的过程中去，学校作为组织方要对研学旅行的开展进行合理安排，社会组织也要积极参与到学校研学旅行的实施过程中，并为学校提供帮助。总之，只有整合各级各类社会力量，获得全社会的支持与参与，才能有效开展研学旅行，促进学生全面发展。

（六）拓展研学空间，丰富研学类型

研学旅行虽然将教育空间从单一的教室中解放出来了，但是为了更好地发挥校外空间的作用，帮助学生开阔眼界，增长见识，提高实践能力和创新能力，还需要不断挖掘空间资源，不断拓展研学空间。英国的研学旅行教育空间丰富，并且进行了人性化设计。英国的实践活动不仅利用广阔的自然资源环境、社区资源，还充分利用海洋资源开展航海旅行，为研学实践者提供多种选择。因此，我国应大力创新研学旅行的空间，比如研学空间可以在城市和乡村、陆地和海洋、户外和室内、自然景区和人文建筑、国内和国外等多角度设计和切换，丰富学生的差异体验。研学空间得到拓展了，研学活动的类型也会更加丰富、更加多元化。我国有优秀的传统文化，且资源丰富、种类多样。基于我国资源优势，开展类型多样的研学实践活动，比如红色革命类、历史文化类、军事训练类、科技活动类、职业体验类、亲近自然类。同时，可借鉴美国的“间隔年项目”，鼓励学生在高中毕业即将升入大学或大学毕业即将工作前，利用一年的时间来进行研学实践或者自我锻炼活动，让学生走出校园来体验生活，并从这一年的思考和沉淀中寻找自己未来的方向。新加坡的研学旅行最早是为了增强国家的防御能力，延续到今日，新加坡的研学旅行依旧特别注重锻炼学生生存技能的冒险活动的开发，所以我国在军事训练类研学课程中可以借鉴新加坡方案，在确保安全的前提下开发更多的冒险活动、军事训练活动等，切实增强学生体魄，锻炼学生生存技能，不断丰富研学活动类型。

（七）推动研学旅行向高等教育领域发展

当前研学旅行集中在中小学阶段的实践探索，更多的政策、学者关注的都是中小学的研学旅行。但是中小学因为其自身的原因，比如学生年龄小、独立能力不强、课程学习任务重等，研学旅行一般集中在节假日进行，而且时间比较短。但是大学生独立能力更强、时间更加自由灵活，非常适合研学实践的开展。因此，我们要注重研学实践向高等教育领域的纵深发展，通过国际交换生项目、国内校与校之间的交流合作、校企合作的实践基地等多种形式开展大学生的研学实践。同时，国家要出台相关政策文件推动高等教育领域重视并规范研学实践的开展，发挥宏观引导作用。地方政府和学校要积极落实研学实践开展，努力谋求国际国内各种实践机会，加强各方面的合作，推动高等教育领域的研学实践规范化、制度化、多样化。

参考文献

［1］杨晓. 研学旅行的内涵、类型与实施策略［J］. 课程·教材·教法，2018（4）：131－135.

［2］郑秀劼. 研学旅行的内涵及角色转变研究［J］. 青岛职业技术学院学报，2019（5）：70－74.

［3］KIMONEN E. Education and society in comparative context：the essence of outdoor-oriented education in the USA and India［M］. Rotterdam：Sense Publishers，2015：54－91，117－143.

［4］黄宇，杨雪. 建构主义学习理论视角下研学旅行的特征和原则［J］. 地理教学，2019（3）：60－64.

［5］周璇，何善亮. 中小学研学旅行课程：一种新的课程形态［J］. 教育参考，2017（6）：76－81.

［6］卢立涛，王泓瑶，高峰. 治理视域下的研学旅行课程化建设：模式、

问题及反思［J］. 中小学管理，2019（7）：5－8.

［7］郭勤. 研学旅行课程建构与实施策略［J］. 基础教育论坛，2019（33）：15.

［8］Juli-Anna Aerila，Rönkkö M，Grönman S. Field Trip to a Historic House Museum with Preschoolers：Stories and Crafts as Tools for Cultural Heritage Education.［J］. Visitor Studies，2016，19（2）：144－155.

［9］白长虹，王红玉. 以优势行动价值看待研学旅游［J］. 南开学报，2017（1）：151－159.

［10］衣新发，衣新富. 研学旅行与学生创造心智培养［J］. 创新人才教育，2017（1）：49－55.

［11］HOS. The purposes outdoor education does，could and should serve in Singapore［J］. Journal of Adventure Education and Outdoor Learning，2014（2）：153－171.

［12］任虹燕. 研学旅行课程在实践中的几个问题［J］. 中小学德育，2017（9）：24－26.

［13］夏可军. 研学旅行中值得关注的问题［J］. 中国民族教育，2017（3）：48－49.

［14］杨艳利. 研学旅行：撬动素质教育的杠杆——访上海师范大学旅游学系系主任朱立新教授［J］. 中国德育，2014（17）：21－24.

［15］王鹤琴，储德平，陈晓锋，幸迪，黄亚榕，杨菲. 日本修学旅行的典型模式及经验启示［N］. 中国旅游报，2019－06－11（3）.

［16］张秦，郭英之. 日本中小学观光教育的特点及启示［J］. 中国德育，2016（23）：31－33.

［17］冉源懋，王浩霖. 研学旅行的英国实践及启示［J］. 西南交通大学学报（社会科学版），2019，20（3）：99－106.

［18］李碧静. 英国研学旅行：从贵族化走向大众化［J］. 今日教育，2017（5）：22－23.

［19］余昱. 文化素养的课程诠释——美国富兰克林学校的“华盛顿之旅”研学课程［J］. 比较教育研究，2018（7）：36－42.

［20］汪晨，钱旭鸯. 新加坡：研学旅行的三种路径［J］. 上海教育，2019（24）：33－36.

［21］姜英敏，闫旭. 研学旅行制度建设的国际经验［J］. 人民教育，2019（24）：24－27.

［22］刘璐，曾素林. 国外中小学研学旅行课程实施的模式、特点及启示［J］. 课程·教材·教法，2018（4）：136－140.

［23］高峡. 借鉴经验推进研学旅行建设［N］. 中国教师报，2019－10－16（7）.

作者简介：

何云峰，农业推广硕士，山西农业大学公共管理学院教授，硕士生导师，山西省教育咨询委员会委员，山西省高等学校教学指导委员会委员。研究方向为高等教育学，在《光明日报》《中国高教研究》《中国高等教育》等报刊发表学术论文150余篇，主持教育部思政项目及省部级项目30多项，出版专著10多部。

陈晶晶，教育学硕士，山西农业大学公共管理学院副教授、硕士生导师。研究方向为高等教育学，在《中国高等教育》《中国成人教育》《教育理论与实践》等核心及省级刊物发表论文10多篇，主持并参加教育部思政项目及省级项目近20项，出版专著和教材5部。

共青团、少先队研学实践活动课程体系构建

共青团山西省委团校 付 华

一、 共青团、 少先队研学实践课程的性质与定位

2015年9月，中国少年先锋队全国工作委员会印发了《少先队活动课程指导纲要（试行）》，在少先队活动的途径上，要求“以体验教育为基本途径，在校园内外、家庭、社区和社会上积极开展主题鲜明、生动活泼、丰富多彩、独具特色的实践体验活动，帮助少年儿童接触社会生活、接触大自然、体验伟大的时代，注重情感体验，丰富成长经历”。在少先队活动课程的实施方式方面，《指导纲要》也提出了要开展“少先队实践活动”，鼓励学校组织参观、访问、野营、旅行、故事会，开展文化科学、娱乐游戏、军事体育等各种有意义、有趣味的活动，以及参加力所能及的公益劳动和社会实践。开展岗位体验、考察、寻访、小课题、小研究、小志愿者等和假日、夏（冬）令营活动。这些都是与研学实践活动形式和内容高度契合的少先队活动形式。

研学旅行有多种类型，不同类型的研学旅行承担着不同的教育功能。习近平总书记在全国教育大会上指出，教育的根本要明确：“培育什么人？怎样培育人？为谁培育人？”开设共青团、少先队为主的研学实践活动课程，有利于培养学生爱国、爱党、爱人民的情怀，增强国家意识和社会责任意识，教育学生理解、认同和拥护国家政治制度，了解中国优秀的革命文化、社会主义文化，增强中国特色社会主义道路自信、理论自信、制度自信、文化自信，引导学生精准理解和把握社会主义核心价值观的深刻内涵和实践要求，养成良好的政治素质、道德品质，传承红色基因，树立理想信念，磨炼意志品质。

共青团和少先队组织是我国中小学思想政治教育的重要基地。共青

团、少先队有着丰富的春游和秋游的经验，因此，少先队活动和共青团活动是中小学生喜闻乐见的活动，如果研学实践活动能够设计得主题明确、形式活泼，贴近生活、贴近社会，就能促进学生积极向上、健康成长。

进入21世纪以来，我国基础教育课程改革正在如火如荼地进行。教育改革经过十余年的发展，在素质教育理念的引导下，基本建立起一个开放的、充满活力的、具有中国特色的社会主义基础教育体系。教育发展的着力点是促进每个学生得到全面发展，由精英教育转向大众教育，课程理念和教育方式走向更加开放与多元。研究性学习、项目式学习、社会实践、职业体验等活动性课程、综合性课程和实践性课程的内容与形式不断发展，在学生成长过程中发挥着不可或缺的作用。综合实践活动课程逐渐成为能与学科课程并驾齐驱的促进学生发展的课程形式，并成为培养学生具有现代公民必备品格与关键能力的必修课程。

二、当前我国共青团、少先队研学实践活动的现状及课程设计中存在的主要问题

（一）研学实践活动以共青团、少先队为主的课程设计和研究少之又少

研学实践活动已遍地开花，却没有意识到这项活动的重要性，没有意识到共青团和少先队应成为研学实践活动的主导。课程是实现教育目标、传达教育理念、明确教育内容的重要载体。研学实践活动应当具有清晰的课程目标、课程内容和课程实施方法。当前研学实践活动的开展，没有清晰的教育目标，在具体实施过程中，对于培养一个什么样的人，该活动能使学生获得何种能力、让学生形成怎样的品格，没有一个清晰的认识。研学实践活动的各种课程主题不明确，没有结合学生的身心发展特点来制定，小学、初中、高中各阶段的教育内容不贴切，在活动开展过程中不能紧贴主题，课程设计以旅行社为主，参与设计的更多是旅游专家，共青团、少先队以及教育专家、学科教学专家以及一线教师的参与度较低，导致其产品从旅游的角度来看无可挑剔，但从教育的角度来看，不一定符合教育的需要和研学的真正目的，使研学实践活动成为目的空泛、与初衷相

悖、丧失教育意义的一场旅行。

（二）研学实践的目的不明确

如果目的不明确，那么研学对很多学生来说就是有害无利的，“为了研学而研学”，实际上“是在乱跑，是在到处流浪”。卢梭认为，目的会影响人们的观察和思考，一个人抱着什么目的去游学，他在游学中就能明确要去了解同他的目的相关的知识。因此，目的直接决定着研学实践的效果。

（三）研学实践课程设计大而笼统，千篇一律，流于形式，课程设计不完善，难接“地气”

就目前进行研学实践试点的省市来看，大多采取两种方式来开展研学实践活动：第一种是学校自行设计研学实践路线、研学课程，自行安排交通、食宿、安全等工作；第二种是委托旅行社，使用旅游机构设计的研学实践产品。而就目前情况来看，学校采取后一种情况更为普遍。

如果不将研学实践的课程设计成以共青团、少先队的思想引领为指导，那么我们将依赖旅行社或者说全权委托给旅行社开展研学实践，这样乍一看，可以实现一举两得的功效，但仔细思考，还存在教育意蕴不足的危险，主要表现在以下方面：首先，旅行社的终极目标是为了盈利，不论是研学实践产品的设计还是课程方案、实施方法、研学目的，利益都是其主要目标；其次，旅行社在设计研学实践产品时，没有以共青团、少先队为主导，课程设计不一定符合研学的真正目的；最后，使用旅行社设计的研学实践产品很容易形成“拿来主义”的做法，在思想上、行动上依赖旅行社，这无疑会影响研学旅行价值的发挥，会使共青团、少先队失去这块重要的思想引领阵地。

（四）评价机制短缺，管理机制缺位

《关于推进中小学生研学旅行的意见》（以下简称《意见》）对研学实践评价机制的建设作出了宏观层面上的规定，但实操层面的建议还不够具体细致。在具体的评价内容方面，还要充分考虑到《意见》中规定的研学实践的内容和目标，即“增强对坚定‘四个自信’的理解与认同；同时学会动手动脑，学会生存生活，学会做人做事，促进身心健康、体魄强健、意志坚强，促进形成正确的世界观、人生观、价值观，培养他们成为德、智、体、美、劳全面发展的社会主义建设者和接班人”。这些内容很难用量化的方式进行检测，它强调发展性、多元性、整体性和全程性评价，对学生的衡量和评价要强调过程，注重多元，注重反思。虽然研学实践在几年前就已经开始试行，但针对性的评价机制建设还处于虚无或者起步阶段。

从管理机制来说，第一，师资培训机制亟待建立。目前来说，研学实践走在了理论建设与师资建设的前面，我国教师教育体制中尚无针对研学实践的师资培养机制。第二，关于研学实践课程设计、研学实践的开展与实施等，还没有细节性的相关规定。

三、共青团、少先队研学实践课程体系构建原则

（一）体验性

体验学习是指人在实践活动过程中，通过观察、实践、练习，了解某些知识，掌握某些技能，养成某些习惯，形成正确的情感、态度、观念的过程。体验性是共青团、少先队为主的研学实践的灵魂，研学实践课程的设计要特别注重学生的体验性。体验学习的另一种表述就是美国教育家杜威提出的“做中学”思想。体验学习需要获得直接体验，尤其是对于小学生，直接经验越丰富，越有利于后续对间接经验的接受。研学实践课程实施需要不断游走式的学习，这表现在随处可在的课堂、各学科的高度融合和在全方位的感悟中成长。因此，体验学习是研学实践课程设计时不可忽视的一种学习方式，也是设计课程时必须考虑的一个着力点。

（二）实践性

实践是研学实践活动的重要特征。在校内学科课程学习中，实践的机会很少。综合实践活动课程强调学生亲身经历各项活动，在“动手做”“探究”“设计”“创作”“反思”的过程中进行“体验”“体悟”“体认”，在全身心参与的活动中，发现、分析和解决问题，体验和感受生活，发展实践创新能力。研学实践是综合性课程、跨学科课程，因此，它可以涉及

多学科的实践活动，加之生活中和社会上的现象和问题往往又是综合性的，因而其实践性的特点更为显著。

（三）教育性

研学实践的根本目的是教育。它与成人旅游及家长带孩子外出旅游不同，因此，其首要的原则是教育性原则。共青团、少先队研学实践结合学生身心特点、接受能力和实际需要，注重系统性、知识性、科学性和趣味性，为学生全面发展提供良好的成长空间。除了知识与能力层面的教育，让学生经历问题解决的过程与方法，在各种经历中形成良好的情感、态度与正确的人生观、世界观、价值观，这是研学实践综合教育的育人价值。

四、共青团、少先队研学实践活动的教育价值

《意见》指出“加强研学实践基地建设”是研学实践的主要任务之一，各地共青团及教育、文化、旅游等部门应当密切合作，根据研学实践育人目标，结合域情、校情、生情，依托自然与文化遗产资源、红色教育资源和综合实践基地、大型公共设施、知名院校、工矿企业、科研机构等，遴选建设一批安全适宜的中小学生研学实践基地。要求各基地将研学实践作为理想信念教育、爱国主义教育、革命传统教育、国情教育的重要载体，赞美祖国大好风光，弘扬民族悠久历史、优良革命传统，展示现代化建设成就。

（一）爱国主义教育

爱国是人类最基本的、最朴素的情感，由爱家、爱乡土，到爱祖国，家国情怀是一脉相承的。爱国主义教育是思想政治教育的重要内容，爱国主义教育是国家对国民教育的要求，也是中华民族的优良传统。爱国主义在不同的国家和每个国家的不同时代具有不同的内容，因而进行爱国主义教育的内容也有所不同。现阶段，中小学生的爱国情感主要表现为热爱祖国的壮丽河山、悠久历史、灿烂文化，关心祖国的前途和命运，热爱社会主义制度和社会主义现代化建设事业，热爱中国共产党和各族人民，维护祖国的统一。

爱国主义教育是提高全民族整体素质的基础性工程，是引导广大青少

年树立正确理想、信念、人生观、价值观，促进中华民族振兴的一项重要工作。爱国主义是中华民族的光荣传统，是推动中国社会前进的巨大力量，是各族人民共同的精神支柱，是社会主义精神文明建设主旋律的重要组成部分。

在共青团、少先队的研学实践活动中，带领学生走进风景名胜区、历史遗址、工农业生产基地、大型工程现场，从学生的体验中，让他们了解祖国的历史和现状，引导学生树立民族自尊心和自信心，树立对国家的高度责任感，树立为祖国、为人民勇于献身的精神，把爱国之心、报国之志转化为爱国行动，为实现国家建设目标作出自己的贡献。

（二）社会主义核心价值观教育

2014 年 5 月 4 日，习近平总书记在同北京大学师生座谈时指出：“人类社会发展的历史表明，对一个民族、一个国家来说，最持久、最深层的力量是全社会共同认可的核心价值观。”将国家、社会、公民的价值要求融为一体，既体现了社会主义的本质要求，继承了中华优秀传统文化，也吸收了世界文明的有益成果，体现了时代精神，回答了我们要建设什么样的国家、建设什么样的社会、培育什么样的公民的重大问题。

培育和弘扬社会主义核心价值观，教育引导是基础性工作。要从娃娃抓起，从小抓起，从学校抓起，把社会主义核心价值观的基本内容和要求渗透到学校教育教学之中，体现在学校日常管理之中，使社会主义核心价值观的种子在少年儿童心中生根发芽并逐步培育起来。核心价值观教育要润物细无声，发挥精神文化潜移默化的作用，运用各种教育形式，生动具体地表现社会主义核心价值观。研学实践是中小学生喜欢的活动形式，通过接触社会、了解国情、体验集体生活、探究相关问题，建立对世界的各种认识，增强对国家、对民族的认同感，这是实践性课程的优势。价值观教育不能通过说教的方式轻易实施，体验学习、实践学习更容易达到预期的效果。

（三）革命传统教育

革命传统教育是青少年进行德育教育的重要组成部分。《意见》提出，通过研学实践，让中小学生“感受革命光荣历史，感受改革开放伟大成就”。革命传统教育的内容包括：养成密切联系群众和为人民服务的思想作风；培养实事求是、理论联系实际、谦虚谨慎等良好品质；养成艰苦奋斗、勤劳勇敢、不怕困难的品德；继承和发扬爱国主义精神。

红色教育基地是开展革命传统教育的理想目的地，如组织学生到延安、西柏坡、井冈山等革命圣地开展研学活动。寻访革命圣地能够加强政治启蒙，可以让学生听历史知识报告，组织参观、座谈，访问革命老人，听历史回忆录，看革命历史题材的电影、戏剧等，无论采取哪种形式，都要注意贴近青少年的接受能力，联系语文、历史等课堂上学到的知识，学以致用。

（四）中华优秀传统文化教育

一个国家、一个民族的强盛，总是以文化兴盛为支撑的。中华民族历史悠久，创造了源远流长、博大精深的中华文化，为人类文明进步作出了十分重要的贡献。当然，文化也是时代的产物，随着社会思想的更新和科学技术的进步，文化也在更新；随着不同地域、不同民族之间文化的交流，文化也在不断融合发展。但不管怎样，文化总是以本地域或本国文化为基础，文化始终有一个核心，文化总是根植于大地。中华优秀传统文化就是我们民族文化的“根”和“魂”，积淀着中华民族最深沉的精神追求，代表着中华民族独特的精神标识。没有文化的弘扬和繁荣，就没有中华民族伟大复兴的中国梦的实现，因此必须大力弘扬中华优秀传统文化。

文化有外显的物质文化和内涵的精神文化。传统文化的表现形式有物质层面、思想层面、意识层面、习俗层面等，但文化的核心和本质是一种精神，是一种社会价值观。《意见》中指出“让广大中小学生在研学实践中感受中华传统文化”，就是让中小学生走进文化遗址，走进少数民族聚居区，走进古建筑群，走进传统工艺坊，通过观看欣赏、动手体验、专注倾听、专题阅读等方式，感受中华民族所创造的物质文明、精神文明、思想文化、传统美德等。

（五）生态文明教育

党的十八大报告对推进中国特色社会主义事业作出“五位一体”总体布局，即经济建设、政治建设、文化建设、社会建设、生态文明建设。生态文明是人类文明发展的一个新的阶段，即工业文明之后的文明形态。生态文明以尊重和维护生态环境为基本要求，以可持续发展为着眼点，以人与自然、人与人、人与社会和谐共生、良性循环、全面发展、持续繁荣为基本宗旨。我国幅员辽阔，既有陆地，也有海洋，各种地貌类型齐全。学生在研学实践和欣赏自然风光过程中，对人与自然、人与社会的和谐状态有着切身的体验，也可以陶冶情操，融入自然。

五、共青团、少先队研学实践课程的设计

（一）历史文化类课程设计

以共青团、少先队为主导的历史文化类研学实践课程包括以重要历史事件发生地和著名文化遗址作为研学目的地而构建的，主要目的是丰富学生的历史知识和文化素养，建立现代社会生活与历史事件、传统文化的关联，培养学生的人文底蕴，提高文化理解能力。

历史文化类研学课程一般适合中学生。共青团、少先队在历史文化类研学实践中应侧重于革命教育，陶冶学生的爱国主义情操，让学生了解祖国的历史文化，感受祖国脉搏的跳动，增进自我家国情怀。因为初高中阶段才会系统学习历史学科，以历史、地理为基础，有利于理解相关的历史文化知识，因此这类课程实施对象应以初高中学生为主。如果组织小学生参加此类研学实践课程学习，可以多安排体验性的、动手操作性的学习内容，学习定位以感受氛围、形成印象为主，避免全部安排参观建筑、考察博物馆等难度相对较大的活动。因为博物馆基本是按照成年人和具有专业知识的人的参观学习需求而设计的。在博物馆中，馆藏物品解释会涉及很多古代的生僻字，有些物品远离了现代生活，没有一定的专业知识储备，将不易理解。

（二）红色教育类课程设计

红色教育一直是共青团、少先队爱国爱党教育中的一项重要内容。将

爱国主义教育和革命传统教育转化为学生感兴趣的研学实践，让学生通过亲历感悟、实践体验、行动反思等方式，在红色教育基地缅怀历史、致敬先烈、坚定信仰是德育教育的一种有效途径。让青少年通过了解老一辈革命家的英雄事迹，树立正确的人生观、价值观。

（三）科技创新类课程设计

培养学生的科学精神和实践创新素养是中国学生发展核心素养的关键。科学精神要求具有理性思维、批判质疑和勇于探究的精神；实践创新素养要求学生具有解决问题和技术应用的能力。

科技创新类研学实践课程整体指向科学精神和实践创新能力的培养，对发展学生的探索精神、热爱科学的情感、严谨认真的态度都具有积极的促进作用。科技创新类研学实践课程按照内容可以大致划分为航天科技、海洋科技、生物科技、地学科技、天文科技等类别。

共青团、少先队在研学过程中，尤其是旅行前课程的学习中，会安排一定的创新思维与方法训练、科技知识讲解或讲座、科技类课题选题、科技企业或场馆参观考察等，并且研学返校后，对科技创新类小课题研究的指导也要持续跟进。

1．航天科技类

习近平总书记指出，探索浩瀚的宇宙，发展航天事业，建设航天强国，是我们不懈追求的航天梦。党的十九大也明确提出了建设航天强国的宏伟目标。

对于每一位航天人来说，航天精神是社会主义核心价值观在航天领域的实践成果和生动体现，是我国航天事业实现跨越式发展的动力源泉。爱国奋斗是航天精神的核心和精髓。祖国的需要高于一切，祖国的荣誉高于一切，这是航天人心中高扬的旗帜。让学生了解中国航天的发展史，听航天员讲一段故事，可以让学生感受到一代代航天人对航天精神的传承和践行。

共青团、少先队在研学课程安排上可以带领学生进入航天实验室参观，甚至可以让学生动手体验。航天领域有许多高新技术可以与中学物理、化学等学科产生联系，作为课堂知识的有益补充。

2. 海洋科技类

海洋科技类研学实践是中学生非常喜欢的主题，海洋并不是每一个人都触手可及的，即使对于生活在海边的人来说，对海洋的未知知识也很多，这些都深深地吸引着人类去探索海洋的秘密。此外，对学生来说，不少海洋生物的形态是亲和友好、憨萌有趣的，这也是海洋的魅力之一。海洋科技类的研学实践设计一般关注于观察海洋生物，了解海洋探测技术以及开展一些科考活动，感受海洋文化，感受扑面而来的海风。

3. 天文科技类

目前的天文类研学实践多是观星，也有参观一些天文高科技新设备的活动。人类对浩瀚宇宙的探索一直在继续，神秘的星空下到底隐藏着怎样的秘密，一直是学生的好奇心所在。在科学技术飞速发展的时代，为学生提供一些高端的科技类研学实践活动是十分必要的。但我们也知道，天文科技类一般比较高端，在现有的国家课程中很难找到与之相对应的课程，因为天文设备精密昂贵，学校鲜有购买的。因此目前天文科技类的研学实践开展起来难度大一些。

（四）自然生态类课程设计

生物之间以及生物与环境之间的相互关系与存在状态，亦即自然生态。自然生态类研学实践主要关注动物和植物的种类、形状、生长和生活习性，了解生物圈，了解大自然，是一次真正的回归大自然之旅。

共青团、少先队的研学实践活动可以将基础教育与高校资源融合，让研学实践更加专业、更加完善。由基础教育一线地理老师牵头组织学生进行研学实践活动，可以有效提升自然、地理学科核心素养，特别是提升学生的实践能力，并为自然、地理学科的研学实践活动提供可以参照的样本。

研学活动可以邀请专家做行前讲座，让学生到野外实地考察，再将多样结果进行呈现，逐步形成一个相对完整的自然、地理研学实践活动体系，为后续自然、地理学科研学实践活动的开展，提供理论和实践的创新。

共青团、少先队研学实践课程设计的完成形式，区别于传统考察实习报告。山西省吕梁市西华镇的研学实践通过研学实践公众号推送、研学实践海报等形式进行展示，使研学实践活动产品更加多元化，也更加突出自然生态、地理学科特色，让学生不再把研学实践当成单纯旅行，而是更加关注研学部分。

（五）艺术审美类课程设计

习近平总书记在全国教育大会上指出：要全面加强和改进学校美育，坚持以美育人、以文化人，提高学生审美和人文素养。

以共青团、少先队为主的艺术类研学实践课程设计，把艺术类课程作为学生全面发展的基础课程，在设计此类课程时，注重体验性、身体的协调性和鉴赏能力的提升。艺术类的研学设计将更多关注自然风光的描绘、人物与景物的拍摄、建筑结构和风景园林的赏析等。

以共青团、少先队为主的艺术类研学实践课程，可以是戏剧欣赏或体验活动，可以是美术工艺制作类实践活动，可以组织学生到户外写生、摄影，用画笔或镜头记录美好的生活，还可以带领学生开展行为艺术活动等，内容十分丰富。

（六）体育健康类课程设计

体育健康类课程与国防教育、心理教育密切相关，常见于青少年营地课程，既可以侧重于体能训练和拓展，也可以侧重于团队合作和心理游戏。体育类的研学可以在体能、登山、野营、攀岩等户外运动和户外技能方面进行课程设计。体能拓展类课程，如野外生存训练、营地军事训练以及学校入学教育的军训等，都可以很好地弥补城市学生生活空间的不足，让孩子们暂时放飞身心，在广阔的大自然中和集体活动中陶冶情操、磨炼意志。这类课程通常与其他课程整合设计，可以在一次持续数日的营地研学实践中，加入体育健康类活动内容，实现营地课程的综合教育目的。

（七）职业体验类课程设计

随着课程改革的深化，2017 年版普通高中课程方案和课程标准的出台，素质教育的脚步日益加快，进程日渐深入。共青团、少先队的研学实践兼具研究性、体验性和实践性，恰恰是一个非常好的载体——让学生体验不同的职业，思考自己的职业兴趣和未来发展的方向。职业生涯教育也正在逐步走进各个学校，大多数中学已经配有专职或兼职的学习指导和生涯规划导师。当前的中高考科目，考生有了更多的选择权，而做选择的依据是学生自己的体验，因此，学生需要更多职业体验类的课程。

六、共青团、少先队研学实践课程设计策略

共青团、少先队研学实践课程设计与实施是密不可分的，研学实践课程设计与实施过程是从主题出发，确定目标，设计内容，选择适当的教学方式，完成活动并对学习效果施以恰当评价。前文以设计方案为例，介绍了多种课程设计的具体目标和内容。我们需要以共青团、少先队研学实践课程设计的基本思想、方法、策略、原则为主导，跳出具体事物，抓住规律，掌握方法。

（一）研学实践目标设计

研学实践目标设计受制于主题，要紧紧围绕主题，突出内容重点，不能与主题疏离。主题与资源基地密切相关，应选择特点鲜明、价值突出的研学地点，根据研学主题确定研学总目标，再根据具体的研学地点资源条件，确定每日研学的目标。当然，研学实践的总目标的实现，有一部分还要延续到行后阶段，通过回校后对研学成果的交流分享，在总结活动中才能最终圆满实现。

1. 研学实践课程总目标设计

研学实践作为综合实践活动的一部分，它的课程目标的设计离不开综合实践活动的课程总目标，即学生能从个体生活、社会生活及与大自然的接触中获得丰富的实践经验，形成并逐步提升对自然、社会和自我的内在联系的整体认识，具有价值体认、责任担当、问题解决、创意物化等方面的意识和能力。就共青团、少先队研学实践课程而言，它的总目标设计是让学生了解祖国各地的风土人情、文化历史，领略祖国的大好河山，增强对祖国、对家乡的认同感，提升爱国爱党的热情；感受集体的学习生活，

在学习生活中与不同的人进行交流，在集体中发挥自己的所长，培养学生的独立生活能力和团队意识，增强语言表达能力；观察自然现象和社会现象，能够提出问题并进行探究考察，培养学生信息收集和解决问题的能力，提高对自然科学的热爱，提升社会责任感，形成积极正确的价值观念。

2. 目的地课程目标设计

共青团、少先队研学实践课程不同于传统意义上的学术类课程，它是在课外学习的课程、行走中的课程。因此，其课程目标的设计不是以学科学理来构建的，而是以地点和资源样态来构建的。研学目的地可以是文化遗址、革命圣地，也可以是工矿企业、科研院所，还可以是青少年户外拓展营地等。因此，各校研学实践课程目标要根据研学实践目的地的不同，结合目的地的具体情况，有针对性地设置目的地课程目标。

设计好目的地课程目标，是实现研学实践总目标的一个重要途径和落脚点。第一，目的地课程目标的设计要了解清楚目的地特色，这就需要学校的老师进行前期的踩点和一些相关资料的收集。第二，对收集的资料进行归类和分析，明确该目的地可以进行哪些主题的研学，有一个大致的框架。第三，结合本校学生的特点设计每个主题的研学目标，确定每个主题的研学任务，让学生进行选择。第四，根据学生的选择情况对研学目标进行微调。这就是研学实践课程目标设计的基本步骤，由此可以形成一个循环模式并不断完善。

3. “三维目标”设计

“三维目标”和研学实践是什么关系？以共青团、少先队为主的研学实践课程认为，学科类课程首先是知识目标，其次是能力目标，再次是方法目标，最后是情感、态度、价值观目标。而以共青团、少先队为主的实践活动类课程，则未必遵循这样的逻辑，是研究性学习与体验性学习相结合，用学生发展的“知、情、意、行”的逻辑来衡量，“情”的目标应该在先，方法目标和能力目标在其次，知识目标应该在最后。共青团、少先队认为研学实践的定位和价值是打通课堂内学习和校园外学习，最重要的是运用学科知识，运用课堂所学知识，培养爱国爱党的情怀，而不是到研学目的地去单纯地学习知识。

（1）情感、态度、价值观目标设计

共青团、少先队研学实践关注学生对自我、对他人、对自然和社会的认知，关注学生对祖国和党的热爱。通过在研学实践过程中的集中学习、研究、生活、体验和实践，感受人与人之间相处交流的温馨，感受人与自然交流的和谐，感受革命先烈的伟大，感受不同地域的文化、艺术、科技特色。

研学实践中，情感、态度、价值观的形成是随处可以发生、随时可以实现的。在学生心灵受到触动的一刹那，在学生对自然敬畏和感慨的一瞬间，学习就在潜移默化地发生。学生在集体生活中，也要学习生活技能，学会独立，学会相处，养成良好的生活习惯。这样的学习每天都在发生。情感、态度和价值观的形成过程也是自我成长教育的过程，这正是活动课程这种开放式教育的魅力。

（2）能力、方法目标设计

研学实践注重对学生学习能力、发现问题能力、研究能力、交流合作能力、动手实践能力以及基本生活能力的培养。通过相关课程的学习、资料的查阅，让学生寻找自己的小课题，培养学生的学习能力和发现问题的能力；通过对小课题的研究，让学生从简单的小调查中，接触社会科学研究与自然科学研究，感受和体验相应的研究方法，提升学生的研究能力。要让学生理解研究性学习的过程，能够自主发现和探究一些问题，能够以小论文的形式汇报展示，在发现问题、提出课题、研究课题、得出结论的整个过程中，指导学生做好小课题。

研学实践活动中能力的培养还体现在生活技能、交往能力及与人合作的能力上。通过研学过程中的活动体验、生活体验、社会体验，增进同学之间、师生之间的交流合作，增强学生的动手实践能力，在集中食宿的过程中，形成基本的生活常识，锻炼基本的生活能力。

（3）知识目标设计

学习是人们认识世界的基本途径，也是一个人从无知走向博学的必由之路。研学实践离不开“学”，也是一个学习知识、增长见识进而培养核心价值观的过程。在研学过程中，学生可以实地了解目的地的自然地理知识、历史文化知识以及其他多方面知识。这些知识的学习，在行前应该提前做好准备，可以通过在共青团、少先队行前办的讲座以及阅读专题资料来完成，也可以作为家庭作业，通过上网查阅来完成。在研学目的地现场，主要是通过亲眼所见，了解书本上无法呈现的知识或过于抽象难以理解的知识。因此，在研学目的地的学习，是印证书本上学到的理论知识，获取完成自己小课题研究所需要的知识，或者加深对知识的理解，扩展知识的范畴和深度，建构自己的知识体系。在研学实践中学习掌握的知识不应该是静态的知识，而是“活的知识”，这种“活”还体现在学生研学结束后能够和家人、同学分享自己的见闻和收获。

（二）研学实践学习内容设计

1．寻找学科关联性知识

研学实践的学科边界非常模糊，因为是在真实的环境下，在自然社会中进行游学考察，所以课程的综合性特点非常突出。因此，共青团、少先队研学实践课程学科关联性知识的学习内容设计非常重要。共青团、少先队在设计研学实践课程时，应充分考虑到这一点，应请各学科教师一起参与进来，将学生要完成的学习任务进行整合。教师在一起设计课程时，应该充分考虑目的地的资源与国家课程的结合，特别是语文、思政、历史等学科，会有许多相关的资源便于学生将课堂中学到的知识加以应用，学生也会有许多机会发现和探寻新的问题。

2．注重思维方法的学习和指导

研学实践的环境真实复杂，对于复杂的问题，共青团、少先队研究实践课程设计在处理的过程中通常会将其抽象化、简单化、模型化。处理复杂问题的能力要在设计研学课程的时候考虑到。具体地说，将复杂的问题进行分解，突出重点，使问题细化，以便学生掌握学习方法，提高思维能力。

3．专题研究要有针对性

对于主题明确的研学实践，应该设计系统、全面的专题知识的学习，既可以有对前期学校课堂知识的回顾，也可以有对研学实践中即将遇到的知识的概述，以及对革命精神的信仰和体悟情感的养成。研学实践通常安排 3—5 天的时间。研学实践课程有针对性，学生学习知识的积极性和切身的研究体验才会更强烈。

（三）研学实践学习方式设计

1. 自主学习与合作学习

研学实践是在旅行中学习和探究，强调自我发现和自我探索。自主学习是研学实践的主要学习方式。学生在专家、老师的带领下，带着预定课题去观察、去体验、去提问、去访谈、去思考，得出一定的结论，表达一定的观点。自主学习贯穿在整个研学实践的过程当中，老师主要是组织者和引导者。

作为集中食宿的教育活动，研学实践过程中的合作学习是必不可少的。因为大多数时间学生都会和自己的同学在一起，共同欣赏风光、聆听讲座、体验生活、开展课题研究活动，相互交流，互相帮助。除此之外，与专家的学习和讨论、和老师的分享与交流也是合作学习的重要内容。

2. 体验学习与探究学习

研学实践综合了学校的春游、秋游、社会实践活动和研究性学习，强调学生的体验学习和探究学习。体验学习在研学实践中主要表现为认知体验式学习、情感体验式学习和行动体验式学习。认知体验式学习是在一定情景下的探究性学习活动。它的设计多在于通过直接感知世界获得新知识。比如在研学实践中让学生观察身边土壤的颜色、干湿程度，观察植物的形状，了解植物的名称和生长习性，在研学实践中为了让学生完成小课题或探究性学习任务，认知体验式学习是必须经历的过程。情感体验式学习，如学生间的分组活动、探讨研究，主要是激发学生之间的团队精神，增进学生之间的合作意识。当然，情感体验式学习的最终目的是改变思维，落实行动。在研学实践中通过行动体验式学习，让学生有一些过程性的亲身经历，如做一些小手工，体验一次茶艺课等，使新获得的知识能够更加具象化，最后，通过思考、提炼、升华，内化为自己的收获。

3. 听讲与讨论相结合

研学实践就是在游中学，在学中思。研学一直在路上，在行走中。将理论知识从课本中剥离出来带入真实的环境中，通过倾听专家和老师的讲解，获得对新事物的认知，通过进一步的讨论丰富自己的认知，形成一个螺旋式上升的过程，加深对事物的理解。

4. 创意设计与动手制作

由于研学实践有着丰富的体验学习和探究学习的内容，因此创意设计和动手制作也是研学实践重要的学习方式。动手制作主要是设计完成一件作品，创意设计会更加注重创新点的表达。考虑到创意设计的即时性强，所以这里的创新点不一定是独创的，只要是能够体现学生深思熟虑的、合理的，学生能够通过设计表达出自己想法的就可以。

研学实践实施作为课程设计之后、课程评价之前的一个中间环节，是最重要的核心工作。实施效果在很大程度上决定了活动的成败，而安全完成活动计划是教师研学团队首要的目标。研学实践虽然只有几天时间，但出发前、研学中、研学结束后，都有大量的工作要做，需要多方合作，例如，实地踩点、招标比选、合作机构考察、切磋磨合、安全教育、家校签约等。一次研学实践活动的工作往往贯穿一个学期。

研学实践课程设计与实施中还有一些值得注意的问题，如怎样平衡“学”与“游”的时间，怎样科学合理地设计学习内容和方式，怎样在研学实践过程中配备师资对学生进行指导等。要充分认识研学实践实施过程的复杂性，研学实践是时间成本较高的一类课程，也是综合教育成效显著的一种课程。因此，即使研学实践课程初建期困难重重，也值得学校和教师为之倾注心血。

作者简介：

付华，共青团山西省委团校助理研究员，毕业于山西大学文学院，主要研究方向为青少年热点问题。在省级期刊发表关于青少年教育的论文五篇，2019 年主持青少年思想政治引领课题一项。

青少年爱国主义精神研学实践体验性研究

平定县教育科技局　郝　珺
平定县第三中学校　阎迎春　葛美宏　段晶晶　王晓莲　张　雁

党的十八大以来，以习近平同志为核心的党中央高度重视青少年的爱国主义教育，做出一系列重要部署，推动爱国主义教育取得显著成效。在2018年9月10日的全国教育大会上，习近平总书记强调："要在厚植爱国主义情怀上下功夫，让爱国主义精神在学生心中牢牢扎根，教育引导学生热爱和拥护中国共产党，立志听党话、跟党走，立志扎根人民、奉献国家。"

近日，中共中央、国务院印发的《新时代爱国主义教育实施纲要》指出，"新时代爱国主义教育要面向全体人民、聚焦青少年""培养社会主义建设者和接班人，首先要培养学生的爱国情怀"。这为做好新时代青年学生爱国主义教育工作指明了前进方向，提供了根本原则。新时代要培养青少年的爱国主义精神，要在"因事而化、因时而进、因势而新"上下功夫，在"沿用好办法、改进老办法、探索新办法"上做文章。培养学生的爱国情怀在校内是远远不够的，需要共青团组织拓展爱国主义教育校外实践领域，通过研学实践的方式组织社会调研、参观爱国基地、开展志愿服务、进行现场体验等，突出体验性，帮助学生了解国情民情，明确责任担当。

一、在研学实践体验中培养青少年爱国主义精神的必要性和重要性

目前，关于青少年爱国主义精神研学实践体验活动的研究也有一些开展，但是，我们也应该清醒地看到，好多学校团组织没有开展爱国主义精神研学实践活动，更谈不上深度体验了。个别学校团组织尽管也有开展，但是缺乏抓手、方法简单、流于形式、有效性差，共青团没有主动承担起

通过研学实践体验来培养青少年的爱国主义精神的责任，学校党组织对爱国主义精神研学实践活动重视不够，支持乏力，全体教师帮助青少年扣好人生第一粒扣子、培养学生爱国情怀责任意识不强，教育行政部门对爱国主义教育的评比考核不实不细。具体表现为：好多学校没有科学设计研学实践体验的路线，没有很好地借助爱国主义教育基地的丰富资源去广泛深入地影响学生、浸润学生，资源利用率低。重过程、轻评价，教育引导没有落实到位，组织者对学生研学实践的过程评价重视不够，过于强调研学实践活动时的纪律、安全，忽视了对学生自主探究、互助合作和动手能力的培养，忽略了对学生情感、态度、价值观等方面的评价。即便有些学校组织学生参观爱国主义教育基地，也只是排队参观，敬献花篮，听听解说，前门进后门出，忽视了情感体验、道德实践的过程，当问及学生有什么感悟时，学生无话可说，究其原因是学生缺少真实的体验。深层次的问题是组织者思想认识不够，没有对研学实践基地资源在研学实践活动前、中、后三个阶段给学生制定明确的目标任务，更没有设计明确的体验项目。目前绝大多数学校对学生爱国主义精神的培养更多的是靠道德与法治课的内容引导、其他学科的渗透培养以及在校内开展的爱国主题教育活动，缺乏真正把校内课堂教学与校外研学实践体验深度融合起来的行动自觉。新时期，探索如何在研学实践体验中培养青少年的爱国主义精神，是共青团组织义不容辞的责任。

学校共青团作为党的助手和后备军，帮助广大青年坚定理想信念，培养爱国主义精神，是团组织的政治使命。组织师生走进爱国主义教育基地，探索研学实践体验的基本路径，开辟全媒体场域引导青少年在网上开展研学实践体验，学校共青团组织需要积极牵头推动落实。

对青少年进行爱国主义教育是党和国家的优良传统，也是广大爱国主义教育工作者担负的历史使命。共青团组织通过各种形式的研学实践体验对青少年进行爱国主义教育，可以让他们了解更多的历史故事，更加了解党史，有利于培养青少年的爱国主义情怀。通过研学实践体验使青少年获得更多知识，了解家乡历史文化，又在游玩散心的同时增加与同学、朋友、家长的情感交流。有利于继承和发扬爱国主义优良传统，增加他们对祖国的认同感和自豪感，有助于他们逐步成长为社会主义现代化建设的可靠接班人。

二、 在研学实践体验中培养青少年爱国主义精神的路径策略分析

（一）丰富爱国主义教育基地研学实践体验载体是培养青少年爱国主义精神的关键要素

山西是中华民族发祥地之一，山西有文字记载的历史达三千年，被誉为“华夏文明摇篮”，素有“中国古代文化博物馆”之称。山西是老革命根据地，革命活动遗址和革命文物遍布全省，省级爱国主义教育基地有168个。长治市武乡县的八路军文化园是全国唯一将展馆内静态展板用体验式的高科技手段再现八路军抗战史实的大型主题公园。八路军文化园以抗日战争和民主革命战争为背景，用珍贵的革命文物和大量仿制生活用品生动地再现了抗日战争时期八路军和太行人民在太行山上浴血奋战、艰苦创业的光辉历程，为青少年身临其境，体验八路军当年战斗、生产、工作、学习、生活、娱乐及与当地群众鱼水情深的情景，为开展研学实践体验提供了丰富的体验场景。青少年不仅可以通过角色扮演参与实景剧《反扫荡》，影视蒙太奇体验剧《太行游击队》，以及《欢庆胜利》大巡游，还可以进行军事训练和团队精神锻炼，感受幸福生活来之不易。其中的八路村根据不同的展示内容和互动功能划分为工商贸易区、宣传教育区、军工生产区、根据地区、军旅生活区、英雄模范区6个区域，村内每个区域还按照八路军风格布置有50多间客房和1间八路军大餐厅，青少年通过穿一身军装、照一张军像、扛一次步枪、吃一餐小米饭、住一回老区炕、唱一首抗战歌曲、看一曲抗战戏剧、观一场怀旧影像，让身心回到抗战年代，深度体验八路军文化内涵，传承八路军艰苦奋斗、不怕牺牲的精神，接受一次不同以往的体验式爱国主义教育。像长治市武乡县这么大规模的爱国主义精神研学实践体验资源在我省并不多，需要发挥政府和社会的力量，建设更多的爱国主义教育基地学生体验场景以满足青少年的真实体验

需求。总之，爱国主义教育基地要为青少年研学实践体验提供科学、安全、有保障的体验场景。

平定县共有县级以上爱国主义教育基地35处，其中省级爱国主义教育基地3个，市级爱国主义教育基地10个。每个基地都有其独特的能够开展研学实践体验的丰富资源，眼下最大的问题是没有去挖掘这些资源，让这些资源成为研学实践体验的抓手，形成研学实践体验系列课程。位于平定县城南20千米处的山西省药林寺森林公园内有上至元代、下至明清的建筑群，有蜚声遐迩的石窟艺术，还有我国解放初期秦基伟司令员领导建设的太行二分区利华制药厂遗址，以及美国、英国、法国、黎巴嫩、挪威五国于1918年兴建的异国别墅遗址，山上树木葱茏，药材遍地，有柴胡、甘草、蕨根、生地、远志、黄芩、苍耳、荆芥、艾草、透骨草、蒲公英等十多种中药材。建筑群、石窟艺术、利华制药厂遗址、异国别墅遗址、中药材等都是青少年开展研学实践体验的有利资源。可见，因地制宜，把爱国主义教育基地现有的资源开发成学生研学实践体验的有效资源，是培养青少年爱国主义精神的关键要素。

（二）行为体验与情感体验是青少年爱国主义精神研学实践体验的两大路径选择

什么是体验？简单地说就是受教育者用自己的身体来验证事实，产生认识，感悟生命。体验教育一般包括行为体验与情感体验两种类型。行为体验是一种体验者亲身经历的实践行为，是青少年价值观形成的重要途径。情感体验则表现为体验者通过一系列的行为体验而孕育产生的一种内化的心理过程。这两种体验形式互为补充，有效地促进青少年价值观的形成与发展。认知是情感的源泉，以情感为导向；情感是行为活动的源泉，以行为活动为导向。情感最初是从认知中逐渐分离出来的，它又反过来促进认知的发展；行为活动最初是从情感中逐渐分离出来的，它又反过来促进情感的发展。认知、情感与行为活动相互渗透、相互作用、互为前提、共同发展。因此，在开展爱国主义精神研学实践体验的过程当中，不仅应注重教育活动开展的形式及具体内容，更要注重青少年这个实践主体所产生的情感体验，促进青少年行为体验与情感体验的有机统一。

1. 在角色扮演中体验

在红色爱国主义教育基地把一个个生动具体的故事演出来，让学生身临其境，通过扮演不同的角色再现事件、再现人物。要想表演能够感动自己，打动别人，青少年就会用心查阅有关资料，研究主人公的性格、生活习惯、作战风格等，自觉主动地收集史料，利用节假日走访故事发生地健在的老红军、老八路，把最感染人的剧情展现出来，让红色记忆融进自己的血液。通过行为体验，增强青少年关注本土文化的兴趣，提高自信心，学会对本地区红色文化进行发掘、整理和传承，增进热爱家乡的美好情感。

体验教育既应注重教育活动的形式与过程，更要注重少年儿童这一实践主体的内心体验。它要求少年儿童用“心”去体验，用“心”去感悟，引导他们在体验中把教育要求内化为品质，外显为行为。平定县实验小学把文明礼仪体验剧展演到爱国主义教育基地，将少先队员学习和生活中一个个鲜活的场景通过剧本形式进行呈现，对学生进行生动的思想品德教育。在六一展演活动中，学校 184 中队、187 中队排演的文明礼仪体验剧《爱护红领巾》针对生活中少先队员不爱护红领巾的种种现象，通过再现革命烈士通过浴血奋战让人民过上幸福生活的场景，使少先队员懂得红领巾是红旗的一角，是烈士的鲜血染成的，少先队员要爱护红领巾，不得玷污、损毁红领巾，并要用实际行动为红领巾增光添彩。台上演员和台下观众都受到了深刻的爱国主义教育、革命传统教育和少先队组织教育。其他中队排演的《你能高抬贵手吗?》《大象谷的故事》《我跟她玩呢》等体验剧，通过生动的场景，让表演者和观看者都身临其境，受到纪律教育和文明礼仪教育。少先队员在扮演角色、体验感悟中，能够将社会主义核心价值观内化于心、外化于行。

2. 在故事讲解中体验

革命博物馆、纪念馆、党史馆、烈士陵园等是党和国家红色基因库。要讲好党的故事、革命的故事、根据地的故事、英雄和烈士的故事，加强革命传统教育、爱国主义教育、青少年思想道德教育，把红色基因传承好，确保红色江山永不变色。革命博物馆、纪念馆、党史馆、烈士陵园等不仅是党和国家红色基因库，更是开展青少年研学实践的史料库。青少年通过在革命传统教育研学实践体验基地以讲故事的方式表达对革命先烈的敬仰之情、爱慕之情，能够深刻感悟太行精神、吕梁精神的内涵和实质，增长革命斗争知识。青少年在优秀传统文化研学实践基地以讲故事的方式，能够慢慢读懂中华文明演进史、古代建筑艺术史、长城军事斗争史、黄河文化变迁史、民族融合发展史，理解传承炎帝农耕文化、晋商传统文化等山西特色优秀传统文化、中华优秀传统文化核心思想理念，坚定学生的文化自觉和文化自信。

千年古州平定，历史悠久，人杰地灵，素有“文献名邦”之美誉。“文献名邦”是指文章典籍丰富、前人学者辈出的地方。据文献记载，金、元、明、清四代科举中平定出进士 131 名，举人 680 名，各类贡生 786 名。平定三中团支部组织了一次主题为“守望‘文献名邦’，传承平定文化”的冠山研学讲故事活动，学生在研学导师的指引下一路赏景，徒步走到“文献名邦”牌坊前，集体朗诵了《乡愁》《我爱这片土地》《祖国啊，我爱我的祖国》等爱国诗歌和名家创作的关于写冠山的诗歌《我是冠山的一片连翘，执着为乡愁清热解毒》《在一杯连翘茶中解读冠山》，学生们抑扬顿挫、热情激昂的朗诵声飘荡在冠山的上空，给人一种奋发向上的激情。学生以讲故事的方式知道“文献名邦”美誉的由来，理解“科名焜耀无双地，冠盖衡繁第一州”的深刻内涵，感受家乡深厚的文化底蕴和历史积淀，极大地激发了他们热爱家乡的美好情感。

3. 在调查研究中体验

2020 年暑假期间，平定三中团支部组织了一次非常特殊的研学实践体验活动——娘子关提水工程调查研究。饮水思源，吃水勿忘提水人。平定县娘子关提水工程分两期建成，一期工程是在 1977 年 7 月“农业学大寨”的背景下正式开工兴建。在山西省水利厅的大力支持下，累计投工 600 多万个，经过平定县 4000 余民工在崇山峻岭上长达 8 年的浴血奋战，建成一条“人造天河”，于1985年6月正式竣工通水，实现了东水西调、五级提水、密闭倒流的目标。二期工程于1995年9月开始进行改扩建，在原工程基础上增设一条3500米长的供水管道，1999年底全面竣工，日供水能力达19万立方米，保证了国家重点工程阳光发电有限公司的供水。①

学生们一边欣赏美景，一边吟诵郭沫若的诗歌《过娘子关》——“娘子关头悬瀑布，飞腾入谷化潜龙”，身临其境感受祖国自然风光的美好在文人笔下尽显，也在自己心中深入。不知不觉就来到娘子关集泉一泵站、集泉二泵站、娘子关总干一泵站、刀仞山总干二泵站、刀仞山总干三泵站进行了研学实践体验。每到一个泵站，研学导师都详细地进行了讲解，学生们都详细地做记录、拍照片，获取撰写调查报告的第一手资料。在泵站导师的辅导下，学生们用心撰写调查研究学习报告和研学心得体会，学生们感叹“娘子关提水工程太伟大了，提水人硬是用蚂蚁啃骨头的精神，使向东流的泉水盘高山、激长空，反向流淌于平定大地，惠及人民，从根本上结束平定县祖辈干旱、严重缺水的历史，共产党真伟大啊！”爱党、爱人民、爱家乡、爱国之情油然而生！徒步娘子关提水工程现场，住在城里的孩子才知道原来我们每天吃用的水是娘子关泉水“倒”流回来的啊！……孩子们用双脚踏寻提水人的足迹，重温峥嵘岁月，真实感怀提水人发愤图强、自力更生的精神，真实体验了提水人克服重重困难战胜大自然的豪情壮志。

我们依托娘子关提水工程设施，以调查研究体验的方式积极开展县情和水情教育，就是引导青少年增强节约水资源、保护水生态的思想意识和行动自觉，加快推动生产生活方式绿色转型。

4. 在动手实践中体验

药林寺森林公园境内山势巍峨，层峦叠嶂，沟壑深邃，森林茂密，花草遍野，风光秀丽，气候宜人。其森林景观资源丰富多彩，有众多的苍松翠柏，有十余种中草药，有数十种飞禽走兽，是一个乔、灌、草相间，动

---

① 王来金. 娘子关提水工程纪实［M］. 太原：山西人民出版社，2006.

植物共存的不受外界环境污染的动植物乐园，是青少年开展研学实践体验的最佳场所。2020 年 10 月，平定三中团支部利用周日组织部分团员青年到药林寺森林公园进行了一次采集中草药的研学实践体验活动。上午大家集体乘车来到药林寺山下的张庄镇南后峪村，事先聘请县中医院的一位中医师和村里四位爱好采集中草药的老人做研学导师，带上采药工具徒步登上药林寺。一路上五位导师轮流给学生们讲解山上十余种中药材的“长相”以及如何识别和采摘。同学们认真地听着，不时还做着笔记。漫山遍野的红叶映衬在茂密的森林里，深秋景色格外美丽，让人心旷神怡，在这天然氧吧中呼吸着新鲜的空气，倍感神清气爽。20 多分钟后便来到山上。把学生分成五组，每组分别由一位老人带领去采集药材。带队团干老师也加入其中。学生们快活得像一只只小鸟，叽叽喳喳，不时提出各种问题，几位研学导师都耐心地进行了讲解。经过两个小时采集，学生们都把自带的篮子采满了。随后集体来到八路军利华制药厂旧址，参观了解中草药，并对采集的中药材进行分类。有的学生在查找资料的基础上利用利华制药厂留下的药碾子动手制作中药，有的学生把采摘的药材带回家里晒干制作中药，有的学生把采摘的药材送给了村里的老人，因为老人们常年生活在这里懂得如何炮制和使用。“艾草和荆芥有祛寒的作用，可以晚上熬水泡脚，能治愈老年人的老寒腿；透骨草熏蒸、热敷可以治一些老年人的关节病，熬着喝对骨伤愈合也有疗效；黄芩和蕨根有清热去火的作用，可以熬着喝；柴胡有去风寒的作用，感冒后熬着喝有疗效。”当中医师讲完这些中草药的功效后，好多孩子对中医产生了浓厚的兴趣。学生们在研学导师的带领下，辨识草药—动手采摘—制作中药—品尝中药—研究中医，这一系列行为体验结束后，学生情感会发生很大的变化，他们体验到了在大自然研学的快乐和兴奋，学到了在课堂上学不到的知识，磨炼了意志，培养了热爱劳动的思想。学生们不仅欣赏大自然，爱上大自然，更重要的是从思想上认同“绿水青山就是金山银山”的理念；不仅体验到中药材配制的艰辛，还能激发他们研究我国博大精深的中医文化的激情。

在关注行为体验的过程中，要特别注意青少年的情感体验，我们要根据具体情况采取科学有效的方式促使情感体验表达出来。比如，无论你身处何地，听到嘹亮的国歌声响起的时候，就会放下手中的活，停下前进的步伐，为祖国的强大油然而生自豪感。在武汉新冠肺炎疫情严重的时候，很多人自觉地为武汉捐款。……这些都是爱国主义精神闪烁的光芒，是爱国情感的集中体现。

（三）全媒体场域是青少年爱国主义精神网络研学实践体验的新阵地

应用全媒体场域，将青少年爱国主义精神有效嵌入四通八达的网络体系中。研学实践活动除了实地研学体验，网上同样可以开展研学。为此要充分应用微博、微信、QQ 等各类新媒体，加强爱国主义教育，通过虚拟现实技术搭建现实场景，让青年学生切身感受新中国成立以来的发展进程，建立爱国主义门户网站、网络社群等爱国主义教育新阵地，创作视频、漫画、电影、电视剧等网络文化精品，让爱国主义教育富有亲和力和感染力。①

全媒体，指媒介信息传播采用文字、声音、影像、动画、网页等多媒体表现手段，利用电影、出版、报纸、杂志、网站等不同媒介形态，通过融合的广电网络以及互联网进行传播，最终实现多种终端均可完成信息的融合接收，实现任何人任何时间任何地点以任何终端获得任何想要的信息。当前，全媒体的传播方式对青少年爱国主义教育产生了巨大影响，逐渐成为青少年爱国主义精神网络研学实践体验的新阵地。为此，我们必须顺应时代潮流，科学认识全媒体场域的传播规律，让青少年真正地利用好这个前沿阵地进行爱国教育网络研学实践体验。

2021 年是中国人民抗日战争暨世界反法西斯战争胜利 75 周年、中国人民志愿军抗美援朝入朝作战 70 周年。阳泉市退役军人事务局和教育局联合组织“心有方向，行有传承——我是英烈故事讲述人”音频征集活动，活动主题为“传承红色基因，争做国家栋梁”。全市各大中小学校积极参加活动，阳泉市退役军人服务中心微信公众平台上发布了 43 所大中小学校

① 黄蓉生．让爱国主义精神在学生心中牢牢扎根［N］，光明日报．2020－01－14.

和幼儿园教师优秀作品60个，发布全市90所大中小学和幼儿园学生优秀作品274个，单个音频作品最高浏览量为2344人次，总浏览量超过26000人次。音频作品涵盖左权、赵亨德、范子侠等64位英烈的光辉事迹。此次活动在社会上引起强烈反响。领航阳泉App开辟了“讲述英烈”专栏，对“我是英烈故事讲述人”活动的部分优秀音频作品向全社会进行集中宣传展示。山西综合广播“政风行风热线”节目邀请阳泉市退役军人事务局工作人员参与直播连线活动，就此次活动情况进行宣传。阳泉电视台“阳泉新闻”节目就此次活动进行了报道。学习强国App发布了“我是英烈故事讲述人”活动的第一篇——抗日英雄赵亨德的故事，选用了两个学生的音频作品。这一个个感人故事的讲述，无疑是对当代青少年和全体人民的党史、国史、军史的深刻教育，对党员干部而言更是一次次初心的感悟与唤醒、灵魂的洗礼与修复、良心的拷问与归位、思想的净化与升华、精神的沐浴与提振。历史只有被赋予精神，才具备灵魂；历史只有被不断传承，精神才能永恒！

三、 在研学实践体验中培养青少年爱国主义精神的条件保障

《新时代爱国主义教育实施纲要》指出，各级党委和政府要承担起主体责任。各级党委和政府要负起政治责任和领导责任，把爱国主义教育摆上重要日程，纳入意识形态工作责任制，加强阵地建设和管理，抓好各项任务落实。进一步健全党委统一领导、党政齐抓共管、宣传部门统筹协调、有关部门各负其责的工作格局，建立爱国主义教育联席会议制度，加强工作指导和沟通协调，及时研究解决工作中的重要事项和存在的问题。

各级党委政府要加强对爱国主义教育基地的管理，配齐基地管理人员，依托基地资源，不断丰富青少年开展研学实践体验的载体，优化结构布局，建设一批特色鲜明、功能设施配套、作用发挥明显的研学实践体验基地，基地要从交通、饮食、安全等方面全方位立体式地为青少年深度研学实践体验提供有针对性、互动性、趣味性和引导性的最优质的服务，设置面向中小学生研学活动专区，结合单位资源特点，开发适合小学、初中、高中不同学段学生、与学校教育内容相衔接的研学实践教育课程，有

相应的活动主题，配备面向中小学生群体的专业讲解导师。基地建筑设施通过消防验收，有针对中小学生群体的特别安全管护措施，有完善的安全事故应急处置预案体系。基地开设微信公众号并全年公开开放接待时间和联系方式，具备师生及家长查询方便快捷、信息更新及时的研学实践服务和评价的信息管理系统。总之，基地能够让师生和家长高兴而来、满载而归。

教育行政部门和中小学要探索制定中小学生研学实践体验工作规程，做到“活动有方案，行前有备案，应急有预案”。学校组织开展研学实践体验可采取自行开展或委托开展的形式，提前拟定活动计划并按管理权限报教育行政部门备案，通过家长委员会、致家长的一封信或召开家长会等形式告知家长活动意义、时间安排、出行线路、费用收支、注意事项等信息，加强学生和教师的研学实践体验事前培训。学校自行开展研学实践体验，要根据需要配备一定比例的学校领导、教师和安全员，也可吸收少数家长作为志愿者，负责学生活动管理和安全保障工作，与家长签订协议书，明确学校、家长、学生三方的责任权利。学校委托开展研学实践体验的，要与有资质、信誉好的委托企业或机构签订协议书，明确委托企业或机构承担学生研学实践体验的安全责任。

作者简介：

郝珺，平定县教育科技局宣传办主任，中小学高级教师，山西省学科带头人，山西省教学能手，山西省优秀班主任，山西省心理教育工作先进个人，阳泉市教育名师。研究方向为中小学德育工作和中小学《道德与法治》教学研究，在《中小学教育》《当代青年研究》等期刊发表学术论文六篇，主持或参与省市级基础教育课题研究十余项。

从暑期社会实践的视角探析大学共青团研学实践活动

——以2019年度山西大学外国语学院与北京大学外国语学院暑期思政研学实践活动为例

山西大学　霍雅琪　李　慧

山西白求恩医院（山西医学科学院）　葛文嘉

一、 理论研究背景

（一）暑期社会实践概述

20世纪80年代，共青团中央第一次在全国范围内号召青年大学生利用暑期开展科技、文化、卫生“三下乡”的社会实践活动，标志着暑期社会实践的开始。

1996年，中央宣传部、中央文明办、教育部、科技部、共青团中央等14部委联合下发了《关于开展文化科技卫生“三下乡”活动的通知》，开始在全国范围内正式组织和指导开展暑期“三下乡”社会实践活动。

2005年，中央宣传部、中央文明办、教育部、共青团中央下发的《关于进一步加强和改进大学生社会实践的意见》更是明确提出“引导大学生走出校门、深入基层、深入群众、深入实际，开展教学实践、专业实习、军政训练、社会调查、生产劳动、志愿服务、公益活动、科技发明和勤工助学等，在实践中受教育、长才干、做贡献，树立正确的世界观、人生观和价值观，努力成长为中国特色社会主义事业的合格建设者和可靠接班人”。

2019年，共青团中央关于组织开展“青春心向党，建功新时代”主题宣传教育实践活动的通知中指出，要“强化实践锻炼，开展青春建功新时代实践活动……深入实施青少年精神文明建设重点项目，大力开展全国大中学生‘三下乡’社会实践活动……积极开发规模化、正规化、常态化的社会实践……让青少年在实践中了解国情，感受成就，受到锻炼”。

2020年，在共青团十八届四中全会上，团中央书记贺军科同志在报告中总结道："坚持实践育人，深入开展'三下乡'……活动，引导广大青年通过社会实践、社会观察了解国情，践行社会主义核心价值观。"

（二）研学活动实践概述

国内学术界对研学实践活动的研究主要基于研学旅行，即在教育部门和学校有计划地组织安排下，通过集体旅行、集中食宿方式开展的研究性学习和旅行体验相结合的校外教育活动，是学校教育和校外教育衔接的创新形式，是教育教学的重要内容，是综合实践育人的有效途径。

随着国务院办公厅于2013年印发的《国民旅游休闲纲要（2013—2020年）》提出："逐步推行中小学生研学旅行。"理论界探索如何有效开展研学活动的聚焦点主要在中小学教育背景上，因此，相对于中小学的研究成果而言，高校的研学活动研究仍处在初级阶段，很多研学活动的资料都是附着在专业研究的基础上，比较零散和片面，缺乏系统的总结和归纳，脉络不明晰。

受高校教职人员岗位职能划分影响，山西省内高校对研学实践和大学生暑期社会实践的理论文献存在研究年限短和研究深度不够两方面特点。以山西大学图书馆的网络数据库资源为例，在中国知网跨库检索和万方数据库中，以题名"大学生暑期社会实践"为检索项，共搜索到274条相关数据（1987—2019年）和974条相关数据（1998—2019年），进一步根据作者单位进行搜索，山西省内对此内容的研究仅有1条，即"大学生暑期社会实践现状的调查与研究——以太原理工大学为例"。排除作者单位，在原检索结果中以"研学"为检索项进一步进行搜索，共检索出0条相关文献。

但近年来，越来越多的学者关注到了这一问题，开始了相关方面的研究，以2020年度山西省青少年思想政治引领研究课题为例，23个研究方向共计34项课题，其中关于研学实践部分的就占了7项，研究内容涉及红色基因、思政课以及实践案例等几个方面。

（三）思政课程实践研究概述

2004年，中共中央、国务院在《关于进一步加强和改进大学生思想政治教育的意见》中明确指出："社会实践是大学生思想政治教育的重要环节，对于促进大学生了解社会、了解国情，增长才干、奉献社会，锻炼毅力、培养品格，增强社会责任感具有不可替代的作用。"

教育兴则人才兴，教育强则国家强。党的十八大以来，习近平总书记对中国高等教育的发展和高校思想政治教育工作高度重视，并发表了一系列重要论述。

在2016年12月7日至8日召开的全国高校思想政治工作会议上，习近平总书记在讲话中强调，要坚持把立德树人作为中心环节，把思想政治工作贯穿教育教学全过程，实现全程育人、全方位育人，努力开创我国高等教育事业发展新局面。

2019年3月18日，习近平总书记主持召开学校思想政治理论课教师座谈会并发表重要讲话，肯定了新时代学校思想政治理论课建设的重要意义。座谈会上再次强调"办好思想政治理论课，最根本的是要全面贯彻党的教育方针，解决好培养什么人、怎样培养人、为谁培养人这个根本问题"。

作为大学生思想政治教育主渠道的思想政治理论课，它的建设发展情况又会直接影响大学生思想政治教育的实效。为了增强高校思想政治理论课的吸引力和实效性，社会实践教学就成为思想政治理论课教学不可或缺的有机组成部分，它不仅是引导大学生领会马克思主义理论精髓、体验社会主义核心价值体系的伟大力量，更是引导大学生树立科学的世界观、人生观和价值观的根本途径。因此思想政治理论课社会实践教学一直是各高校普遍关注的教学热点问题。

二、实践案例

（一）实践背景

党的十九大提出了习近平新时代中国特色社会主义思想，并从历史发展、时代品格、主体归属、内容体系和指导价值上对这一思想进行了科学概括和准确定位，解释了其思想内容和实践方略，为新时代中国特色社会主义建设和中华民族伟大复兴提供了思想指南和理论指导。

随着习近平新时代中国特色社会主义思想的出现，共青团在思考自身的发展和建设上也提出了新的行动方向。高等学校的共青团委肩负着凝聚广大团员青年的重任，聚焦主责主业，不断提出新的探索和尝试。其中，暑期社会实践一直是共青团工作的重要内容之一，是广大高校青年学生走进社会、了解时政的重要媒介，始终围绕共青团重点工作的方向而不断创新发展。将暑期社会实践与研学活动、思想政治理论课社会实践教学相结合，通过构建“思政研学立项—研学方案设计—实践活动落地”的体系，能够更好地激发当代大学生的爱党、爱国情怀，进而达到高校立德树人的根本目标。

北京大学作为我国著名的综合类高等学府，紧扣时代脉搏，率先提出了思政教育改革的诸多尝试，其中将思政课程实践化与暑期社会实践相结合，提出“思政暑期实践课”的研学模式，通过增进研学立项实践，让思政课真正上到学生心坎里。

2019 年的暑假，由山西大学国内合作办公室牵头，在校团委的指导下，山西大学外国语学院与北京大学外国语学院共同开展了暑期思政研学实践活动。

（二）实践时间

2019 年 7 月 11 日—2019 年 7 月 17 日

（三）实践队员

山西大学外国语学院与北京大学外国语学院暑期思政研学实践活动全体队员，共计 20 人。

表 1　实践队员基本情况统计

项目	基本情况	频率	百分比
性别	男	7	35%
	女	13	65%
是否担任过或正在担任学生干部	担任过	19	95%
	未担任过	1	5%

（续表）

项目	基本情况	频率	百分比
就读年级	大一	13	65%
	大二	2	10%
	其他	5	25%

（四）实践主题

围绕“青春心向党，建功新时代”这个大主题，本次实践活动主要从三个方面进行研学活动：1. 青春心向党——近代史的红色记忆；2. 建功新时代——建国70周年成果；3. 搭建志愿帮扶平台。

（五）实践组织

本次暑期思政研学实践活动以太原市为中心，在娄烦县、静乐县、祁县等地开展。

表2　实践路线

时间	主题	地点	项目	实践效果
Day1		山西大学		
Day2	建国70周年成果	太原市尖草坪区	太原钢铁集团有限公司	10分
Day3	近代史的红色记忆	娄烦县	高君宇故居	10分
	建国70周年成果		美美公社	5分
			水貂养殖基地	8分
			窑洞旅游资源	6分
			康福养鸡基地	8分
Day4	近代史的红色记忆		米峪镇战斗遗址	10分
	建国70周年成果		社会扶贫管理服务中心	9分
	建国70周年成果	静乐县	庆鲁村	8分
	搭建志愿帮扶平台		丰润中学	6分

（续表）

时间	主题	地点	项目	实践效果
Day5	搭建志愿帮扶平台	祁县	祁县中学	7 分
	建国 70 周年成果		渠家大院	8 分
			玻璃器皿厂、双园醋厂、荣德聚砖雕木雕非遗传习所	9 分
Day6	近代史的红色记忆	文水县	刘胡兰纪念馆	7 分
Day7		山西大学		

（六）实践内容

Day1

2019 年 7 月 11 日，北京大学实践队队员从北京出发至太原，并在山西大学外国语学院会议室召开了第一次会议。两校同学在自我介绍后，展开了热烈融洽的交流。

首先，由北京大学外国语学院的带队指导老师为大家介绍了暑期思政研学实践活动的目的，同时也对实践队员提出了具体要求。

随后，全体实践队员按照学校进行了分组，每个小组的同学根据本次暑期思政研学实践活动的要求，共同拟定具体的实践课题，并围绕实践课题进行组内成员分工。每个实践小组的组长作为代表进行了立项阐述，明确了时间、队员的分工以及预期的实践报告目标。

最后，由山西大学外国语学院的带队指导老师就实践中的安全问题进行了重点讲解，并对实践具体安排进行了说明。

Day2

2019 年 7 月 12 日，围绕“建功新时代——建国 70 周年成果”，暑期思政研学实践的第一站是山西省太原市的龙头企业——太原钢铁集团有限公司（简称太钢）。太钢是中国特大型钢铁联合企业和全球产能最大、工艺技术装备最先进的不锈钢企业，销售收入和利润位居行业前列。

实践队首先参观了代表太钢企业精神的渣山公园。1934 年太钢建厂后，产生了难以计数的废渣，太钢加工厂渣场原负责人李双良同志在退休后，主动请缨，带领渣场职工，把堆积了半个世纪的1000 万立方米的渣山搬掉，创造价值 1.4 亿元，使原来污染严重的渣山变成美丽的花园。为消除太钢生产重大隐患，改善环境，造福后代，促进太钢可持续发展作出了突出贡献。近年来产生的钢渣已经不再是废物，太钢与美国哈斯科公司牵手，应用新的科学技术，将钢渣加工制造成新型肥料，用于农业生产，可以有效地改善土壤结构，增产增收，目前是中国唯一这样做的公司。

接着，大家观摩了工作车间的一条流水线。偌大的炼铁厂，空无一人，只有庞大的机器在进行流水线生产，实践队员戴着安全帽，在车间上方俯视整条流水线，感受着高温，看着一块块厚重的钢板不断被加工成各种形状。在太钢博物园里，琳琅满目的产品让人惊叹不已。火车车轮的核心是车轴，全国列车每十根车轴，就有九根是用太钢的材料制造的，北京地铁客车正是用太钢生产的不锈钢钢板制造的。

太钢坚持“拆旧建绿，拆墙透绿，见缝插绿”的方针，面对太原地处黄土高原东部、干燥少雨、植被较差的现实，始终持续推进环境美化、污水净化工程，营造出了“厂在林中，路在绿中，人在景中”的绿色生态环境，成为令人惬意的绿色企业。

实践感受：

经过第一天的实践考察，队员们在工业世界里看到了祖国70 年来的巨大变迁和飞速发展。李双良精神是太钢工人阶级优秀品质的集中反映，是太钢几代人优良传统和时代特征相结合的典范，是我国建国以来无数改革者的代表之一。在这种精神的带动下，太钢不断革新，不断探索。面对着一幅幅老旧的资料照片，感受着眼前一幕幕高新自动化场景，全体实践队员对祖国的强大有了全新的认知。

Day3

2019 年 7 月 13 日，暑期思政研学实践队的第二站是历史悠久的娄烦县，其文化源头可上溯到春秋时期，史载“周王绘图有楼烦国”。娄烦县地处太原市西北部，吕梁山腹地，汾河中上游，是集山区、老区、库区于一体的国家扶贫开发重点县，全县总面积1289平方千米，辖3镇5乡、3个居委会3个社区、142个行政村，总人口12.6万。

实践队首先来到了省级重点文物保护单位、县校共建思政教育基地——高君宇故居纪念馆，这里是我国著名政治活动家高君宇的诞生地，也是他16岁以前生活和学习的地方，坐落在峰岭底村被称作“高家崖”的一条山沟中。

高君宇（1896—1925）是五四爱国运动的领导人和中国共产党的创始人之一，党的第二届中央执行委员。曾出席共产国际远东第一次代表大会，受到列宁的接见。他还同蔡和森主编中共最早的机关报《向导》周报，出任过孙中山的秘书。高君宇既是北京大学的学生，又是山西省党团组织的创始人，更是本次两校合作的暑期思政研学实践队的纽带。

高君宇同志的一生虽然很短暂，但是他紧紧跟随着时代的召唤，成为代表当时最先进思想的弄潮儿。“我是宝剑，我是火花，我愿生如闪电之耀亮，我愿死如彗星之迅忽。”这是高君宇写在自己照片上的一首言志诗，也是他短暂而光辉一生的真实写照。

简单的午休后，实践队员来到了静游镇在建中的脱贫项目——美美公社。通过项目说明了解到，美美公社项目秉承着“各美其美，美人之美，美美与共，天下大同”的理想信念，是集有机农业、乡村旅游、教育培训于一体的扶贫产业项目，该项目通过合作社的平台与村民联合，可以为贫困人员提供各类就业岗位近150个，精准带动98户278人实现脱贫。

之后，实践队员走访了新青林脱贫项目——水貂养殖基地。当实践队员到达养殖基地时，正巧赶上水貂接种疫苗。大家只能在外围参观养殖场与饲料库，聆听了介绍，对水貂养殖项目的经济带动性进行了数据记录。

最后，实践队员来到了天池店乡的脱贫项目——河北村的窑洞旅游资源和白家滩村康福养鸡基地。河北村贫困户占全村人口的33%。近年来，该村把乡村旅游作为脱贫增收的重要渠道，全力推进实施，充分利用全村31户99孔窑洞资源，发展农村旅游接待产业，进行标准化服务，个性化延伸。作为全县社会扶贫首批试点村，2017 年已经实现整村脱贫。

白家滩村康福养鸡基地是集产蛋、加工、销售于一体的现代生态畜牧养殖示范项目。对蛋鸡业的可持续发展、促进农业产业化进程、加快农产品转化增值、扩大无公害产业化规模、推动再就业起到了巨大作用，同时也带动了部分贫困户脱贫致富。

实践感受：

紧张而忙碌的一天结束了，实践队员在总结会上提道："精准扶贫""脱贫攻坚"这些书本上的词语，落实在基层工作中需要扎扎实实地"做"和"干"。虽然脱贫项目短时间内不容易看到明显的成效，但是精准扶贫本身就是需要长时间的坚持和不断地调整规划，无论是村干部、村民还是青年学生都应该在实践的道路上永不停息，经历艰难困苦，方得始终。

Day4

2019 年 7 月 14 日上午，暑期思政研学实践队继续在娄烦县进行实践活动。

首先到达了青少年德育示范基地——米峪镇战斗遗址，共包括米峪镇战斗纪念碑、烈士陵墓、米峪镇战斗遗址三个部分。

1940 年 6 月 1 日，700 余名日寇向根据地疯狂"扫荡"，在此被贺龙司令员指挥的 120 师 358 旅的独立第四团和 716 团包围，激战三天三夜，全歼该敌。这是一次驰名晋绥的歼灭战斗。在该战斗中 180 多名八路军指战员永远长眠在娄烦的土地上。实践队员们对着纪念碑三鞠躬，缅怀先烈，致敬英雄。

接着，实践队员深入娄烦县社会扶贫管理服务中心实地考察。娄烦县社会扶贫管理服务中心主要依托中国社会扶贫网，以爱心超市、项目超市、消费扶贫为载体，建设"三位一体"融合的"1 + 3"社会扶贫娄烦新模式。该模式的实施有效推进了社会扶贫工作的开展并取得了良好的扶贫效果。

下午，暑期思政研学实践队到达了忻州市静乐县庆鲁村。庆鲁村是山西大学重点帮扶的贫困村之一，山西大学对该村的帮扶有"消费扶贫"和

“结对帮扶”。该村生产的土豆等农产品被送往山西大学食堂。同时，山西大学积极地帮助该村开拓销售市场，扩大了农产品的外销量，有效地促进了当地的脱贫。“结对帮扶”的效果也很显著，山西大学各院系帮扶一到两户贫困户，有针对性的扶贫加快了贫困户的脱贫速度。为了便利村民出行，山西大学还援助修建了一座“爱心桥”。

最后，实践队员赴静乐县丰润中学与当地学生进行座谈交流。座谈会上，实践队员与当地的学生积极互动，讲述自己的学习经历、学习方法等，鼓励孩子们努力学习、心怀梦想。会后，实践队员与自己结对的学生互相留了联系方式，希望未来能给予他们更多的帮助。

实践感受：

今天的实践活动带给了实践队员们很多思考。实践队员们见到了山西大学驻村扶贫大队的几位老师，老师们脸上的沧桑显示了他们工作的艰辛。老师们讲解了扶贫过程中遇到的困难，这让实践队员更加深入地了解了基层工作的不易。如何更好地挖掘红色记忆、传承抗战精神，如何心系脚下的土地、为社会作出更多的贡献。留给实践队员们更多的思考。实践队员们感受到了农村的变化，了解了基层工作者的不容易。精准脱贫的每一点变化，来源于背后无数人的努力。愿每个人在努力走出去的同时，记得回望，记得以己之力帮助他人。

Day5

2019 年 7 月 15 日，暑期思政研学实践队赶往实践第三站——国家历史文化名城祁县。祁县隶属于山西省晋中市，是中国玻璃器皿之都，晋商文化和万里茶道的发源地，全县辖 6 镇 2 乡、160 个行政村、289 个自然村。2019 年 7 月 10 日，国家工信部正式下发批复文件，同意在祁县设立“一带一路”中小企业特色产业合作区。

上午，暑期思政研学实践队走进山西大学团员教育实践基地——渠家大院，渠家大院气势宏伟，雕艺精湛，其建筑形式是国内罕见的五进式穿堂院，其中的石雕栏杆院、五进式穿堂院、牌楼院、戏台院、女儿墙镂空砖雕错落有致，主次分明，被专家誉为“中华民居建筑艺术的瑰宝”。十八大以来，我们党把建设社会主义文化强国摆到更加突出的位置，中华文化正迎来一个繁荣发展的黄金期。在这样的大背景下，民俗文化也越来越被重视，“大院文化”作为“北方民居建筑的一颗明珠”，为祁县当地的经济健康发展作出了巨大的贡献。

接着，暑期思政研学实践队与祁县中学的同学一起召开了座谈会，为即将进入高三的学生进行答疑解惑，特别是讲述了在冲刺阶段的时间分配、相关学科的重难点学习以及高考志愿填报和大学一些专业的情况，交流讨论后，实践队员与到场的祁县中学学生结成了帮扶对子，为大家助力高考。随后实践队员在祁县中学同学们的讲解下参观了祁县中学的藏书室，室内藏书一万余册，位列全国中学藏书量第三。祁县中学是山西省重点高中之一，是名副其实的百年学府，创建人渠本翘也曾经是山西大学的一位校长。

午餐后，暑期思政研学实践队开始了对祁县传统手工艺作坊与现代化发展转型融合的调研。一共走访了三处。一是古县镇冬玉玻璃器皿厂，在这里，队员们隔着玻璃细致观察生产车间，观看了完整的手工玻璃器皿的制作工艺：被高温加热的玻璃体在专业师傅的一拉一扭中，变换成独具特色的艺术品。流水线作业使得生产制作的玻璃器皿达到了标准化，精细化分工也使得手工艺品可以提高产量。

二是贾令镇双园发酵醋业。在浓浓的酸味中，队员们走进工厂，观看不同车间里展示的不同的制醋步骤，这次参观令同学们更加了解了山西特产——老陈醋的加工流程。

三是到东观镇荣德聚砖雕、木雕非遗传习所参观学习。在这里，队员们在老艺人的指导下亲自动手制作泥雕，并观赏了各种各样精美的砖雕、石雕，聆听讲解员讲解它们的故事，随着讲解员娓娓动听的叙述，队员们愈来愈领略到砖雕传统文化的美丽。

实践感受：

在传统手工业作坊调研中，实践队员看到了晋商精神的传承，看到了晋商精神的时代变迁，“把跨越时空、超越国度、富有永恒魅力、具有当代价值的文化精神弘扬起来，把继承传统优秀文化又弘扬时代精神、立足本国又面向世界的当代中国文化创新成果传播出去”。传统文化的再发展正是新时代下弘扬民族文化、弘扬民族精神的载体。

我们的文化自信，不仅来自文化的积淀传承与创新发展，更来自当今中国特色社会主义的蓬勃生机，来自实现中国梦的光明前景。

Day6

2019 年 7 月 16 日，暑期思政研学实践队赶往实践第四站文水县，参观刘胡兰纪念馆，了解其英雄事迹。

展馆通过“风雨中成长——革命启蒙，历练成长”“烈火中永生——投身解放，勇斗敌顽，壮烈牺牲”“永恒的精神——深切缅怀，热情讴歌，发扬光大”三大部分展现了刘胡兰同志誓死不向敌人投降的坚强意志和伟大精神。还用新型的 AI（人工智能）技术复述了刘胡兰同志的事迹，展示了毛主席为她题的词“生的伟大，死的光荣”。

随后，文水县文化局领导和实践队员们进行了亲切的交谈，在交谈中提到每隔五年县里都会通过扫墓等活动形式缅怀英雄先烈，让子孙后代将爱国主义精神铭记于心。同时，在政府的帮助下，刘胡兰同志的家人也过上了幸福的生活。革命先烈的英雄事迹将永远留在大家的心中，影响一代又一代的中国人。

为了迎接建国 70 周年的到来，当地政府积极打造“红色文化”“绿色文化”“黄色文化”旅游品牌。当地将以刘胡兰精神为引领，以文水所有先进人物的爱国主义精神为载体，打造一个完整的红色产业经济，以此促进文水的旅游经济发展，继而带动各项事业稳步发展，加快实现全面建成小康社会的奋斗目标。

实践感受：

刘胡兰同志入党时掷地有声的入党誓词让每一位实践队员心生感慨：以爱国主义为核心的民族精神才是中华民族的魂。今日一行也让大家决心接过先辈们的红色火种，将革命精神和优良传统传承下去。

Day7

2019 年 7 月 17 日，暑期思政研学实践队一起回到了出发的地方——山西大学，并对本次实践课题进行了讨论和总结。

交流会上，队员们畅所欲言，纷纷讲述了自己对山西传统文化传承及脱贫攻坚举措的看法，认为传统文化传承及脱贫攻坚之路任重道远。这次暑期思政研学实践让每位队员获益良多，同时也切身体会到无论是弘扬传统文化还是打好脱贫攻坚战，都面临着严峻的挑战，也亟须当代青年承担起时代重任，以全面建成小康社会为己任，坚持中国特色社会主义，继续砥砺前行。

三、 问题及对策

本次暑期思政研学实践是一种创新：一是思政实践课与研学的结合。实践课重在“身临其境”，重在“物质作用于意识”，思政实践课不应当仅仅是思政理论课的一个补充，更重要的是中国特色社会主义的“研与学”。在实践学习中认真发现问题，解决问题，做好研究；在实践研究中仔细观察，见微知著，做好学习。二是暑期社会实践与研学的结合。暑期社会实践是让青年一代增长知识才干的实践活动，而不是一场简单的参观旅行，也不仅仅是一场普通的学生活动。增强暑期社会实践的效果，需要认真思考，咨询部署，设立研究性课题，让同学们在实践活动中学以致用，在研究中掌握学习的方法论。

因为本次暑期思政研学实践活动是“摸着石头过河”，无论北京大学的实践队员还是山西大学的实践队员全程都在不断地思考和总结，一方面，总结本次实践活动关于“青春心向党，建功新时代”主题的调研报告；另一方面，针对本次实践活动的组织设计也提出了一些问题，并针对问题提出了修正意见。

（一）实践中存在的问题

1．实践课题的定位宽泛，同质化严重，实践点选择不够精准。

本次暑期思政研学实践活动因为是跨省市的两校一起活动，所以把准备工作过多地放在了两校之间的沟通和联系上，导致在实践主题上的“琢磨”时间不足，仅仅是围绕团中央下达的2019年暑期社会实践通知选取了一个方向。在实践过程中，由于主题宽泛，所以调研点选择了很多，造成整个路线较为繁杂，调研项目出现了内容重复而深度不够的情况。

其中，选取多个养殖场作为脱贫的项目，模式相近，脱贫着力点一样，虽然带动的目标对象有区别，但是都作为研学实践的地点不太合适。另外，美美公社项目虽然设计理念很好，但是目前还处于在建状态，因此其所提倡的绿色生态旅游龙并未真正形成脱贫助力，所以实践研究调查没有办法取得明显的数据。

2. 本次暑期思政研学实践活动特别设计了搭建志愿帮扶平台的内容，也与实践点进行了事前沟通，但是在实践帮扶中感到效果不佳，存在后续的问题。

为了保证大学生参与的活力，继承传统暑期社会实践的核心环节，本次暑期社会实践活动专门设计了与当地学生教育的志愿帮扶活动。考虑到外语专业学习的普适性和参与实践主体的“低年级”化，我们希望实践队员与当地学生建立一对一帮扶结对，并且精心选择了书籍作为礼物送给当地学生。但是在具体实践过程中，在与静乐中学的同学交流时，大家发现由于受当地经济条件影响，大部分的学生都是留守儿童，孩子们的规划型教育意识比较淡漠，对未来规划多倾向于职业性的，比如厨师、理发师等。而北京大学作为全国的标杆性学校，山西大学作为山西省的著名高校，学生都是佼佼者，很难在沟通中产生共情效果，出发前大家还精心准备了馈赠的书籍，但是效果却大打折扣，后续的联系也未能建立起来。

3. 实践开始前的理论培训不足，指导欠缺，不能持续跟进。

思政理论实践课是“意识—实践—意识”的动态过程，需要对思政理论有深层次的认识和解读，由于实践队员年龄偏小，所以对思政课题的选择过于“潮流化”，局限于主流新闻媒体的“实证热词”。在研学实践活动中，“游”大于“学”、大于“研”，更多的是直观地“看”，动手方面较少，研究缺乏着力点。

比如本次实践中，对祁县传统手工业的研学实践中，通过对琉璃工厂和仿古砖雕工厂的参观，队员们虽然感触良多，但由于琉璃工艺的操作间受到高温影响，危险性较高，不能亲身操作。而泥瓦工厂的动手实践环节，在发现实践操作较难时，队员们从一开始的兴致勃勃到后来的纷纷放弃。因此“研”的本质意义未实现，导致研学的实践精神没有得到真正贯彻。

4．后续跟进不足。

本次实践队的“联合”包括两层意思：一是跨校级的“联合”。暑期社会实践在不断发展中，更多的是“化整为零”，从“校团委”的组织开展向“院团委”的具体操作过渡，但是纵观对暑期社会实践的理论研究，都指出暑期社会实践的意义要落到实处，需要多方面的共同努力，因此，本次实践队尝试了两地两校两院的“联合”。但是受诸多因素的影响，实践队员前期的沟通不足，后期的合作性和持续性都大打折扣，导致了实践时大家“打成一片”、实践后“各自为政”的局面，实践成果总结各选角度，“研”与“学”不够深刻。

二是主题式的“联合”。山西大学实践队员主要还是按照传统的暑期社会实践在进行，而北京大学的同学更多的是从思政课落地的角度来进行。在实践中，我们发现由于选择的角度不同，队员在思维模式上出现了山西大学重在“学”而北京大学重在“研”的情况，体现在座谈会上，大家的思维有了很强烈的碰撞，但是遗憾的是没有把碰撞进一步融合，产生一些新的火花，真正达到联合实践的创新本质，因此，后续的交流也逐渐弱化。

（二）实践活动反馈性修正

本次实践活动本身虽然存在诸多问题，但无疑是一次很棒的改革和尝试，无论对实践队员本身，还是对筹备和组织的学校单位。暑期社会实践的时间是非常短暂的，为了能够最大化完成实践目标，我们需要做好充分的准备工作，设计精准的实践课题立项，经过实践队员认真的讨论、分析和总结，围绕实践活动时间、实践队员分工、实践调研目标进行了修正：

1. 提前确定方向，选取实践方向。

暑期社会实践通知为每年 6 月初由共青团中央下发，文件中会指明本年实践主题以及实践方向。实践专项则会在每年 5 月逐步启动申报。因此，一旦通知下发，就需要及时组建实践团队，明确实践分工，选定实践目标，设计实践方案，完成立项。

表 3　实践活动时间设计

	原始数据	修正数据	修正指数
接到通知	2019 年 6 月 20 日	6 月 20 日	0
确定联合实践	2019 年 7 月 8 日	7 月 1 日	80%

2. 选取实践队员，明确实践分工。

实践任务的分工对实践的重要性不言而喻，由于实践时间有限，所以合适的实践分工有利于实践的顺利开展。

表 4　实践活动任务设计

<table>
<tr><th></th><th>原始数据</th><th>修正数据</th><th>修正指数</th></tr>
<tr><td rowspan="2">实践队员联系</td><td rowspan="2">2019 年 7 月 11 日</td><td>线上：7 月 8 日</td><td rowspan="2">50%</td></tr>
<tr><td>线下：7 月 11 日</td></tr>
<tr><td>实践队员分工</td><td>纵向分组—功能</td><td>横向分组—主题</td><td>80%</td></tr>
</table>

纵向分组：按照学校分组

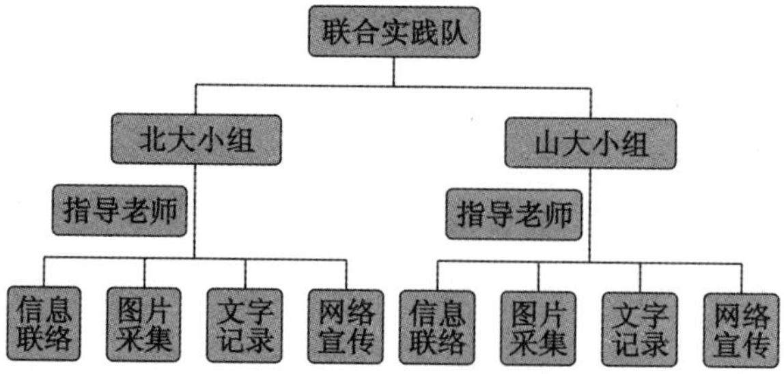

图 1　实践活动分组设计

特点：这种结构有利于各学校实践小组的内部管控，但对实践整体的反应较慢。特别是在研学活动的交流讨论环节，“研究”不足，关注的角度具有同质化。

横向分组：按照课题分组

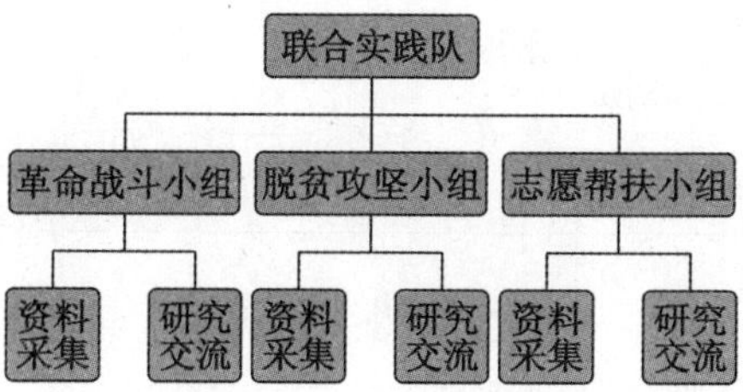

图2　实践活动分组设计

特点：这种结构有利于每个实践课题小组的内部管控，形成协同有序的互动局面，使得研学活动的交流讨论环节有明晰的领导，方便有效地引领和带动全体融入。

3. 精准把握研学实践细节，强化研学实践目标。

暑期社会实践的成果是实践报告，本次暑期社会实践我们采取了北京大学“思政实践课”的课程设计，以研学的形式围绕“青春心向党，建功新时代”进行立项课题。本次实践路程全程 397.6 千米，但在实践过程中，发现由于很多都是县道或村道，所以很多时间都浪费在路上，考虑到以上工作，应该精准确定实践方向和目标。

表5　实践活动修正

<table>
<tr><th></th><th>原始数据</th><th>修正数据</th><th>修正指数</th></tr>
<tr><td rowspan="5">调研路线</td><td>太原</td><td rowspan="5">线路一：
太原—娄烦县—静乐县
线路二：
太原—祁县—文水县</td><td rowspan="5">线路一：63%
线路二：37%</td></tr>
<tr><td>娄烦县</td></tr>
<tr><td>静乐县</td></tr>
<tr><td>祁县</td></tr>
<tr><td>文水县</td></tr>
</table>

（续表）

<table>
<tr><th></th><th>原始数据</th><th>修正数据</th><th>修正指数</th></tr>
<tr><td rowspan="3">实践方向</td><td>青春心向党——中国近代史的红色记忆</td><td rowspan="3">课题一：
青春心向党——红色记忆
（高君宇故居＋米峪镇战斗遗址＋刘胡兰纪念馆）
课题二：
精准扶贫＋志愿帮扶
（娄烦县＋静乐县）
课题三：
搭建志愿帮扶平台
（丰润中学＋祁县中学）
课题四：
建功新时代——建国后的成果
（太钢＋祁县）</td><td rowspan="3">课题一：20%
课题二：40%
课题三：15%
课题四：25%</td></tr>
<tr><td>建功新时代——建国70周年成果</td></tr>
<tr><td>搭建志愿帮扶平台</td></tr>
</table>

根据暑期思政研学实践的结题报告和交流讨论，实践队员们对精准扶贫的各种项目更为感兴趣，因为精准扶贫举措是我国全面进入小康社会的有力抓手，如何在2020年年底实现全民脱贫，帮助更多的农村贫困人口摘掉贫穷的帽子，不仅仅是简单的口号，更多的是需要认认真真地去实践。扶贫的本质不在于扶贫项目本身，而在于改变贫困人民的贫困心理，形成一种积极向上的态度。

在实践调研中，实践队员在收集资料时发现，为了扶贫很多乡镇干部深入基层，无数次地给帮扶对象做思想工作，不仅仅局限于单纯的经济脱贫。庆鲁村为了照顾孤寡老人，在村里专门修建了养老托管的房间和活动场所，提出让50岁的中年人去照顾70岁以上的老人，既解决了50岁人的就业问题，又解决了留守老人的养老问题，也为外出打工的青年人保证了后方稳定。

除了精准扶贫的实践课题，大家对于建国后的成就也颇为感慨。新中国成立后，我国经济飞速发展，综合实力稳步提升。党的十八大以来，社会主义核心价值观深入人心，2016 年 7 月 1 日，习近平总书记在庆祝中国共产党成立 95 周年大会上明确提出：中国共产党人“坚持不忘初心，继续前进”，就要坚持“四个自信”即“中国特色社会主义道路自信、理论自信、制度自信、文化自信”。中国历史悠久，中华文化博大精深，在漫漫历史长河中，我们有很多传统的民族手工业随着时代的变迁而不断创新发展。在实践调研中，实践队员不仅惊叹于太钢现代化的流水线和太钢博物园里陈列的许多产品，对祁县传统手工业的精湛工艺赞叹不已。“文化自信”油然而生。

谈到搭建志愿帮扶平台，实践队员们很多有挫折感。特别是面对静乐县丰润中学的孩子们时，实践队员看到了另一种童年：不是为了梦想努力奋斗，而是为了“温饱”早早“成长”。面对那些比渴望读一所名牌大学更渴望学一门手艺的留守儿童，实践队员们感到一种无力的心痛。每一个人都真诚地希望可以用自己微薄的力量，为这些孩子带去一些实实在在的帮助，让他们的未来有更好的选择。

四、 总结

大学生暑期社会实践是参与度最高、内容最丰富、时间最集中的社会实践活动，在高校实践育人工作中占有重要地位，将研学实践活动融入大学共青团组织的暑期社会实践中开展，有利于促进学生培育和践行社会主义核心价值观，激发学生对党、对国家、对人民的热爱之情；引导学生主动适应社会，促进书本知识和社会实践的深度融合，培养创新人才，推动全面实施素质教育。此课题的研究也将切实增强高校共青团立德树人的责任感、使命感和紧迫感，使高校共青团在高校思想政治教育和“大思政”工作格局中发挥生力军作用，从而不断巩固和扩大党执政的青年群众基础。

本次暑期思政研学实践是山西大学外国语学院的一次创新，在组织实施的过程中存在很多不足，但是这种尝试为之后的暑期社会实践奠定了基础。通过研学，让暑期社会实践真正落地，让更多的青年大学生真正参与到实践改变意识的过程中，使暑期社会实践不再是“形而上学”。但是如何更有针对性地进行研与学，还将是暑期社会实践不断探讨的重点和难点，也是我们未来尚需继续研究的课题。

参考文献

［1］习近平．在纪念五四运动100周年大会上的讲话［N］．人民日报．2019－5－1．

［2］蔡中华．五四纪念：青年爱国主义教育的重要载体［J］．北京青年研究．2020（2）：98－103．

［3］赵轩．实践论思维方式中的爱国主义教育理论研究［D］．长春：东北师范大学，2019．

［4］岑锦媚．新时代背景下大学生爱国主义隐性教育途经研究［D］．广西师范大学．2019．

［5］河北科技大学课题组．高校思想政治理论课社会实践教学环节研究与实践［J］．思想理论教育导刊，2008（5）：80－83．

［6］颜加珍．关于高校思想政治理论课实践教学的若干思考［J］．思想理论教育导刊，2011（2）：68－70．

［7］张蒙，刘富龙，侯婷．大学生暑期社会实践现状的调查与研究——以太原理工大学为例［J］．山西高等学校社会科学学报．2017（2）：91－95．

作者简介：

霍雅琪，管理学硕士，山西大学外国语学院团委书记，讲师，SIYB培训讲师，“宏志助航计划”毕业生就业能力集中培训讲师。曾获山西省辅导员技能大赛铜奖、2020年度山西省青少年思想政治引领研究课题二等奖等荣誉。研究方向为思想政治教育，产业经济管理。在《科技管理研究》《企业经济》《农业网络信息》《西部素质教育》等期刊发表学术论文多篇。主持团省委（项目编号：JT2020D13）和教育厅（项目编号：2020zsszsx008）思政类课题两项。

高校共青团研学实践活动的应用机制研究

——以太原理工大学现代科技学院非遗研学营为例

太原理工大学 崔 哲 武张静 魏 争 刘 敏 赵 芳 逯慧敏

一、高校共青团研学实践活动的内涵和意义

（一）高校共青团研学实践活动的内涵

我国关于研学的研究起步较晚，通过搜索中国知网相关文献发现，在2013年之前，关于研学实践活动的研究几乎为零。2008年，我国教育改革的先行地区广东省最先关注到研学旅行在教育中的重要作用，将研学旅行放到了举足轻重的地位，写入了中小学教学大纲。2012年，为了加深各界对研学旅行活动的认识，教育部采取先试点后推广的举措，选取了8个省份在全国开展研学的试点工作。2013年以来，随着国家一系列文件的颁布，以及研学实践活动的开展，作为一种新型的、有效的教育实践形式，研学越来越多地受到国内学者的关注，并且逐渐融入共青团的实践体系中。

笔者以“研学”为主题词在中国知网中文数据库进行检索，公开发表的文献共计221条。总体来看，2016年至2019年增幅最大。通过对所得文献进行梳理，发现国内学者对共青团研学的研究集中在共青团研学的理论基础，以及研学作为一门课程如何去开发、设计、实施和评价。对于“研学”，其概念最早见于2013年国务院在《国民旅游休闲纲要（2013—2020年）》中提出要逐步推行中小学生研学旅行；2014年4月，教育部基础教育一司司长王定华在第十二届全国基础教育学校论坛上发表了《我国基础教育新形势与蒲公英行动计划》的主题演讲，首次提出“研学旅行”的概念就是学生集体参加的有组织、有计划、有目的的校外参观体验实践活动；2016年年底，教育部等11个部门联合发布《关于推进中小学生研学旅行的意见》，将研学纳入教育教学计划。

我国学者陈建南认为“研学旅行是旅游者以开阔视野、增长知识、丰富阅历为目的而形成的旅游活动”①；许萍提到关于研学的内涵“是一种立体式学习，也被称为移动的课堂，以学生主观感知和真实体验为主”②；陆庆祥、程迟提出，研学“本质上是一种自然主义教育，是一种生活教育，是一种休闲教育”③；孙晓云剖析了研学旅行的重要性，即“组织学生以集体的方式与自然和社会深度接触，让学生在真实世界中亲身感受所学、所知，有助于实现课堂内外知识的融合，引导学生不断发现、思考”。目前，我们通常说的研学实践就是学校为了使学生更好地在课堂上理解和掌握所学内容，利用某一区域的特色资源，有目的、有计划地以集体方式丰富知识的一种综合性体验活动，以此来培养学生社会责任感、创新思维能力和实践能力的一种旅游活动。

（二）高校共青团研学实践活动的意义

1. 理论意义

共青团是党领导下的先进青年的群众组织，是党的后备军和助手，是开展思想教育工作的重要力量。共青团的性质、职能以及大学生这个特殊群体的特点，决定了充分发挥共青团在教育以及团结和联系大学生方面的优势，帮助大学生树立正确的世界观、人生观、价值观和荣辱观，高校共青团责无旁贷。但是国内关于高校共青团通过研学实践活动如何更好地发挥思想引领作用的研究缺乏系统梳理，大多数局限于具体事务。高校共青团研学实践活动是在遵循高校青年学生思想成长的内在规律和高校共青团青年工作的基本规律的基础上，紧紧围绕高校共青团立德树人的根本任务，整合团的资源、发挥团的优势，构建高校共青团思想引领工作的理论体系，为高校青年学生进行思想武装提供理论基础，引导高校青年学生为

---

① 陈建南．开发修学旅游浅议：以厦门集美区为例［J］．福建论坛，1998（9）：45－46.

② 许萍．山西省开展红色文化研学旅行的优势分析［J］．现代职业教育，2018（31）：31.

③ 陆庆祥，程迟．研学旅行的理论基础与实施策略研究［J］．湖北理工学院学报（人文社会科学版），2017（2）：22－26.

实现中华民族伟大复兴的中国梦贡献智慧和力量。

2. 实践意义

研学实践活动是研究学习和实践活动相结合的校外教育，是校外教育的一种创新形式，是通过综合实践育人，实现知行合一的有效途径。本文以现代科技学院非遗研学营为例，分析当前高校共青团研学实践活动中存在的不足，旨在构建高校共青团研学实践活动的应用机制，为高校共青团更好地开展思想引领工作提供参考，以实现工作的新突破，创新人才培养模式，引导高校青年学生主动适应社会，促进书本知识和生活经验的深度融合，从而更好地培养一批理想信念坚定的中国特色社会主义事业的合格建设者和可靠接班人。

二、 高校共青团研学实践活动存在的问题

（一）重实践，轻研学，许多研学实践活动都停留在“活动”上

研学实践的过程，实践是“主角”，“研”与“学”也应该同样被重视。研学实践活动是促进学生从对事物的直接认知向获取间接经验的转变，并通过在实践的过程中自主学习来提高解决问题的能力。研学实践本身最大的特点就是打破了固有教学规则的局限，达到提高学生的创新能力与实践动手能力的目的。实践是研学的载体，研学是实践的内涵，二者结合得宜，才能实现目的。

但是目前存在的比较明显的问题是研学实践活动往往更重视实践本身，而忽视了“研”与“学”，只实践不研究的现象相对较多。且许多研学实践活动未能很好地在拓宽相关知识、延伸素质教育、加强对相关知识的开发和运用能力等方面对学生进行引导，没有强化研学师资，没有在自有知识量与知识体系方面对教师进行培养。教师与学生两方面才是研学实践教育基地建设的根本。

（二）目标主题缺乏明确性、多样化、长期性

开发研学实践课程，可以在培育学生践行社会主义核心价值观、促进书本知识和实践融合、开阔学生视野、接触多元文化、培养学生创新意识等方面发挥积极作用。目标主题可以为研学实践活动指明方向，带着目

标，学生在研学实践的过程中思考、学习、体会，更易取得事半功倍的效果。目前，高校共青团研学实践活动的目标主要存在以下问题：

第一，目标主题缺乏明确性。其主要原因是对研学实践活动的认识模糊，一些教师甚至学校认为这就是一门实践课程。其实，学校在课程设计开发上拥有更多自主权，既是研学课程实施的主体，也是研学课程体系构建的核心。从实施过程看，它是综合实践课程，应该具有开放性、自主性、探究性和实践性的特点。

第二，目标主题缺乏多样化。受地理条件、专业师资匮乏、相关知识更迭速度较慢等各方面现实条件的制约，目标主题缺乏多样化。

第三，目标主题缺乏长期性。主要原因是对这门课程尚不够重视，有的学生甚至教师认为上完这一个时段，拿到学分就作罢，没有再从课程中挖掘深层次内涵。

这些原因都会导致学生在研学实践中缺乏主动性和积极性。因此，我们想要达到对学生产生思想引领的目的，首先要确立明确的目标，其次在正确的目标下，再深化多样性和长期性，将目标贯穿于研学实践中。

（三）包办现象较严重，学生主体性发挥不够

包办代替是学生能力发展路上的绊脚石。研学实践活动的课程中，受传统教学的影响，学生容易处于被动状态。总体来说，学生的主体意识弱，并且学生主体意识的培养被压抑，某种程度上过于依赖教师，教师包办现象也较为严重。这种强烈的依赖感，使学生逐渐丧失了主体意识，个性被抑制。在课堂中，还是会出现教师总结课程要点、教师布置作业任务，甚至会出现教师准备好作业、课题方向，任学生选择后完成考评。研学实践活动的初衷本是通过让学生参与各种不同形式的研学活动，可以丰富阅历、开阔视野、增长知识、提高创新能力，但是如果被冠以“包办”这一特点，也就和当初研发、开设这一课程的初衷背道而驰了。

（四）评价体系不够全面，模式单一

不少学校在实施研学实践活动中，都制定有活动方案、考试方式，还留有作业，但缺乏利用评价结果对学生进行教育引导。很多情况下都是备课等教学环节很严谨，学生上课时很愉快，结束后写一篇感想或作文，研学实践课程就顺利结束了。而在研学实践中个人的得失、体验、感受、活动效果、教育价值目标的达成、学生综合实践能力的提升等，往往关注得不够。

研学实践的过程是一个持续性的过程，它要把实践的体验带入课堂，把收获用特定的方式呈现出来，通过交流进行再学习，使研学成果再升华，才能看出整个过程的价值所在。因此，最重要的不仅是研学实践本身，而是要把研学实践中学到的知识应用到课堂教学中，让不同课程在实践中相得益彰。

（五）思想政治引领作用不明显

我国高等教育中，思想政治教育地位显著，承担着培育大学生正确思想、高尚品德的重要任务。为完成这一重要任务，需要对思想政治教育的内容根据新时代的发展状况及时进行更新调整，不断生成新的内容，避免出现形式化、空洞化的教育内容。而研学实践课是一个新时代课题，在“非遗”课程的实践与学习中融合思想政治教育的最新理论，使思想政治教育能够更加全面，更加具备科学思维，在实践中突出思想政治教育的重要性。

其实客观来说，高校在思想政治教育和研学实践的结合上做得并不好，存在着相脱离的问题，在发挥思想政治的引领作用方面不明晰。如果仅侧重在理论方面，使学生难以感受到真实体验，始终停留在书本知识上，实践上很难积累经验。除此之外，高校的思想政治理论负责部门与“非遗”相关的岗位，两者之间较难产生过多的联系，使其不管是在理论课程和具体实践中，还是在相关部门的具体管理之中，都存在相脱离的现象，整体上难以统一，无法形成完整的个体进行统一调度。

三、以现代科技学院“非遗”研学营为例，探析高校共青团研学实践活动的应用机制

太原理工大学现代科技学院共青团非遗研学营是依托学院共青团和非物质文化遗产研究中心平台，以孝义皮影、孝义面塑、孝义剪纸等当地

“非遗”文化资源为切入点，围绕“4+”体系，发挥共青团在研学实践中的作用。“4+”体系即“非遗传承人+专业教师”，形成教学研究体系；“传习所+工作坊”，形成共青团研学实践体系；“比赛+推广”，形成共青团研学传播体系；“大学+中小学”，形成共青团研学传承体系。

（一）打造“非遗传承人+专业教师”的教学研究体系

“非遗”研学课程挖掘地方传统文化资源，将孝义当地“非遗”文化中的皮影、面塑、剪纸纳入研学课程体系，编写了课程教材，制定了课程培养方案，开设皮影课、面塑课、剪纸课，课时为16个，并安排8个实践课时，每个课程容纳30人，考核方式以小组形式提交作品设计。通过课程的方式，进一步提高学生对中国传统文化的认知水平，增强民族认同感，提升文化自信。“非遗”研学课程体系的实施配备专业的教师队伍和“非遗”传承人。由于“非遗”文化的传承模式一直是严格遵守师徒口传心授，而传承人受教育水平较低再加上“非遗”技艺的周期长和各种不确定性，使得“非遗”传承体系中传承人对整体文化价值和自身文化价值的重要性没有深刻的认知和挖掘。我们的“非遗”研学营打造“专业的大学教师+传承人”，采用“理论+实践”教学，组建“非遗”课程教研室，教研室采取定期和不定期的集体教研方式，从深层次挖掘研究“非遗”技艺中的文化内涵并将其提炼升华，精心构建学科课程、实践课程和环境课程，更新课程内容、课程模块与知识、能力、素养结构等。

研学实践教育中传承人和教师的引导角色不容忽视，在整个课程体系建设、实施、考评等环节中设置好角色，引导学生明晰自己的目标，为学生创造自由探索的机会，利用环境的独特性设计课程实践活动，反思巩固，分享反馈。并且邀请省内外“非遗”传承人、文化专家开设“日新讲坛”，聘请学有专长的学徒参与教学，推进学习皮影、面塑、剪纸等“非遗”文化进教材、进课堂、进头脑，同时让学生真正体验“非遗”文化的魅力，让学生真正转变成“非遗”文化的参与者和传承者。

（二）打造“传习所+工作坊”的共青团研学实践体系

“非遗”研学营在学院内已成立了具备一定规模包括皮影、面塑、剪纸等项目的传习所，在此基础上建设了1个“大师工作坊”和2个院级的传承项目学生艺术社团，包括“非遗”研究协会社团、皮影剪纸爱好者俱乐部等，在碛口成立了孝义皮影“非遗”研究创新创业实践基地。“非遗”研学营利用基地建设丰富的师资、学生与课程资源，辐射带动了当地1所中学（孝义六中）、3所小学（孝义崇文街小学、府西街小学、振兴街小学）和1个社区（湖滨社区），开展基于传承项目的中华优秀传统文化普及教育活动，不断扩大覆盖面和受益面。① 充分利用“传习所+工作坊”开展研学实践教育活动，组织开展有关皮影、剪纸、面塑项目的创艺家“非遗”文化创意设计大赛系列主题活动、“大手拉小手”研学主题活动、主题团日活动、现场体验实践活动。通过学生编创的皮影戏《三打白骨精新编》和《抗击新冠肺炎疫情》、剪纸作品“盛世华诞，我为祖国献贺礼”及面塑作品“二十四节气”系列作品，凭借这些学生设计体验的项目，以润物细无声的方式潜移默化地影响他们的行为，同时使学生真正感受到集体主义价值、理想信念价值、爱国主义价值。

（三）打造“比赛+推广”的共青团研学传播体系

一方面，“非遗”研学营通过以赛促教，以赛促评，探索新时代背景下“非遗”文化传承创新的理念与路径，培养青年学生的创新精神、集体主义精神、爱国主义精神，坚定民族自信、文化自信。目前为止先后举办“非遗”表演30次，开展“非遗”传播、发展、创新研讨20余次，进行社会走访5次，“非遗”皮影问卷调查3次。“非遗”研学营借助皮影艺术、皮影雕刻、面塑、剪纸等艺术拓展思路，并对素材、情节、造型、音乐、视觉等进行深入挖掘。由专业老师组织学生团队进行项目申报，目前已有2项省级大创项目，3项院级大创项目。另外“非遗”研学营将“非遗”文化与现代元素相结合，形成创业项目，组织学生参加创业大赛。截至目前，“非遗”研学营指导的梦之韵创业团队《“非遗”传媒工作室》项目荣获第七届全国大学生电子商务“创新、创意及创业”国赛二等奖，

① 胡丽华. 中华优秀传统文化教育常态化研究［D］. 南昌：江西师范大学，2016.

《红色非遗》项目荣获第四届山西省“互联网＋”大赛省赛银奖，《博洋墨客》项目荣获第九届全国大学生电子商务“创新、创意及创业”省赛一等奖，《青衿文化》项目荣获第九届全国大学生电子商务“创新、创意及创业”省赛二等奖，《别开生面》项目荣获第五届山西省“互联网＋”大赛省赛铜奖。“非遗”研学营指导的代表队在“2019 首届中国非遗文创节”中喜获佳绩。另一方面，“非遗”研学营充分发挥微博、微信公众号、直播平台等“两微一台”的作用，搭建“线上＋线下”联动平台，将当地“非遗”文化资源、人文特色、民俗习惯、“非遗”展览馆、传习所等整合起来，充分利用校内外资金支撑，发挥新闻媒体作用，正面积极宣传，增强“非遗”研学营的实践教育体验项目，凸显研学实践中的教育性，最终形成以当地文化资源为依托、以共青团“非遗”训练营为载体，以青年学生思想素养提升为目标，以“线上＋线下”为平台，以研学体验实践为表现形式的传播体系。

（四）打造“大学＋中小学”的共青团研学传承体系

青年学生是引风气之先的社会力量，其具有什么样的价值观将深刻影响到整个国家和社会精神文明的塑造、价值共识的形成。① 随着经济发展和社会环境的变迁，“非遗”传承遇到了很多困境。地方高校作为连接传承人和青年学生的重要桥梁，有责任为地方文化资源的挖掘与开发贡献自己的力量。依托于共青团和当地非物质文化资源成立的“非遗”研学营，一方面在学院内成立学生社团对“非遗”文化进行传承。社团包括“非遗”协会、皮影剪纸爱好者俱乐部、书画社团、国学社团、天工开物社团、汉服社团。“非遗”研学营指导社团组织开展喜闻乐见的“非遗”文化主题活动。另外，“非遗”研学营与学院艺术专业达成合作，将“非遗”文化资源融入艺术专业教学中。艺术专业学生以视频、漫画、设计、表演等形式对孝义面塑、剪纸、皮影等进行创作，种种实践激发了学生的创作灵感，同时也增加了对“非遗”文化的关注度。另一方面，“非遗”研学

① 张晗．新形势下高校共青团加强青年学生思想引领工作研究［D］．泰安：山东农业大学，2016.

营组织大学生与当地中小学开展“大手牵小手”主题活动、实施“寻找最美传承人”计划等。组织中小学生参观体验“非遗”研学营的研究中心、传习所、展览馆、研学基地等。并且“非遗”研学营为当地中小学和社区输送教师资源和优秀学徒资源。开展基于传承项目的中华优秀传统文化普及教育活动，不断扩大覆盖面和受益面。积极邀请团委代表及青年学生代表共同参与到“非遗”文化的传帮带过程中，发挥舆论领袖的主体作用，加强舆论舆情的应对与引导。最后，“非遗”研学营依托学院虚拟现实技术，在“非遗”研学营阵地建设服务中心。我们始终将共青团“非遗”研学营不断服务青年大学生和辐射当地中小学生作为本职工作，加强高校与中小学、高校与社会在传承中华优秀传统文化方面的经验与成果交流，创新交流方式，丰富交流内容，共享建设成果，构建传承体系，完善传承链条，提高传承能力，增强传承后劲。

四、 构建高校共青团在研学实践活动中的应用机制

（一）围绕核心，凝练内涵，实现高校共青团研学实践的思想引领作用

高校共青团最根本的任务是思想引领。思想引领的手段和途径多种多样。其中，文化引领是高校共青团思想引领的重要途径。① 高校共青团需要推进文化传承创新，发挥文化育人作用，加强社会主义核心价值体系建设，在掌握前人积累的文化成果的基础上，唤醒地方文化新活力，努力传承与创新优秀文化，引领社会风尚。

浓郁的文化传承氛围的形成、积极向上的高校研学实践活动的开展、特色鲜明的研学文化体系的构建应该成为高校文化引领的突破口。在优秀文化的研学实践活动过程中，高校共青团应努力拓宽文化传承覆盖面，加强文化传承力度，激发学生文化传承创新意识，创建文化传承创新典型，不断提高青年学生整体文化认知能力，切实做好青年学生的思想引领和成

① 李勇图. 微文化背景下高校共青团工作创新研究［D］. 南宁：广西大学，2016.

长成才服务工作。

（二）整合资源，丰富载体，扎实推进高校共青团研学实践建设工作

新的历史条件下，高校共青团研学实践要不断创新工作方式，在资源整合和载体搭建的互补中引领青年，做好研学实践保障工作。

首先，资金和政策是共青团研学实践长期有效进行的保障。共青团研学实践教育工作的完成并不是一个部门的事情，需要校内各部门联动完成。对于校园文化资源丰富的高校来说，除结合当地各种丰富的文化资源，共青团研学实践还需要各级部门配合建立一套规范管理、责任清晰、多元筹资、保障安全的研学实践教育工作长效机制，整合社会和校内分散的资源和资金，打造喜闻乐见、富有教育意义、个性独特的青年研学实践基地和营地。

其次，平台的搭建是高校共青团研学实践工作的主要依托，研学实践平台的建设应该从实际出发，多渠道、多形式地进行创立和巩固，综合运用好线上线下的媒体手段，以青年人喜闻乐见的方式开展工作，持续开发研学实践项目以满足青年需求，形成一批贴近实际、具有独特和持久社会功能、运行机制相对完善的项目。① 以此来提升青年的人文素养，使团建工作与青年的兴趣结合更加紧密，更好地把握时代脉搏，提高团工作的吸引力与凝聚力。

再次，高校共青团研学实践应以营地为枢纽、以基地为站点构建丰富多样的研学教育活动项目。既要有对研学实践项目的基地参观体验，还要能亲身体验感受教育活动项目。依据研学教育实践目标和培养方案，发挥学生的主观能动性，优化体验模式和体验设计，开展形式多样的实践教育活动，让其在轻松互动的体验中得到教育，使研学营地和基地真正成为开展青年学生社会主义核心价值观教育和实践育人目标的重要阵地。

最后，高校共青团要更加注重研学实践活动平台的管理，注重文化、思想、组织等建设，着力引导青年学生在研学实践中展开思考、讨论、交

---

① 印廖莎. 加强基层服务型团组织建设的思考［J］. 新商务周刊，2017（21）：142.

流，激发其内在动力，确保研学实践教育活动始终坚持正确的政治方向。

（三）把握特点，有的放矢，促进高校共青团研学实践活动有效开展

当代青年人具有多元的价值观，多样的人生标杆，但在追求人生出彩、自我实现上，仍是一脉相承的。高校共青团在大学生中拥有最广泛的群众基础。青年学生作为共青团工作的主要对象，使共青团拥有了许多基础优势。

高校共青团研学实践活动的组织，要符合青年学生的特点和个性特征，以促进学生的综合素质发展为核心，均衡考虑研学实践内容的延展情况，基于研学内容和学生主体的可持续发展要求，设计传承性高的研学实践活动，设计长短期相结合的主题活动，使研学实践活动内容具有递进性。要促使活动内容由简单走向复杂，活动主题向纵深发展，不断丰富活动内容、拓展活动范围，促进学生综合素质的持续发展。① 要处理好活动内容的有机衔接与联系，构建科学合理的活动主题序列。

另外，青年人充满活力，具有高度热情和无限潜力，是文化创造力的源泉。② 在信息化高速发展的现代社会，网络带来了便捷，同时也赋予了高校共青团研学实践教育新的使命和担当。高校共青团要占领网上思想文化主阵地，唱响网络教育主旋律，充分发挥网络平台作用，利用好微博、微信公众号、直播等现代网络平台，促进高校共青团研学实践活动有效开展。

（四）立足使命，实现传播推广，构建高校共青团研学实践长效机制

高校共青团要通过研学实践活动实现对青年的思想引领，增强青年的文化自信。实现对中国优秀传统文化的传承与弘扬不是短期、短效行为，而是新时代的重大课题，是立德树人的长远发展规划。这就要求高校共青团在研学实践活动中大力弘扬中华优秀传统文化，并以家国情怀教育为主

① 冉苒．综合实践活动融入初中英语教学的策略初探［J］．教育教学论坛，2019（13）：253－254.

② 宋喆．高校共青团在文化传承和创新中的责任和使命［J］．江苏高教，2013（3）：135－136.

加大传播力度，增强学习劲头。更应该把优秀传统文化融入青年的实践生活中，并且要作为固本工程和铸魂工程来重点抓，抓紧抓好。学生们通过学习和实践吸收其精华，才会激发爱国热情，增强文化自信，才能树立正确的世界观、人生观、价值观。

当然，在此过程中高校共青团实践活动的开展要认真思考传统文化与现代发展的关系，在宣传的过程中立足文化传统之根，融合当代实际，既有传承又有创新地开展。要切实改进当前大学生思想政治教育工作的思路、模式、方法和载体，加强与政府、企业的合作，重在培育孵化土壤，形成机制。共青团要积极借助所属地区和社团组织的力量筹建大学生研学实践基地，筹措研学资金，开展共青团和民间组织合作，并在中小学生群体中积极推广研学实践活动，以搭桥合作等多种途径和方式全力运作。在合作中实现中华优秀传统文化方面的经验与成果交流，创新交流方式，丰富交流内容，共享建设成果。加强对研学项目的推荐和传播，从而使高校研学实践活动拥有更有力的载体。这样形成的长效机制，可以使青年在自由民主、活泼开放、和谐创新中去学习和实践，真正达到学以致用。

五、 结语

高校共青团研学实践活动发挥的思想引领作用，与培养德、智、体、美、劳全面发展的高素质人才是一致的。两者具备融合的“触电”，能够实现知识传授与价值观教育的同频共振。

共青团研学实践活动改变了原有共青团第二课堂的单一模式。结合第一课堂的课程形式，实现共青团研学育人的横向贯通，将第二课堂的实践育人形成特有模式深入到研学团课模式中，并利用“共青团教师＋研学专业教师”的指导为团队、为学生拓展学习、提高研学能力水平提供了有力保障，改变了传统思维中认为的价值引领仅仅是思政课的任务和责任的看法。

本文综合理论育人、实践育人和立德树人三个方面进行研究，以研之法，了解大学生特点，基于实际需求，开展更专业、更多样、更有丰富内涵的共青团研学实践活动，拓展学之实，使大学生通过参与共青团研学实践活动，切身品味文化传承，不断思考，激发热爱优秀文化的情怀，不断提高社会责任感和创新实践能力。

作者简介：

崔哲，艺术学硕士，太原理工大学现代科技学院院长助理、团委书记。主要从事大学生思想政治教育、生涯规划、就业指导等方面的研究，发表相关学术论文七篇，参与编写山西省高校艺术类教材两部。

“四化三结合”模式下高校共青团革命文化教育研学实践活动路径研究

山西医科大学　张海燕

党的十九大报告指出，文化是一个国家、一个民族的灵魂，要坚持中国特色社会主义文化发展道路。革命文化是中国特色社会主义文化的三大内涵之一，是党领导人民在革命、建设、改革中孕育出的独特文化形态。① 将革命文化教育纳入高校共青团研学实践活动中，对大学生革命文化教育研学实践活动开展路径研究，不仅是弘扬中国特色社会主义文化的基本要求，更是增强爱国主义教育，提升高校共青团思想政治引领工作的题中之意。

一、 高校共青团革命文化教育研学实践的现状分析

革命文化教育是高校共青团研学实践活动的重要主题，是当前高校文化建设和文化育人工作的重要组成部分。为了准确掌握高校共青团革命文化教育研学实践现状，增强研学实践路径探索的针对性和实效性，笔者以山西医科大学为例进行问卷调查和深度访谈，从青年对革命文化的情感认同、理性认同、实践认同三个维度了解学校各级团组织开展的革命文化教育研学实践活动现状，客观评估研学实践活动的实际效果。调查期间共发放网络问卷 340 份，其中有效问卷 317 份，有效率达 93. 23% 。

（一）从青年情感认同上看，革命文化教育研学实践活动成效显著

认同即认可、接受。情感认同主要是指在情感上积极的、肯定性的情感状态，是主动接受他人影响的过程。革命文化教育研学实践作为价值观认同的重要手段，目的就是通过研学实践的形式将革命文化的丰富内涵内化到当代青年的价值观认同之中。而情感认同作为价值观认同的基础，特

① 时玉柱. 大学生革命文化教育：意义、途径与原则［J］. 中共青岛市委党校青岛行政学院学报，2018（1）：104 – 107.

别是青年对革命文化的情感认同现状，是衡量革命文化教育研学实践活动成效的重要指标。通过调查问卷发现，当前高校共青团开展的革命文化教育研学实践在青年情感认同方面成效是显著的。

例如在询问“是否愿意参与研学实践活动”时，有92.3%的学生选择非常感兴趣。在问卷调查中显示，有97%的学生对“太行精神”“吕梁精神”“右玉精神”等革命文化精神持自豪和自信的态度。在询问“通过研学实践活动你对艰苦奋斗、不怕牺牲、矢志不渝等革命精神的认同态度”时，有99.3%的学生表示坚决支持。这些数据充分说明当前高校共青团开展的各类革命文化教育研学实践活动成效显著，广大青年在情感认同上对革命文化已经表现出积极、肯定的情感趋势。学生普遍能够以一种积极向上、自信自豪的心态投身到革命文化教育的研学实践活动中。

（二）从青年理性认同上看，革命文化教育研学实践活动的深度有待提高

理性认同，是情感认同的提升，它体现了价值观认同的高度。在这里，青年理性认同主要表现为通过革命文化教育研学实践活动而实现的对革命文化的学深悟透。要想深化情感认同实现理性认同，学深悟透是必由之路。但从调查问卷显示，当前革命文化教育研学实践活动的深度有待提升。

例如在询问“每次参加研学实践活动前，你是否会对目的地的革命文化知识提前学习了解”时，仅有47.7%的学生选择会提前了解，比例不足问卷人数的二分之一。在研学实践活动中，参与学生普遍没有相应的革命文化学习任务，学习形式缺乏创新，“重游轻学”的现象较为明显。在同参与学生的深度访谈中发现，一方面，活动组织者对革命文化的精髓和思想高度缺乏凝练和总结，研学实践主题碎片化，导致学生在参与活动时仅停留在对革命事迹略知一二的认识程度上，互动性和参与性不强，缺乏对革命文化功能和价值的深层次认知。另一方面，学生作为研学实践活动的参与主体，其对革命文化的真正需求较少受到关注。学生能不能听得进、能不能听得懂、想听什么等个性化需求不能被满足，因此导致学生对革命文化的理性认同不足，革命文化教育研学实践活动的深度有待提高。

（三）从青年的实践认同上看，革命文化教育研学实践活动的践行转化有待拓展

实践认同即行为认同，是情感认同、理性认同的升华，是从知到行的转化过程。从当前革命文化教育研学实践的现状来看，学生对革命文化的践行转化有待进一步拓展。

首先，从革命文化教育研学实践的成果来看，一般各级团组织多注重研学实践活动过程的宣传报道，往往疏于对研学实践活动成效的梳理。通过问卷显示，仅47.1%的学生参与过革命文化教育研学实践活动后期心得体会或感悟的撰写或总结。其次，学生普遍对如何践行革命文化存在困惑及盲点。在谈到如何弘扬和继承革命文化时，尽管绝大多数学生对革命文化表示极高的情感认同，但涉及传承创新革命文化的具体举措时，有43.8%的学生对如何践行革命文化表示茫然，有56.2%的学生认为革命文化与自身日常学习生活实践结合度并不高。最后，从共青团工作的定位上看，革命文化教育研学实践活动与高校共青团自身工作定位联系不够紧密。各级团组织在革命文化教育研学实践中往往以活动组织为主，与新时代共青团改革发展的相关要求联系较少，尤其没有将革命文化教育研学实践提升到对高校青年工作规律的认识和践行的高度。这些因素都导致了革命文化教育研学实践活动在践行转化方面有待进一步拓展。

二、构建以“四化”为特点的高校共青团革命文化教育研学实践系统化路径

要想有效改善当前高校共青团革命文化教育研学实践活动的现状，提升青年对革命文化的情感认同、理性认同、实践认同，就必须构建以“四化”即任务化、互动化、多元化、成果化为特点的研学实践路径，以此传承红色基因，坚定理想信念，提升革命文化教育研学实践活动的实际效果。

（一）任务化革命文化教育研学实践前期准备

革命文化教育研学实践要想摆脱“重游轻学”的现状，就必须首先在

前期准备上下功夫。所谓任务化前期准备，就是在革命文化教育研学实践的顶层设计上加入导学环节。

首先，要摒弃将研学实践视为游玩的浮躁心态，在研学实践活动开展之前导入与革命文化教育贴合的主题教育。一方面通过主题教育导入对革命史、革命人物、革命遗址等相关知识的学习，另一方面更要通过主题教育提升学生群体对研学实践活动的崇敬感与重视感。其次，还要将主题教育学习内容以任务化形式贯穿到活动全过程，纳入学生参与活动的成效考核体系中，引导学生带着学习任务参与研学实践活动。

例如，参观某革命先烈故居时，可以先开展主题教育导学，通过讲座、观看纪录片等形式组织学生了解革命先烈的历史时代背景、成长经历、生平事迹等，做好研学实践活动的丰富准备。引导学生进行生动的革命英雄事迹、中国革命史、党史等知识的学习，可以通过设置思考问题、知识测试等形式任务化研学实践活动的前期准备，为革命文化教育的有效开展打好基础。

（二）互动化革命文化教育研学实践开展过程

这主要是从革命文化教育研学实践活动的参与主体来说的。所谓互动化开展过程，就是在革命文化教育研学实践的开展过程中突出学生的能动性。

首先，要凸显学生的主体地位。让学生的主体地位在研学实践活动过程中得到体现和凸显，既是教育的手段，也是体验式活动的内在要求。高校各级团组织作为研学实践活动的组织者，一方面要通过互动体验的形式提升学生参与活动的积极性，增强学生的学习兴趣和主动性；另一方面要为学生提供交流探讨的平台空间，鼓励学生思考、研究革命文化，激发学生对革命文化的深入认知，达到革命文化教育研学实践的最终目的。其次，还应当将学生纳入研学实践活动的组织团队中，鼓励学生提前参与研学实践活动的策划、组织等环节，活跃气氛，建言献策，充分体现学生的能动性。

例如，在组织瞻仰革命遗址活动时，要突出学生参观学习的主动性，可以通过分组参观、启发式问答、小组交流等形式，促进学生对遗址的历史经历及文化内涵进行深入思考。可以在研学实践进行过程中设置“红色文化宣讲”“红色知识问答”等活动环节，注重提高学生语言表达、逻辑推理等综合素质，通过革命文化输入和输出相结合的方式强化大学生自我教育意识，鼓励学生积极学、认真学，在参观的过程中踊跃参与各种现场互动，及时交流学习心得，提升学生对革命文化的情感认同和理性认同。

（三）多元化革命文化教育研学实践评价体系

完整的革命文化教育研学实践活动必须要有一个客观的评价体系，这不仅是研学实践活动的内在要求，更是衡量革命文化教育实际效果的重要指标。革命文化教育研学实践活动开展得怎么样，有没有真正将革命文化入脑入心，在坚定广大青年的理想信念和厚植爱国主义情怀方面发挥重要作用。这些都需要建立在全面客观的研学实践评价体系之上。

多元化评价体系体现在评价内容和评价主体两个方面。从评价内容上看，应当从过程性和总体性两方面展开评价。从评价主体上看，则应当采用自评、互评、他评多元主体参与的方式，构建科学的革命文化教育研学实践评价机制。

以参观某红色基地研学实践活动为例，既要注重学生参与活动的学习结果，更要关注学生的参与过程。可以通过实地观察、问卷调查、深度访谈等形式量化了解活动过程中学生的互动次数、兴趣偏好、体验感受等。也可以通过线上测试、研讨交流等形式掌握学生参与研学实践教育活动后的实际效果。例如围绕红色基地的相关党史、国史、英烈故事等有没有深度了解，在对某一革命文化的情感认同、理性认同方面是否有提升和强化等。除此以外，还可以邀请红色基地单位负责人对研学实践过程中学生开展的宣讲、志愿服务活动、参观学生整体精神风貌以及参观秩序等内容进行客观评价。

（四）成果化革命文化教育研学实践育人效果

成果化革命文化教育研学实践育人效果，不仅能促进对革命文化内在精髓和思想实质的凝练，还能通过可视化的方式第一时间“晒”出活动，展示育人实效。

首先，要以成果化形式巩固革命文化教育研学实践的育人效果。在研学实践活动结束后，要通过各类新闻媒体和网络自媒体进行广泛报道，① 及时进行总结分享，引导学生多样创新以展示学习感悟和学习成效。其次，要以成果化形式加强对革命文化的宣传工作。通过定期征集、遴选、展示革命文化教育研学实践成果，宣传革命文化教育资源，打造一批革命文化教育研学实践活动宣传平台，展示研学实践活动过程，产出一批革命文化作品，形成品牌化研学实践模式。

例如，某主题革命文化研学实践活动结束后，一方面可以整理活动照片，通过新闻报道、活动掠影展板等形式对活动进行正面宣传。另一方面组织学生以创新形式展现活动成果，可以采用手写稿、手抄报等书法美术作品形式展现学生学习心得，可以通过网络平台创作、展示如革命歌曲改编等音视频网络作品，也可以组织学生编演革命文化舞蹈、话剧，重现历史故事，还可以根据研学实践内容组织学生编纂整理革命文化资源图谱等内容，以此不断丰富研学实践活动成果及革命文化教育成果资源，提升研学实践活动的影响力和教育的实效性。

三、凝练以“三结合”为核心的高校共青团革命文化教育研学实践模式

以“四化”为特点的系统化路径是从革命文化教育研学实践活动的纵向维度进行设计，体现的是研学实践活动前期、中期、后期三个阶段的设计和安排。而以“三结合”为核心的实践模式则体现了从青年特征、专业学习、共青团发展三个方面横向维度研学实践模式的构建。

（一）革命文化教育研学实践与青年特征相结合

革命文化是涵育社会主义核心价值观的天然载体，② 要想使革命文化

---

① 彭晶，孔海棠. 青少年红色文化研学实践教育问题与对策研究——以皖西地区为例［J］. 安徽理工大学学报（社会科学版），2019（2）：95－98.

② 林于良，刘广登. 以红色文化为青年人补足精神之钙［J］. 人民论坛，2018（5）：126－127.

教育研学实践活动从历史距离感的困境中解脱出来，使得活动贴近青年学生，实现对青年人生观、价值观的影响和塑造，就必须与青年自身特征相结合。这与研学实践活动参与主体即青年学生的特殊性是分不开的。首先，在革命文化教育研学实践活动的内容设计方面，应当着重寻找革命文化资源与青年成长需求之间的契合点，充分利用革命文化中革命人物的成长经历、青春故事等资源作为教育素材，让青春链接，与信仰对话，以此激发青年学生爱党爱国、拼搏奋斗的革命精神。其次，在革命文化教育研学实践活动的形式设计方面，应当避免“宏大叙事”的套路，关注青年学生的思想动态和价值诉求，尊重青年成长规律与心理发展规律，充分利用网络平台、AR 虚拟体验、素质拓展等多种集知识性、艺术性、科技感为一体的方式开展革命文化教育，用年轻人喜欢的方式使得革命文化教育入耳入脑入心，增强革命文化教育研学实践活动对青年学生的吸引力。

（二）革命文化教育研学实践与专业学习相结合

革命文化生成于中国革命的伟大实践之中，是富有时代精神的宝贵财富。在开展革命文化教育研学实践的过程中，为了彰显革命文化的时代性，将研学实践活动与学生的专业学习相结合是有效提升育人效果的方法。以山西省为例，众人熟悉的“吕梁精神”“太行精神”等革命文化精神都发源于革命老区。在深入这些革命老区开展革命文化教育研学实践的过程中，可以围绕学生的专业知识学习开展调研考察活动。一方面可以带领学生深入广大农村了解社情民意，感受革命文化的浓厚氛围，感悟新时代革命老区的沧桑巨变，以此厚植爱国主义情怀；另一方面培养和锻炼学生在专业相关领域的科研能力，利用深入基层的机会学习锻炼，开展与专业知识相契合的科研调查和社会服务工作，使得研学实践活动同时成为学生课堂教学的有力补充。更重要的是，要引导学生在专业学习上发扬不畏艰险、百折不挠的革命精神，在专业发展上秉持求真务实、敬业奉献的革命精神，将革命文化的践行和学生自身发展紧密结合，增强学生对革命文化的实践认同，以拼搏奋斗传承发展革命文化，以优良的学业成绩和投身基层的拼搏斗志彰显革命文化教育的新时代内涵。

（三）革命文化教育研学实践与共青团发展相结合

2016年共青团中央改革方案出台，2020年6月共青团中央、教育部党组联合印发的《深化学校共青团改革的若干措施》中再次明确指出，要把握功能定位，履行职责使命，推动学校团组织切实发挥政治功能。高校共青团革命文化教育研学实践作为共青团开展大学生思想政治教育的重要载体，就必须与共青团改革发展需求相结合。一方面，要充分发挥革命文化研学实践活动的政治教育功能。将研学实践活动与团员意识教育、团课教育、青马工程等共青团日常工作相结合，发挥革命文化在增强爱国主义教育、筑牢意识形态阵地等方面的现实价值，以此助力高校共青团最大限度发挥政治凝聚和政治动员功能。另一方面，要在研学实践过程中广泛开展团组织志愿服务活动，充分发挥共青团志愿服务的优势，结合学生学业特长开展科技、教育、文化、医疗等诸多领域的社会服务活动，用无私奉献、团结互助的革命精神涵养志愿精神。最重要的是以革命文化教育研学实践活动为载体，充分发挥高校共青团组织在文化育人中的明显优势，①以研学实践活动提升思想政治教育的体验性，在提升团组织活力的基础上积极探索新形势下文化育人的有效途径。

作者简介：

张海燕，法学硕士，山西医科大学管理学院思想政治辅导员，讲师。研究方向为思想政治教育、政治学理论，曾荣获全国“第十一届高校辅导员年度人物”入围、第七届全国高校辅导员素质能力大赛三等奖、第六届山西省高校辅导员职业能力大赛金奖、山西高校优秀共产党员等多项荣誉，在《山西高等学校社会科学学报》《西部学刊》《高教学刊》等期刊发表学术论文十余篇，主持山西省教育厅、省委统战部、共青团省委等省级科研课题六项。

---

① 包家官．高校共青团视角下大学生文化自信培育研究［J］．北京青年研究，2019（1）：81－86.

主题探究式研学实践提升大学生探究能力的思考
——以“右玉精神”探究活动为例

山西工程职业学院　张志坚

一、引言

研学实践作为学校教育的一种有效补充形式，是教育部门落实立德树人根本任务，促进学生健康成长的新举措，对培养德、智、体、美、劳全面发展的社会主义建设者和接班人具有重要意义。对于研学实践，目前学界并没有统一的定义。有研究指出，研究性和体验性是研学实践的两大特点，即研学实践是一种体验性和研究性的学习活动，具有自主学习、互助学习、探究学习等特点。① 也有研究认为，研学实践既是一门综合实践活动课程，又是一种研究性、体验性学习，更是以学习共同体的方式开展的集体性学习活动，是走向社会、走向自然，在社会和大自然等课堂里面学习，在旅行中研究，在行动中探索，在实践中获得真知的教育形式。② 虽然不同研究者对研学实践内涵有不同的界定，但现有文献普遍认为，研学实践是一种以学生为主体，以旅行为载体，以发展学生能力为目标，集游览观光、体验式教育和探究性学习于一体的校外教育活动，这个过程中，学生通过团队合作和自主探究的方式发现问题并解决问题，实现认知水平的提高和行为习惯的改变。

当前，我国研学实践的研究还处于起步阶段。文献回顾发现，相关研究主要集中在研学实践内涵、理论渊源、价值意义、实施特征、困境和解决策略以及研学实践的课程设计等方面。这些研究虽然回答了研学实践的

---

① 朱洪秋．“三阶段四环节”研学旅行课程模型［J］．中国德育，2017（12）：16－20．

② 杨晓．研学旅行的内涵、类型与实施策略［J］．课程·教材·教法，2018（4）：131－135．

一些理论和实践问题，但是仍存在一些不足，如针对高校大学生的研学实践探究较少，且缺乏培养学生探究能力的研学实践活动设计。其实，作为一种体验式教育和探究性学习相结合的教育实践活动，研学实践在大学生群体中同样具有重要意义和广阔前景。特别是高校学生相对中小学生而言，具有较强的自主学习和探究能力，更有助于探究性研学实践活动的顺利开展。因此，有必要开展符合高校学生认知层次和知识水平的探究性研学实践活动，使其在自主探究中接受教育并培养学习的主动性、自觉性和积极性，增强学生探究性学习的能力。

二、 理论视角

研学实践的主要目的是依托实践活动让学生进行体验性的探究式学习。主题探究式研学实践与主题探究式教学具有诸多共同点，因此可以借鉴主题探究式教学的思路。研究认为，主题探究式教学是在课堂教学中以某个主题或某一知识点为探究重点，学生在教师引导下进行探究而完成对该知识的建构的教学模式。① 延伸到研学实践领域中，主题探究式研学实践可以理解为学生围绕某一主题或课题，在教师的帮助和指导下，借助研学实践这一载体，依托研学地各类资源，自主地对该主题或课题进行探究，并得出结论的一种学习方式。

在主题探究式研学实践活动中，教师是学习环境和学习过程的组织者和引导者，学生是探究和学习的主人，即教师通过创设特定的情境，引出探究主题，推荐研学地点，让学生积极主动、独立自主地探究问题，并通过个人和小组的探究活动使问题得以解决，达成获得知识、培养能力、发展情感和态度的目的。与主题探究式教学不同的是，主题探究式研学实践活动集探究、实践和学习三者于一体，并且这里的实践多指校外实践，因此主题探究式研学实践的理论视角还应该包括“体验学习模型”。基于此，与本研究有关的理论视角主要有三个方面：

---

① 周振羽. 数学核心知识主题式探究的有效教学策略研究 [J]. 中国教育技术装备，2013 (11)：27－28.

一是建构主义学习理论。该理论认为，学习是学习者在原有知识经验的基础上，在一定社会文化环境中，主动进行信息加工处理，建构知识表征的过程。① 该理论具体可以从四个方面理解：第一，强调学习者的主体作用，教师在其中只是扮演着促进者的角色；第二，突出学习活动的社会性，强调人与人之间的相互影响、相互促进有利于个体认知的形成和问题的解决；第三，重视学习的情境性，主张学习活动是在一定的情境中发生的；第四，关注学习者的协作活动，认为学习者之间的合作、交流、分享等会使他们对问题产生更深刻、更全面甚至是突破性的认识，从而创造性地解决问题。② 根据该理论，研学实践有利于学生到户外真实的社会环境中开展考察、调查等活动，充分调动学生学习的主动性和积极性，在体验和探究中完成新知识体系的构建。

二是美国著名数学家、教育家乔治·波利亚的“学习原则”说。乔治·波利亚对于数学学科的教学进行了深入研究，并出版了《数学的发现》等系列著作。这些著作虽然是针对数学教学，但是其所提到的教学原则并不局限于数学一门学科，而是具有普遍的指导意义，可以供各学科教师借鉴。波利亚认为学习过程应当遵循三原则，即主动学习、最佳动机和循序阶段。其中循序阶段又分为探索阶段、阐明阶段和吸收阶段。③ 波利亚认为学习应当是主动的，“学习任何东西最好的途径是自己去发现”，也就是说，最富有成效的学习是学生自己去探索、去发现。为了有效地学习，学生应当在教师所创设的问题情境下，亲自去发现尽量多的东西。波利亚强调要把学生的学习过程与研究过程相结合，更好地调动学生学习的主动性和积极性。④ 波利亚提出的学习三原则，正是探究式学习的一种体

---

① 杨维东，贾楠．建构主义学习理论述评［J］．理论导刊，2011（5）：77－80．

② 欧阳忠明，任鑫．行动学习：理论基础与实践［J］．河北大学成人教育学院学报，2015（4）：40－45．

③ 乔治·波利亚．数学的发现：对解题的理解、研究和讲授［M］．欧阳绛译．北京：科学出版社，1982．474－481．

④ 江丕权．关于教与学：波利亚《数学的发现》与“探究式教学”［J］．中国教育学刊，2003（10）：37－40＋61．

现，对提高学生的思维水平和创造能力有重要意义。

三是美国教育家大卫·库伯的“体验学习模型”。① 他认为学习是通过经验的转换从而创造知识的过程。在他看来，体验学习是体验、感知、认知与行为四个方面的整合，即关注学生的真实体验，将体验中领悟的新想法、新观念归纳应用于实践中去，从而达到体验学习的目的。其所构建的“体验学习模型”包含四个相适应的循环学习步骤：一是具体体验，指学习者在现实生活中的真实体验；二是观察反思，指学习者对已有的具体经验进行思考；三是抽象概念，指学习者对已有经验进行系统和深刻的反思，从而形成抽象化概念和理论；四是实践应用，指学习者用自己提炼的理论解决实际生活中的相关问题。这四个步骤形成一个循环圈，每次循环都会丰富学习者的实际经验，从而使学习进入更高的循环圈，学习者由此实现了体验、感知、认知与行为的有机统一。该理论要求学习者要完全投入到实践活动中，并时刻保持着学习和实践的互动共进，通过小组讨论、分享、合作，最终促成实际问题的解决。

三、“右玉精神”探究研学实践主题选择

新中国成立初期，右玉县森林覆盖率不足0.3%，76%的土地呈荒漠化或半荒漠化状态，人居环境十分恶劣，右玉县一度面临举县搬迁的生存危机。面对恶劣的自然环境，右玉县没有选择退缩，而是始终尊重客观规律，发挥主观能动性，团结带领广大人民群众接力植树造林，改善生态环境。经过70年的接力奋斗，右玉县森林覆盖率提高到54%以上，创造了令人惊叹的奇迹，被联合国评价为“最佳宜居生态县”。伴随右玉领导干部和人民群众植树造林及改善生态的伟大实践，以执政为民、尊重科学、百折不挠、艰苦奋斗为核心的“右玉精神”应运而生，在全国、全省引起了热烈反响。2011年以来，习近平总书记先后五次对“右玉精神”作出重要批示和指示，指出“右玉精神”是宝贵财富，一定要大力学习和弘扬。

---

① KOLBDA. Experiential Learning: Experience as the Source of Learning and Development [M]. New Jersey: Prentice Hall, 1984.

“右玉精神”具有重要的育人价值。国内对“右玉精神”的研究主要集中在党和政府的文献、刊物、报纸中。分析发现，学术论文中与“右玉精神”育人功能相关的研究更多的是从思想政治教育的角度分析的，如研究认为“右玉精神”具有理想信念的引领价值、道德情操的陶冶价值、坚韧意志的锤炼价值和绿色发展的教育价值，可通过课程浸润担当、实践联动跟进、文化育人固本三方面进行“右玉精神”的学习和弘扬。[①] 尽管相关研究提到了通过实践活动学习和践行“右玉精神”，但这些研究中对于如何通过实践活动宣传和弘扬“右玉精神”并没有进行充分的论述和探究。从课堂教学的角度而言，在常规的教学活动中，教师更多的是利用文字、图片、视频等载体，以课堂教学或专题讲座的形式进行“右玉精神”内涵的讲解，是一种灌输式的教学模式。这种教学模式下，学生是被动地知识接受，因此对知识的理解是不深刻的。如何能够发挥学生的主观能动性，让学生更好地领会“右玉精神”的深刻内涵？如何更好发挥“右玉精神”的教育价值？探究性研学实践为这一难题的解决提供了新的思路。

“右玉精神”探究主题研学实践以建构主义学习理论、乔治·波利亚的“学习原则”和美国教育家大卫·库伯的“体验学习模型”为理论基础进行活动设计，将“右玉精神”探究贯穿整个研学实践过程，通过创设情境、布置研学主题、引导学生自主实践和积极探究，组织学生进行反思交流等环节完成整个研学实践活动，使学生领会“右玉精神”的深刻内涵。这一活动设计不仅有助于激发学生的探究潜能，提升学生的探究性学习能力，帮助学生自主地了解、深刻地感悟“右玉精神”，而且还有助于引导学生掌握深刻、具体、有意义的问题解决途径，积累解决问题的经验，促进问题解决能力的全方位提高。

四、“右玉精神”探究研学实践活动设计

本研学实践活动分为前期、中期、后期三个阶段，前期主要是教师创

---

① 张志坚. 右玉精神的立德树人价值及其实现路径［J］. 中共太原市委党校学报，2019（6）：45－49.

设情境，确定探究主题以及学生组建研学小组，进行研学准备；中期分为具体体验、反思观察、抽象概括三个环节；后期包括撰写报告、展示汇报、核心提炼、实践应用和评价反思五个环节。整个研学实践过程，注重引导学生自主发现问题、合作探究问题、团队解决问题，实现探究性学习能力的提高。研学实践活动设计具体如下：

（一）前期研学实践活动设计

1. 前期研学实践准备

扎实的准备工作是研学实践活动顺利开展的前提，特别是探究性研学实践活动更加强调学生的主体作用，因而对学生的自主学习能力有着更高的要求。唯有扎实的准备工作，才能保证小组高效完成探究任务，因而本阶段，学生需要围绕探究主题进行充分的准备工作。

（1）教师创设情境，确定探究主题，以问题驱动实践

相比于接受式学习中学生处于被动接收信息的地位，探究式学习是以学生的主动探究来推动学习进程的，有效引起学生的学习动机，是探究式学习顺利开展的前提。① 为了增强研学实践主题的吸引力，教师需要精心创设研学实践情境，巧妙引出研学实践主题。针对本次研学实践，教师可以播放展示习近平总书记关于“右玉精神”的重要批示、指示、讲话视频，创设情境，引出“右玉精神”的话题，接着指出习近平总书记先后五次对“右玉精神”作出重要指示，习近平总书记如此高频次地提到“右玉精神”，足以体现出“右玉精神”的重要价值，进而引导学生思考“右玉精神”具体内涵是什么？是怎么形成的？有什么价值和意义？并告诉学生这是本次研学实践所要探究的问题。通过这样的情境设计，调动学生的兴趣，引起学生的重视。

---

① 王晨光. 地理课堂探究式学习的实施方法——以气旋和反气旋的学习为例[J]. 地理教学，2012（23）：35－36＋34.

表 1　“右玉精神”探究研学实践活动设计

实施策略及步骤		地点	具体内容	教师活动	学生活动	设计意图
前期准备	教师创设情境，确定探究主题	校内	介绍背景知识	借助视频、图片等资料，介绍“右玉精神”的形成过程、科学内涵、价值意义等背景知识，以及习近平总书记对“右玉精神”的批示、指示，精心创设研学实践情境	紧跟教师思路，专心听讲，做好笔记	激发探究兴趣，提升探究热情，以问题驱动研学实践探究活动的开展
			引出探究主题	借助上述情境，巧妙引出探究性研学实践主题——“右玉精神”探究，并布置前期探究任务	了解研学实践主题，明确探究任务	
	学生组建小组，进行研学准备	校内	设置探究活动，培养问题意识	要求学生组建探究小组，进行头脑风暴，确定本小组探究子项目；教师参与旁听，并及时给出意见、建议，确保各小组制定出符合实际的探究项目	学生组建探究小组，围绕“右玉精神”探究研学实践主题进行头脑风暴，自主提出需要解决的问题，形成本小组探究项目，并形成初步探究思路	小组协作，通过头脑风暴和合作探究，明确探究项目，培养问题意识，提升探究能力
			收集背景资料，提升探究热情	提供部分相关资料，并鼓励学生借助互联网、图书馆主动收集和学习相关知识，培养自主探究的学习能力	学生以小组为单位，基于研学实践主题自主收集资料并进行学习，完善相关知识储备	
			梳理探究思路，制订研学计划	教师参与旁听，并及时给出意见、建议；参与讨论和分享，协助选出最佳路线图和最佳研学实践方案	学生进行头脑风暴，观点碰撞，并借助思维导图梳理研究思路，明确研学路线，制作研学实践手册，做好充足的行前准备	

中期实施	完成探究任务，提升探究能力	研学地	具体体验	引导学生开展探究活动，逐步完成探究任务；及时解答学生在观察、走访中的困惑和问题	在组长的组织下，小组围绕事先制定的方案积极开展探究活动，通过实地参观、走访等形式，收集第一手资料，并做好文字记录和照片留存	小组协作，开展探究活动，完成探究任务，提升探究能力，实现研学、实践、探究性学习的相互促进
			反思观察	教师旁听学生组内的讨论，注意观察学生表现，做好记录；解决学生的困惑，并适时给出意见、建议，确保高效完成交流与反思	开展小组研讨，就当天的探究体验、研究发现进行充分交流，并分享感悟；组员提出自己的疑惑，寻求小组或老师的帮助	
			抽象概括	引导各小组梳理研究发现，认识“右玉精神”的内涵，并对本小组探究项目形成初步结论；对学生探究活动的质量进行过程性评价	小组结合教师的讲授和所收集的资料，以及探究过程的具体体验和反思观察情况进行深度的讨论与思考，对探究项目形成初步结论	
	重温入团誓词，传承“右玉精神”	研学地	宣誓	组织学生完成宣誓活动	前往南山森林公园，在右玉绿化丰碑前进行“‘右玉精神’我传承”的宣誓活动	达到知识、能力、素养目标的统一

后期总结	进行研学总结，巩固探究能力	校内	撰写报告	指导学生完成研学实践报告的撰写，确保报告的质量	积极参与研学实践总结工作，回顾整个探究过程，进一步查阅、求证相关资料，对上述初步结论进行完善，形成个人心得体会和小组探究性研学实践报告等研究成果	加深印象，深化认识；巩固探究能力，积累解决问题的经验
			展示汇报	组织学生进行分组汇报展示，评选出优秀作品	各小组利用 PPT 展示过程性图片，分享探究和解决问题的过程、所得出的结论，反思存在的不足以及改进办法	
			核心提炼	梳理核心探究结论，并进行归纳总结；引导学生总结积累解决问题的经验	明晰探究主题的核心结论；掌握探究性学习方法的核心要素	
			实践应用	布置作业：基于本次研学实践的思路，任选主题，设计一份探究性研学实践方案	积极参与探究性研学实践方案的设计，巩固探究性学习技能	
			反思评价	组织多元多维评价，包括学生自评、互评，并给出教师评价；对研学实践进行总评	就本次研学实践表现进行自评与互评，并进行反思，切实提高探究能力	

（2）学生组成探究小组，进行研学实践准备工作

设计探究活动，培养问题意识。传统的教师一言堂的教学模式已经不适应当今学生的学习需求，相反，互动式、探究式的课程更受学生欢迎。小组探究有助于激发学生的自主探究意识，提升自行解决问题的能力，增

强学生学习的获得感。该环节，学生随机组成6—8人的探究小组，确定好小组长，结合个人兴趣和特长明确各自分工。组长带领小组成员围绕研学实践主题进行头脑风暴，确定本小组研学实践的子项目，如“右玉精神”具体内涵探究、“右玉精神”形成过程探究等，并进一步思考通过哪些具体的探究内容解决相关子项目的问题（表2）。为充分调动小组成员的积极性和主动性，各小组的子项目应尽可能做到不重复。通过本阶段的小组互动和头脑风暴，不断培养问题意识，使小组成员明确目标、凝聚力量，为接下来探究性研学实践活动的高效进行奠定基础。

表2　探究子项目及具体探究内容

主题	子项目	探究内容
“右玉精神”探究	70年右玉县生态环境变化	右玉县森林覆盖率、水土流失情况、土地荒漠化情况等
	“右玉精神”的形成过程	“右玉精神”初创时期、形成时期、成熟时期、创新时期的表现形式
	右玉县植树造林为什么难	地理位置、气候条件、资金、劳动力状况等
	右玉县植树造林成功的因素有哪些	不同时期树种选择、植树地点选定情况、政绩观等
	“右玉精神”的内涵	执政为民、尊重科学、百折不挠、艰苦奋斗具体体现的方面与事例
	“右玉精神”体现出的价值观	政绩观、生态观、发展观等
	学习“右玉精神”的意义	理想信念、道德情操、负重拼搏、脚踏实地等内涵

收集背景资料，提升探究热情。收集与整理信息是探究性研学实践的必要环节之一。在本环节，各探究小组可以借助互联网、图书馆等资源，自主地、有目的地收集与“右玉精神”相关的文字、图像、视频资料，力求做到资料收集的全面完整。小组在此基础上，结合本组探究主题对相关资料和文献进行细致的梳理，找出与探究主题最相关的信息，为研学实践做好充分的知识储备。在知识探寻中，激发学生的探究欲望和探究热情，

培养学生自主学习和探究的能力。

梳理探究思路，制订研学计划。详细的研学实践方案是研学实践活动顺利进行的重要保障。制定详细的研学实践方案，不仅能够有效避免研学实践过程中走马观花情况的出现，而且能够及时高效地化解可能出现的突发情况。这个环节，可以设计主题探究活动“我是小导游——研学实践路线图设计”比赛，小组成员继续通过头脑风暴的方式梳理探究思路，并基于教师的讲解、小组的研讨以及所收集的资料，设计针对性的研学实践路线图，制订详细的研学实践计划。各小组进行展示分享，在各小组所设计的路线图和研学实践计划中选出最佳方案，作为本次研学实践的依据和指南。

（二）中期研学实践活动实施

本阶段包括具体体验、反思观察和抽象概括，各小组根据先前规划的线路和考察点，自主进行探究，寻找答案，解决问题。这一阶段是研学实践的核心环节，对于培养学生的探究能力至关重要。为防止研学实践活动的形式化倾向，切实提升研学实践的实效性，小组在研学实践过程中要不断围绕主题进行思考、研讨和探究，具体而言，小组每到一个考察点都要围绕“明确问题—证据收集—初步推测—结论完善”四个步骤开展探究工作。教师要发挥主导作用，对学生探究过程予以及时的指导，引导学生逐步完成探究任务并得出结论。

1. 完成探究任务，提升探究能力

具体体验。在本环节，各小组要按照既定计划完成探究任务。具体而言，各小组在研学实践过程中要注意收集与本小组子项目相关探究问题的答案，及时记录文字或拍摄照片。可以分为参观和走访两种方法进行。首先是参观。各小组通过参观右玉精神展览馆、右玉县博物馆、右卫古城、小南山公园、苍头河湿地公园等，了解右玉“一年一场风，从春刮到冬；白天点油灯，晚上土堵门”的历史面貌，了解不同时期右玉栽什么树、往哪里栽的植树策略，感受右玉县70年的发展变化，感悟“右玉精神”对于右玉经济社会的深远影响。其次是走访。通过对参与过右玉绿化建设和经历过右玉巨大发展变化的长者、领导干部等群体进行访谈，听他们讲述右玉县植树造林的前后经过，特别是在70年植树造林过程中，当地人民生存环境和生活状态的改变，感悟“右玉精神”的内涵。访谈过程中，针对不同人群的访谈，题目应有所侧重，如针对领导干部应重点了解治理思路，对于普通村民则可重点询问植树过程中涌现出来的感人故事。

反思观察。学生在具体体验环节的观察、走访过程中，要及时记录与探究项目相关的关键信息，随手拍摄相关的图片。在经历一天的具体体验之后，小组需要开展交流活动，对当天的探究情况进行总结、反思。本环节要求小组成员积极思考并进行发言，力争使每个学生都有交流的机会。教师要参与学生的反思活动，肯定学生的探究精神，对于不足之处要进行引导并提出建设性的建议。

抽象概括。各探究小组结合具体体验和反思观察情况进行深度的讨论与思考，对探究项目形成初步结论。如针对右玉县植树难，学生能够认识到除了受恶劣的自然环境干扰外，还受当地经济社会条件即树种少、劳动力少、资金少、调苗难、栽植难、成活难等因素的制约；对于植树造林过程中尊重科学的具体体现，学生可以去了解70年来，右玉县领导干部在往哪里栽树、栽什么树以及怎样栽树方面的深入思考和具体实践。通过这一探究过程，深化学生对“右玉精神”的理解。

2. 重温入团誓词，传承“右玉精神”

右玉绿化丰碑象征着右玉人民几十年来改变生态环境的奋斗历程。各探究小组在完成探究活动后，集体前往南山森林公园绿化丰碑前，深切感悟右玉干部群众万众一心、众志成城同大自然进行顽强抗争的精神，并进行“‘右玉精神’我传承”的宣誓活动，达到研学实践知识目标、能力目标、素养目标相统一的目的。

（三）后期研学实践活动总结

后期总结是研学实践活动必不可少的重要一环，对于巩固学习成果具有重要意义。总结活动应该包括撰写报告、展示汇报、核心提炼、实践应用和反思评价五个环节。

1. 撰写报告。回到学校后，学生进一步查阅、求证相关资料，利用一周的时间，对探究的初步结论进行完善。基于本次探究性研学实践成果，每位同学撰写一份个人心得体会，同时各个小组完成本组研学实践报告。教师要对学生的报告写作给予指导，确保写作的质量。

2. 展示汇报。开展研学实践交流分享会，各小组派代表把自主探究形成的研究性学习成果在交流会上以 PPT 的形式做展示汇报，重点分享研学实践过程中的探究性活动、探究方法、探究过程和探究结果。各小组进行相互讨论并分享成果感受。教师组织学生对研学心得和探究报告进行评比，选出优秀作品。

3. 核心提炼。各小组分享完毕后，教师要对学生的展示汇报进行总结，对学生的探究结果进行提炼。如针对“右玉精神”的形成过程，可以概括为初创时期、形成时期、成熟时期和创新时期，并对每个时期的发展思路进行总结。总之，通过教师的核心提炼，使学生对此次探究活动有一个更加全面深刻的认识。

4. 实践应用。研学实践侧重于激发学生自主探究的意识，提升自行解决问题的能力。探究性研学实践更深层次的价值是探究能力的培养。因此，本次主题探究结束后，还要引导学生进行拓展延伸，如依据本次研学实践经验，自主探索设计“太行精神”探究的研学实践方案，通过这一环节进一步激发学生的探究意识，提升学生的探究能力。

5. 评价考核。评价考核既是对研学实践的总结，也起着反思、促进和提升的作用。多主体多角度的评价有助于学生更好地了解探究学习状况，检验探究学习成效，促进日后的探究学习。本环节的评价包括学生自评、小组互评和教师评价，此外，为了保证评价过程的完整性，还应该将过程性评价结果纳入评价考核结果当中。

五、结语

学会学习是当今教育改革的发展趋势。研学实践是大学生获取知识和接受教育的重要方式，也是促进大学生学会学习的有效途径，还是教育部门落实立德树人根本任务的关键举措。然而，研学实践绝不是将课堂搬到室外，也不是单纯地组织学生开展实践活动，研学实践强调的是研、学和实践三者的有机融合。在主题探究式研学实践中，探究活动贯穿于行前、行中、行后整个过程，有助于充分调动学生的积极性，发挥学生的能动性，激发学生的探究潜能，培养学生的探究精神，促使学生学会学习。

探究性研学实践虽然强调学生的主体性，但并不意味着可以忽视教师的指导。实际上，教师适时、必要、有效的指导与帮助，是学生研学实践中不可或缺的“支架”，对于研学实践的有效开展十分重要。因此，研学实践过程中，无论前期、中期还是后期，教师都应该关注学生的探究活动，并通过指导、引导、质疑、提醒等多种形式的帮助和支持，切实发挥教师的主导作用，确保研学实践活动的高效开展，帮助学生积累解决问题的经验，促进学生高效学习。

作者简介：

张志坚，法学硕士，山西工程职业学院思政部讲师。研究方向为思想政治教育、数据处理与统计分析，在《青少年学刊》《职业技术教育》《天津中德应用技术大学学报》等期刊发表学术论文20余篇，主持山西省教育科学规划课题1项、山西省青少年和青少年工作研究项目1项。

中学共青团研学实践研究

太原市第十九中学校　王　鹏　张代军　刘宏晋　贾文英　刘肖丽　尹星辉

研学实践是指通过集体旅行、集中食宿的方式开展的集研究性学习与旅行体验于一体的校外实践教育活动，是校内课堂教育与校外综合实践教育相连接的创新形式，属于教育教学工作中的重要组成部分，是现阶段综合实践落实育人效果的有效途径之一。中学阶段的共青团组织是将学生进行有效结合的群团组织，为学生的日常学习与个人成长提供多方面保障。在中学研学实践工作开展过程中，共青团的加入能够为研学实践的深入开展带来更多的可能性，发挥对研学实践的教育指导作用，使学生能够从研学实践中得到更多的教育体验与感悟，提升研学实践对学生成长的积极引导作用。①

一、　中学阶段开展研学实践的重要意义

中学阶段是学生接受教育过程中较为重要且时间较长的学习阶段，在此阶段学生接受多种学科知识的输入，这对学生认知发展水平产生一定的压力。如果能够找到一种方法减轻学生的知识认知压力，那么对学生的学习效率和个人成长，都能够产生更多的积极作用。传统知识教学过程中，教师采用反复记忆等手段对学生的学习效率产生的作用较小，且学生都是被动接受，填鸭式教学不能刺激学生主动产生对知识的探究兴趣。研学实践则是形式更加生动的教育辅助手段，可以让学生自由选择感兴趣的课程，对想研究的内容进行研学，为学生的学习带来更多的选择机会和选择自由。

首先，中学阶段开展研学实践，能够拓展学生对学科知识的认知能

① 严万云．浅析初级中学研学旅行课程“四四”模式的实践效能［J］．中国农村教育，2020（14）：95－96．

力。研学实践是综合性实践活动，将研究与学习进行结合，使学生能够在主题鲜明、形式丰富、内容充实的实践过程中增加与自然及社会的多重接触。在具体的研学实践过程中，学生能够体验到更加鲜活的各学科知识，不仅能够感悟语文学科的文化内涵，也能在实践中运用数学学科的逻辑思维，感受英语学科的异域文化，以及与现实生活联系紧密的物理知识、化学现象与生物情境，自然也少不了与人文地理、自然地理、历史文化以及思想政治等学科知识接触的机会。难能可贵的是在整个研学过程中，学生是主动参与，自发探索与求知，对于学生学习兴趣的培养能起到关键的引导作用，这个作用开启了智慧之门，有时候甚至能产生点石成金的效果，是校内课堂教学的有益补充。学生参与到知识发现、知识探究的过程中，与传统课堂学习过程相比更具生动性，带给学生迥然不同的学习体验，吸引学生主动参与到探索知识的过程中，增加了学生对学科知识的科学认知。①

其次，研学实践在中学阶段的开展能够拓宽学生的眼界。虽然现阶段网络信息技术较为发达，但学生通过各种信息技术认知世界始终存在一定的隔阂，视频再生动、声音再动听，都比不上学生在实际生活中与知识进行生动的接触带给学生的印象深刻。学生在研学实践过程中，亲耳听、亲手摸、亲自感受，他是主动参与其中的，乐趣无穷、知识无限。而教材中的知识相对固定，从某种程度上说，学生在课堂学习中所处的地位较为被动，只能够单方面接受教材当中知识的输入，即使教师努力扭转教育观念与教学方法，将学生作为课堂的主体开展教学工作也无法改变这一实际情况。但在研学实践中，这种情况却发生了翻天覆地的变化，学生不再单纯处于接受知识的位置上，而是变得更加灵活，由被动接受转换为主动接纳，这样学生通过主动探索就能够获取新知识，有更多的新发现，对于开

---

① 刘晓菊，黄丹．研学活动谱新篇——成都市新都区升庵中学研学活动掠影［J］．中学地理教学参考，2020（2）：81．

阔学生眼界具有积极作用。①

最后，中学阶段开展的研学实践能够增加学生对知识的思考深度。研学实践的重点在于研究与学习，也在于实践这种生动的学习方式，研学实践与学生在课堂学习中所接触到的学习方式迥然不同，自然也能够使学生在研学实践中产生不同的思考。这种思考将进一步回归课堂，指引学生去探索，激发起学习的兴趣和创新的能力。研学实践教育与传统的课堂教学存在天然差别，要求学生使用不同的方法与态度对待研学实践，而学生在采取不同探究方法、探究观点参与研学实践过程中，自然会将研学实践与校园学习进行对比。在对比过程中，学生能够找到研学实践与校园学习之间存在的共同点与不同点，从而使学生的学习思想与学习方法都得到一定的改变。在研学实践中，学生与教师是真正“零距离”的接触，在教师的指导下，学生能够逐渐转变自身的学习态度，使得个人综合素质在对“学习”这一整体概念的深入思考中不断提升。②

二、 共青团在研学实践中的优势作用

共青团是中国共产党领导的先进青年的群团组织，在中学教育阶段是引导学生思想认识提升，为学生学习成长提供全方位保障的先进群团组织。共青团不仅将优秀青年集中到一起，同时也为保障青年进步，维护青年权益提供支持。在研学实践开展过程中，共青团与研学实践的结合则是将对中学阶段学生成长的有利因素进行叠加，使之在融合过程中共同发挥对学生成长的促进作用以及保障作用，使学生能够获得更快的进步。在研学实践当中，共青团能够发挥的积极作用，主要体现在以下三个方面。

（一）共青团在研学实践当中，能够发挥较好的凝聚作用

研学实践的生动性以及实践性都很高，这对中学阶段学习压力较大的学生具有极强的吸引力，学生在研学实践当中可能会出现过于兴奋等状

① 肖琛．研学旅行在中学德育中的作用及推进路径研究［D］．长沙：湖南大学，2019．

② 张竞予．基于地理实践力培养的中学地理研学实践——以“走进龙潭山，和美研行”研学旅行课程为例［J］．科学咨询，2020（11）：59－60．

况，主要表现为个人行动频繁、远离集体活动、不符合流程规划等。这就需要共青团思想政治教育工作者、青年团员教师积极介入引导，发挥共青团的社会动员能力，让优秀的心理工作者进行学生心理疏导和专业讲解，排除学生研学实践中出现的各种问题。共青团与研学实践的结合，能够增强学生参与研学实践活动的集体感与荣誉感，使学生能够将研学实践放在更高的思想站位上看待，从而增强学生在研学实践当中的向心力，使学生能够按照预定的研学计划积极参与到各项活动中，减少学生各种不规范行为的发生频率。

（二）共青团在研学实践当中，能够提供各种内涵深厚的研学主题

在研学实践当中，共青团的思想内涵较为深厚，能够为研学实践提供更多的主题选择。发挥共青团的整合优势，全力打通省市县之间的障碍，利用各级共青团组织的联系，相互配合，整合资源优势，推出一系列符合青年成长的研学课题与主题，为学生社会实践的有效开展创造更多的平台和机会。普通研学实践的开展，经常是选择不同的知识学科，而其中又因为地理、历史学科与研学实践更接近而被选择得最多。共青团的加入能够拓展研学实践的主题范围，既可以与原先的知识学科类研学实践相区别，成为独立的具有共青团特色的研学实践，也可以与原有的知识学科类研学实践相结合，挖掘学科当中的思想政治内涵，从而为学生提供具有一定思想高度与知识深度的综合性研学实践主题。

（三）共青团在研学实践当中，能够提高学生的思想认识水平

共青团优势作用的发挥包括两方面，一方面是共青团发挥自身群团组织作用的体现，另一方面，研学实践中带队教师主观能动作用的发挥。中学阶段学生的思想认识水平较为有限，即使为学生提供了主题教育作用强烈的研学实践活动，学生也并不一定能够感受到研学实践的深度，这就需要研学实践中的教师为学生设计更加巧妙的活动环节，使学生在潜移默化中完成接受主题教育的过程，顺利达到主题教育思想渗透的目标，让学生在拓展知识的过程中，个人思想认识水平也能得到提高。这一作用对正处于青春期阶段的学生而言，能够使其人生观、价值观、世界观的形成得到更多的正面引导。

三、当前中学研学实践中的一些误区

在教育改革工作深入发展的当今时代，很多学校高度重视研学实践，热衷于探索研学实践在教育过程中的作用，而中学生已具备一定的知识基础，也具有探索外界事物的好奇心，更具有缓解学习压力的现实需要。因此，中学阶段选择开展研学实践的学校不在少数，但在实际开展研学实践的过程中，却存在着不少误区，影响研学实践这一教育实践活动作用的发挥。现阶段研学实践当中存在的误区主要包括以下几点。

（一）群体定位不准

研学实践当中的群体定位不准主要包括两个群体，即参与研学实践的主要构成群体学生与教师。通过文献查询与校外走访能够看到很多学校的研学实践过程中，学生往往只是参观者，有时甚至与旅游团当中的游客相似，在某一景点打卡，听取导游的介绍，走马观花完成一系列所谓的研学实践活动，而学生听取的讲解则主要来自带队教师。带队教师在研学实践当中往往变成了“讲解员”，与学生的“参观者”相配套，仿佛是完成了一次旅游活动，极大地忽视了研学实践的本质。在课堂教学走向以学生为主体的进程中，研学实践却有回归传统课堂模式的趋势，“学生听，教师讲”的模式限制了研学实践优势作用的发挥。

（二）研学线路局限

研学实践作用的发挥主要体现在研学线路的选择上，但在实际情况中，不同学校选择的研学线路却有很大的相似性。一方面是由于很多学校将自己的研学实践开发依托给了校外的机构与公司，但这些机构与公司往往是旅游公司面向学校推出的研学套餐，实际上只是将旅游线路进行一定的包装，程式化地兜售给学校，在这种情况下就容易造成研学线路狭窄的问题。另一方面也有学校自行研发研学实践的线路，但由于受到传统教育的思想限制，同时也受到现实办学条件限制和出于对学生人身安全的考虑等因素的影响，总是重复挖掘固定的研学线路，同样表现出研学线路的单一，人为限制了研学实践的丰富性。

（三）主题创新教育较少

研学实践开展过程中的误区还在于主题创新较少。当前阶段，很多学校将研学实践的重点放在了红色主题以及历史文化、自然地理主题的研究上，与其他知识学科的联系不够紧密，物理主题、化学主题、生物主题以及数学主题等的研学实践并不丰富。而就在学校开展的红色、历史、地理等主题实践中，也容易陷入流于表面的弊端中，存在套路化、程序化模式等问题，影响研学实践的整体效果。①

（四）教师个人素质影响

当前的中学研学实践，受到教师个人素质影响较多。研学实践的开展虽然是以学生为主体的教育实践活动，但也离不开带队教师对学生的积极引导。而教师作为独立个体其主观性较强，教师个人对研学实践持有怎样的观点与态度，自然会在研学实践当中传递给学生，影响着学生对研学实践的态度与观点。同时，教师是否为研学实践的开展做了充足的准备工作，也影响着研学实践开展的效率高低。如果教师能够提前查阅相关资料，在研学实践当中对学生进行循序渐进的引导而不是枯燥的灌输，则有利于学生在研学实践中获得更好的实践体验。学生作为主观性较强的群体，在研学实践当中与教师不可避免会产生很多的碰撞，这种碰撞很多时候是有益的，有些时候也无可避免会产生消极影响。但很多情况下，学校在开展研学实践过程中，对研学实践的主题内容设计上考虑较多，对教师的相关培训以及筹备组的运行情况则考虑较少。

四、研学实践中凸显共青团作用的途径

共青团与研学实践结合的途径多种多样，以研学实践为讨论范围，共青团可以与研学实践中的研学主题、研学内容、研学形式以及研学参与群体当中的指导者教师等不同部分进行积极结合。以下四点是对研学实践中凸显共青团作用途径的具体说明。

---

① 谭媛．中学研学旅行的实施困境及其对策［D］．武汉：华中师范大学，2019.

（一）研学主题中体现共青团的作用

研学实践的开展需要研学主题的确立，只有明确研学主题，才能够为后续研学实践各环节的落实提供方向性指导。共青团参与研学主题的制定过程，能够通过确定研学主题的方式，显示出共青团对研学实践的积极影响。共青团是中国共产党领导的先进青年的群团组织，思想内涵深厚，可以更好地切合共青团中央、教育部等国家主要部门的相关要求，确立相关研学主题，设置相关研学课程内容，对于青少年的成长能起到积极健康的引导作用。通过确立青少年思想教育引领的相关主题，显示出研学主题中共青团的积极参与，并使研学实践的工作在共青团相关主题引导下开展，为学生提供实践所需的各种要素。

（二）研学内容中体现共青团的作用

研学内容中也能够体现出共青团的积极作用。不论研学实践的主题是否体现共青团作用，在具体的研学内容当中，都能够与共青团相结合，从而构建出具有共青团特点或青年思想建设文化内涵的研学内容，使学生能够在参与这部分研学内容的过程中感受到共青团组织的积极影响。如果说在研学实践的主题当中体现共青团作用，对学生而言能够具体感知接受的共青团影响较少，那么在研学内容中体现共青团作用，则能够为学生制造直接与共青团内容相关的接触机会，增加对学生积极思想的影响效果。在研学的内容上，我们可以根据不同年级、不同学生群体，甚至不同季节、不同节日开展主题突出、内容鲜活的研学活动，将传统文化教育与爱国爱党的思想融入研学内容中，起到很好的潜移默化的作用与效果。

（三）研学形式中体现共青团的作用

研学实践中凸显共青团作用的途径，还包括在研学形式中体现共青团作用。在研学形式中体现共青团作用主要表现在研学实践具体环节的规划以及研学实践体系的整体规划方面。在研学课程的设置形式上，我们可以更加开放和包容，融合非物质文化遗产传承、地方特色、红色文化、励志教育、习惯养成、勤俭教育，通过亲手制作、体验展示、参观学习、集中授课、表彰评比、参访记录等形式，宽领域、多角度组织研学实践。研学实践开展过程中应当如何科学管理学生的问题涉及研学形式的变化，而共青团的组织架构正好能够为研学形式的优化提供积极参考，自然也能够通过研学形式这一途径体现共青团的积极作用。

（四）研学教师中体现共青团的作用

研学实践当中，教师作为学生的主要引导者，其个人主观因素对研学实践的开展效果也会产生一定的影响，而在研学实践中凸显共青团的作用自然也能够对研学教师群体产生影响。为此，我们要专门组织青年教师尤其是党员教师和团员教师，还有优秀思想教育工作者参与其中，并积极在研学实践开展前组织教师培训，利用共青团工作中的先进方法与思想理论，为教师群体提供教育培训及理论学习等工作的支撑与保障，使教师群体能够不断提高自身思想认识水平，从而为提高研学教师在研学实践中的表现奠定基础，体现出共青团的积极作用。

五、 共青团组织与中学研学实践结合的具体方式

共青团组织与中学研学实践之间存在天然的紧密联系，这就意味着共青团组织能够成为中学研学实践开展过程中的积极参与因素，能够成为中学研学实践质量提升及长远发展的助推力。共青团组织加入中学研学实践当中，能够从研学实践的主题、内容、形式等多方面入手，产生积极作用，对于中学研学实践中存在的一些误区，能够产生较好的改善作用，从而不断提升中学研学实践的整体质量，增强学生在研学实践中的感知与收获。在实际教育工作开展过程中，共青团组织与中学研学实践结合的具体方式，主要体现在以下几方面。

（一）发挥组织作用，选择优秀主题

在研学实践课程中发挥共青团作用最为突出的方面就是思想政治引领。在与中学研学实践结合过程中，共青团发挥其组织作用，是迅速提高中学研学实践质量的首要选择。在发挥作用的过程中，主要通过与中学研学实践主题相结合的方式加以实现，将组织力量不断集中，从先进理论与先进思想中进行提炼，为中学研学实践的开展提供一个又一个积极向上的

主题以供选择。①

中学阶段，学校利用共青团组织参与研学实践过程中，一方面通过学校共青团组织的日常工作，选择理论学习的重点，使其成为研学实践的主题；另一方面可以选择历史上共青团发展过程中的重要历史节点，将其与现实的社会发展形势相联系，从而确定不同的主题。不论是对历史上优秀青年精神的探寻还是对重大历史事件的回顾，都能够在主题当中渗透积极的思想教育内容，为学生提供多角度、全方位的积极思想氛围，引导学生在研学实践中提升思想认识。

（二）加强学科联合，优化实践内容

传统中学研学实践开展过程中存在研学内容有所重复的弊端。如果中学研学实践的发展探索工作仍旧停留在原有范围之内，那么研学实践内容同质化现象带来的不足仍旧不能得到有效解决。但在共青团组织与中学研学实践结合过程中，能够为研学实践内容的选择提供更多的可能性。共青团组织作为独立于知识学科之外的群团组织，能够加强不同学科之间的联合，以共青团作为联系枢纽，从而对研学实践的具体内容进行优化，为学生提供质量更高的研学实践体验。

学校探索共青团组织与中学研学实践相结合的过程中，改变以往研学实践当中单一学科占比过重问题，需要引入其他知识学科，但如何将二者进行有效联合，却总是不得其法。共青团组织参与到研学实践的学科联合过程中，能够大大提高学科联合的紧密程度，主要表现在共青团能够提出较为中立的主题，让不同知识学科与该主题发生联系，体现出学科联合的作用，从而实现研学实践内容的优化，为参与研学实践的学生提供更加具有层次性和知识深度的研学实践内容。

（三）完善活动体系，提高学生收获

中学阶段研学实践的开展，很多情况下会由于学校领导与教师的教育教学工作经历不足而寻找校外教育机构及公司进行外包，由外包机构与公

---

① 曲春燕．初中国际理解教育实践探索——以青岛第二十六中学为例［J］．现代教育，2018（20）：18－20.

司进行研学实践活动的规划，这样容易产生与学生实际学习需要和成长需要相脱离的问题，也容易缺乏活动体系的科学性构建，而共青团组织参与到中学研学实践过程中能够有效改善这一问题。共青团组织与中学研学实践结合过程中能够完善活动体系，为学生提供前后相继、内涵相连的研学实践活动体系，增强学生参与研学实践的逻辑性体验，从而利用体系化、科学化的研学实践，增强学生的活动收获感。①

共青团组织与中学研学实践结合过程中，不仅能够确定单一研学实践开展的实践主题，还能够通过与研学实践的连续性结合，为研学实践的开展确定出更加具有思想内涵的系列研学主题，将学生开展的研学实践相互联系，使学生能够在参与研学实践过程中产生似曾相识的感觉。活动既可以集中学习，也可以分组学习，既可以在室内活动，还可以尽可能挖掘室外场所，加入一些探索类、拓展类的内容，使研学实践活动更加丰富充实。中学阶段学校还可以将共青团组织与学校研学实践开发工作相结合，增加研发工作组内共青团工作人员比例，通过学校教师及共青团双重力量的结合，构建出更加适合学生探索的活动体系，提高学生的实践收获。

（四）提高配套支撑，加强引导反思

中学阶段研学实践的开展，并不单纯指实践活动的开展过程，也包括研学实践开展前的准备工作及开展后的总结反思工作。对研学指导教师的选择与培养是研学实践成功的关键，为此要充分发挥共青团的引导作用，在研学实践开展前要充分调研，亲自前往目的地体验，寻找研学过程中可挖掘的资源与学习点，同时积极邀请相关专业人员进校园进行专业培训，增强指导教师的业务能力。在研学实践结束后，要抓紧进行相关学科与研学领域的知识探索与收获总结，反思存在的不足与未解决的问题，为进一步研究与学习开个好头。

共青团组织与中学研学实践结合过程中，能够在参与研学实践开展前的准备工作中增强对具体研学实践的支撑力度，主要体现在加强对带队教

---

① 党睿．秦岭研学旅行活动实录与反思［J］．中学地理教学参考，2018（19）：8－10.

师的培训，使带队教师自身对研学实践的观点更加客观，对研学实践的积极作用认识更加深刻。同时，也对教师准备采用的教育引导方法进行积极干预，使教师能够在研学实践开展过程中对学生进行多角度的思维引导，使得研学实践主题与内容能够落到实处。研学实践结束后，共青团组织参与到教师及学生的总结反思过程中，为教师与学生提供看待研学实践行为与问题的多种角度，使教师的总结更加具有科学性，对后续研学实践的开展产生更强有力的指导作用。

六、结语

中学阶段开展的研学实践活动会对学生的学习、生活、思想认识产生多种积极影响，是全面提高学生综合素养的重要手段，但当前的中学研学实践中存在一定误区，影响了中学研学实践的效果。共青团组织积极参与到中学研学实践的各领域、全过程，能够积极发挥自身作用，促使研学实践质量不断提升，为学生的成长提供更加坚实的保障。在今后的中学研学实践工作开展中，应当更加重视共青团组织作用的发挥，加大共青团组织在研学实践中的参与深度，不断扩大对学生的积极影响。

作者简介：

王鹏，汉语言文学专业，文学学士，太原市第十九中学校团委书记，高级教师，曾先后被评为新疆维吾尔自治区优秀共产党员、山西省优秀共青团干部、太原市时代新人、太原市优秀思想政治教育工作者、太原市十佳百优班主任、太原市优秀共青团干部、太原市时代新人优秀宣讲者。多次组织开展中学生研学实践，在中央及省部级报刊媒体发表文章20余篇。

少先队研学实践活动案例分析

孝义市金晖小学　李晓宇　赵宏莲　侯艳萍　任小红　史晓玲　李琳玲

以山西文化为圆心，让广大少先队员在研学旅行中了解家乡的文化，感受中华传统美德，感受光荣的革命历史，激发学生对党、对国家、对家乡的热爱之情，增强对“四个自信”的理解与认同，我们设计出“晋善晋美——红色山西”主题课程，结合我校研学旅行课程手册，分层开展研学旅行。

在研学旅行活动中，少先队大队总辅导员负责活动主题的选择和目标的制定，中队辅导员承担主要任务落地工作，即成为研学旅行活动的设计者、组织者、评价参与者和主导者。研学旅行课程需要在辅导员老师的参与、讲解、指导下完成，不能用常规的课堂教学的方式去“教”学生，而是要运用综合实践活动课程的组织实施方式开展教育教学活动，凸显课内与课外、校内与校外、学习与生活实际的结合。

中队辅导员还是学校、家长、学生之间沟通的桥梁，在研学旅行活动之前要做好充分的准备，及时做好沟通工作，将研学活动宣传给家长，做好家长的思想工作，让家长放心将学生交给学校开展研学活动。

孝义市金晖小学在《中小学德育工作指南》和《少先队活动课程指导纲要》的指导下，秉持“实践德育”的理念以及“创设情境，自主体验，自我感悟，内化提升”的德育培养流程，做到立意高远、目的明确、活动生动、学习有效。

一是依托孝义市29个学生社会实践基地资源，遴选安全适宜的实践基地。每个学段结合自身特点与课程要求选定四个主题，设计了八个主题二十条主题研学旅行线路。

1. 爱国主义教育——“坚定理想信念”主题

线路一：孝义民主政府首驻地和下堡村邓小平路居地（培植爱国、爱党、爱人民的情怀，了解革命先烈为国家、为民族不屈不挠的斗争精神）。

线路二：孝义建党第一址（培植爱国、爱党、爱人民的情怀，体会党为人民服务的宗旨）。

线路三：孝义石像抗日模范村纪念馆（培植爱国、爱党、爱人民的情怀，了解孝义革命先烈为国献身的精神）。

线路四：国防教育训练基地（增强爱国主义情感，培植强国、强军梦想）。

2. 文化遗产——“一方水土养一方人”主题

线路一：孝义市三皇庙（了解神农、伏羲等人文始祖对史前文明的重大意义，了解孝义民俗）。

线路二：孝义市皮影木偶艺术博物馆和孝义市皮影木偶剧团（学习孝义文化，培植家乡情感）。

线路三：孝义文化“三宝”——孝义市皮影木偶剧团，光影基地。

3. 现代工业科技——“增长见识与本领”主题

线路一：孝义市七二五印刷厂。

线路二：鹏飞集团新能源公司。

线路三：金晖兆隆高新科技股份有限公司。

4. 安全教育——“我的安全我做主”主题

线路：孝义市消防队和孝义市道路交通安全宣传教育基地。

5. 自然生态文明——增强综合素质之“生态文明教育”主题

线路一：胜溪湖森林公园、孝河湿地公园。

线路二：曹溪河。

线路三：金世家生态庄园。

线路四：人民广场。

6. 劳动教育——“培养奋斗精神”主题

线路一：孝义市南曹村豆腐加工厂。

线路二：孝义市农业园区。

线路三：农耕文化园和朝阳沟驿站。

7. 家风家训——加强品德修养之“传承优秀家风”主题

线路：郭氏宗祠和梧桐草堂。

8. 感恩教育——加强品德修养之“孝亲敬老”主题

线路：梧桐镇老年公寓、梧桐镇政府广场（关爱老人、关爱特殊人群、集体募捐）。

二是规范活动组织管理，做到“活动有方案，行前有备案，应急有预案”，对学生、教师及家长志愿者都进行事前培训和事后考核。

三是在活动过程中注重习惯培养、德育体验、实践锻炼的有机融合以及社会公共道德、集体团队精神、独立自主能力的培养教育。

四是注重实践前、实践后的研究和探究教育，破解“游而不学，游而不研”的问题。组织全体学生带着研究研学、带着问题研学，着力破解游而不学的难题。

案例一：“晋善晋美——红色山西”研学旅行实践活动方案

1. 研学总目标

山西是具有光荣传统的革命老区。本次研学实践就是通过让学生走进革命圣地、感悟革命历程，受到强烈的震撼与洗礼，明白今天幸福生活来之不易，珍惜当下生活。通过亲身体验老一辈革命家的艰苦历程，更好地感受和理解革命精神，从而激发出艰苦奋斗、勇于牺牲、乐于奉献、实干创新的精神与情怀。通过亲临革命圣地，具体深入地了解最具代表性的革命传统文化，领略先辈们的精神与胸怀，增强对革命老区和祖国大好山川的热爱之情。循着先辈足迹，磨炼革命意志，涵养优秀品质，增强学生的爱国热情，升华学生的革命理想，坚定做红色接班人的信念，深化学生社会主义核心价值观教育，增强他们的爱国、感恩、担当和责任意识，懂得爱党、爱国和自我激励，为实现中华民族伟大复兴的中国梦努力奋斗。

适用年级	线路设计	目标	任务
三	吕梁市石楼县红军东征纪念馆	1. 参观红军东征纪念馆，了解红军抗战的功绩。 2. 体会革命先烈的伟大精神。 3. 认真倾听讲解，了解红军革命历程，懂得今天幸福生活来之不易。	认真听讲解，看简介，哪个故事或片段最让你感动难忘，和班内同学交流分享，在全班开展讲红色故事比赛。
四	文水县刘胡兰纪念馆	1. 参观刘胡兰纪念馆，了解她的成长经历及英勇斗争的历程。 2. 感受刘胡兰坚贞不屈、大义凛然的革命精神。 3. 通过写观后感，进一步感受刘胡兰伟大的革命精神，勉励自己积极奋进。	参观结束后，写一篇观后感，表达自己对烈士的缅怀和尊敬，学习革命先烈的伟大精神，激励自己奋发上进。
五	武乡县八路军太行纪念馆	1. 参观八路军太行纪念馆，了解日军侵华历史以及中国人民艰苦卓绝的抗战历程。 2. 感悟祖国曾经的屈辱历史，激发爱国热情。 3. 通过制作简报，梳理抗日战争的艰苦历程，树立复兴中华的志向。	通过制作简报，回顾老一辈革命家抗战的光辉历程，学习他们艰苦奋斗、勇于牺牲的伟大精神，表达自己爱国报国的决心。
六	黎城县黄崖洞景区	1. 通过游览黄崖洞景区，了解当地的战争历史。 2. 感受祖国河山的壮美以及中国人民的勇敢和智慧。	活动结束后，各小组制作幻灯片，介绍黄崖洞在抗战时期的战略地位，讲述催人奋进的抗战故事。

2. 资源链接

（1）红军东征纪念馆

红军东征纪念馆位于山西省吕梁市石楼县东征大街，纪念馆依山而建，占地面积 1.1 万平方米，主体建筑占地 1100 平方米，分展厅与纪念碑两部分，整体建筑气势恢宏，造型优美，1996 年 5 月正式对外开馆。该纪念馆是为了纪念 1936 年红一方面军东渡黄河，建立山西抗日根据地的历史业绩而建。

（2）刘胡兰纪念馆

刘胡兰纪念馆位于山西省吕梁市文水县刘胡兰村，纪念馆建于 1956 年，后两次扩建。馆舍坐北向南，馆前广场的纪念碑上刻着毛泽东同志的亲笔题词："生的伟大，死的光荣"，烈士墓前耸立着汉白玉烈士石雕像。馆内还有烈士生平事迹陈列室、烈士被捕处、斥敌处、就义处等。刘胡兰（1932—1947），优秀的共产党员，10 岁参加儿童团，1945 年进中共妇女干部训练班学习，1946 年在山西省文水县云周西村做妇女工作，1947 年英勇就义，年仅 15 岁。

（3）八路军太行纪念馆

八路军太行纪念馆位于山西省长治市武乡县太行街 363 号，纪念馆是在 1970 年建立的武乡革命纪念馆的基础上，逐步扩建改造而成的一座全面反映八路军抗战历史的大型革命纪念馆。馆区分为主展区和游览区两大部分。主展区包括八路军简史陈列厅、八路军将帅厅、日军侵华暴行厅。游览区包括八路军游击战术演示厅、八路军抗战纪念碑、八路雄风碑林、徐向前元帅纪念亭等。

（4）黎城县黄崖洞

黎城县黄崖洞位于山西省长治市黎城县东崖底镇上赤峪村。黄崖洞风景区奇峰突兀，怪石嶙峋，因陡壁上有一个天然的巨大山洞叫黄崖洞而得名。抗日战争时期，这里曾是华北敌后最大的兵工基地，震惊中外的黄崖洞保卫战以敌我伤亡6:1的辉煌战绩，开创了中日作战史上前所未有的纪录。主要遗迹有镇倭塔、血花亭、吊桥天险、黄崖洞保卫战烈士墓地、纪念碑、兵工厂车间遗址等。左权将军曾在此居住过。

3. 方法指导

（1）参观。参观山西红色展馆，了解这片热土上的战争历史。

（2）感悟。感受战争时期的艰苦环境，领悟革命战士顽强拼搏、勇于牺牲、乐于奉献的精神。

（3）研讨。仔细聆听工作人员的讲解，思考和讨论新时代的少年应该如何爱国奉献。

（4）交流。通过讲红色故事，写观后感，制作简报、幻灯片来表达自己的真实感受和收获，与同伴交流分享。

4. 成果呈现

方式一：讲故事。可以选择最令你感动的红色故事，讲述给小伙伴听以引起共鸣。建议三年级同学采用这种方式。

方式二：写观后感。参观过程中你一定有很多感触，或义愤填膺，或感动落泪，或心生崇敬，或暗自明志，请用你的笔记录下这些真实的感悟。建议四年级同学采用这种方式。

方式三：制作简报。抗日战争的历程艰苦卓绝，在你脑海中一定留下了一幕幕挥之不去的画面，参观中用相机捕捉画面，参观后查找资料，用图片加文字的形式制作简报回顾那段烽火狼烟的历史，并把你的作品与你的同学一起分享。建议五年级同学采用这种方式。

方式四：制作幻灯片。祖国山河的壮美、战争的悲壮、革命先辈的英勇，肯定让你的心灵为之震撼，收集相关的图片资料制作幻灯片，配合你的解说介绍，让革命故事永流传。建议六年级同学采用这种方式。

5. 拓展活动

（1）观看《八路军》《太行山上》《夜袭》等影视剧，列举八路军在山西发起的著名战斗，选择一个讲给同学们听。

（2）收集一位山西籍的革命烈士或英雄的事迹，用自己擅长的方法分享给你的同学。

（3）制作一幅八路军抗日战争时期在山西开辟的敌后抗日根据地地图。

（4）学唱两首在山西流传的抗日歌曲。

案例二：游三晋大地　品建筑之美

研学总目标

山西具有悠久的历史文化资源，人文底蕴丰厚。境内有许多历史久远的名胜古迹、明清时期的民居建筑。本次研学旅行充分利用了山西历史、文化、建筑等人文资源和独特自然资源的优势，带领同学们走进不同类型的名胜古迹，了解山西的历史发展，观赏不同历史时期的建筑艺术，体会古代劳动人民的智慧，积淀同学们的人文底蕴。

适用年级	线路设计	目标	任务
三	张壁古堡	1. 参观张壁古堡，了解古堡的历史文化和作用。 2. 体会劳动人民的智慧。 3. 通过拍摄的方式，感受古代建筑美，提升审美情趣。	参观过程中，选取你最感兴趣或你认为最美的建筑，拍摄一张照片或者录制一个视频。

四	乔家大院	1. 走进乔家大院，了解明清时期民居建筑格局。 2. 感受明清时期山西经济文化的发展。 3. 通过绘制路线图，加深对乔家大院的了解，提升空间感知水平。	游览过程中，认真记录每一处景点和参观顺序，绘制一张游览线路图。
五	平遥古城	1. 走进平遥古城，了解明清建筑艺术。 2. 提高保护历史文化遗产的意识。 3. 通过查找资料，加深对古代建筑的理解，提升解决问题的能力。	游览过程中，选择一处最感兴趣的建筑记录下来，活动结束后通过查找资料加深对此建筑的了解。
六	晋祠	1. 通过游览晋祠，了解古代建筑艺术。 2. 感受中华民族的伟大，增强民族自豪感。 3. 用解说词介绍晋祠建筑之美，提升语言表达和概括能力。	活动结束后，把晋祠每一处景点的美用文字呈现出来，形成一篇解说词。

——《孝义市金晖小学2020年中秋国庆项目式活动课程指南》（有删改）

案例三：感山西民俗　传中华文化

1. 研学总目标

山西又称“三晋”，古称河东，是中华民族发祥地之一，有文字记载的历史有三千余年，被誉为“华夏文明摇篮”，素有“中国古代文化博物馆”之称。在这里可以探访古城历史，感受淳朴的晋土民风，还能领略晋商文化，更能观赏古代民居建筑。此次研学活动，同学们可以身临其境感受传统文化和乡土艺术的魅力，深刻体会山西民间艺术及民俗风情，培养社会责任感、创新精神、社会实践能力和人文素养，增强爱国情怀，激发民族自豪感和自信心。

适用年级	线路设计	目标	任务
三	上午：孝义市碗碗腔剧团 下午：孝义市皮影木偶剧团	1. 参观孝义市碗碗腔剧团、皮影木偶剧团，了解碗碗腔、皮影戏的由来、表演形式和艺术特点。 2. 观看《酸枣坡》，感受民间艺术的魅力。 3. 通过学唱碗碗腔的腔调，传承中华优秀传统文化。 4. 体验并学习皮影操，用皮影操的方式锻炼身体，感受传统艺术独特的魅力。 5. 通过动手做皮影，让学生们体验皮影制作的流程，感受皮影艺人的工匠精神。	1. 参观过程中，抓拍令你印象深刻的一幅画面。 2. 参观过程中，了解皮影的材质并体验皮影制作的流程。 3. 学跳一段皮影操。
四	上午：运城万荣笑话博览园 下午：万荣抬阁	1. 通过参观万荣笑话博览园，让孩子们体验万荣笑话浓郁的地方文化特色，感受生动有趣、机智幽默的地方民间口头文化的独特魅力。 2. 通过参观万荣文化馆的抬阁造型、节目表演，感受极具地方特色的民间艺术。	1. 走进万荣笑话博览园，走进笑话喷泉、欢乐广场、笑话大舞台、笑话王国等地，笑一笑，品一品民间文化的魅力。 2. 拍摄照片，感受惊险绝伦的空中舞蹈。

五	上午：襄汾陶寺天塔狮舞艺术团 下午：翼城花鼓	1. 通过观看天塔狮舞表演，体会其独特的表演形式和高超的技艺。 2. 通过观看翼城花鼓，感受其动作粗犷、节奏欢快、情绪热烈、风格淳朴的艺术风格。	1. 学一学简单的舞狮动作，感受天塔狮舞惊、险、奇、绝、美的艺术特色。 2. 学一学打花鼓，了解翼城花鼓的动作特点，体验翼城花鼓的热烈奔放、刚健有力和活泼欢快。
六	上午：晋城市皇城村重阳习俗 下午：晋城市泽州中秋习俗	1. 通过游晋城市皇城村，了解传统的重阳习俗，体验丰富多彩的“养老、敬老、爱老、助老”活动。 2. 通过欣赏泽州珏山的自然风光，了解中秋习俗与众不同、独具特色的风韵。	1. 体验登山、植树、赛诗、唱戏、晚会等丰富多彩的活动。 2. 逛一逛泽州中秋庙会，参与中秋赏月诗会，体会中秋习俗独具特色的风韵。 3. 活动结束后，记录感触最深的事情。

2. 成果展示

方式一：摄影。参观过程中，选取最吸引你的一些人物形象与触动心灵的画面，拍摄一张照片或者录制一段视频。

方式二：动手实践。亲自动手做皮影，学跳一段皮影操。学一学简单的敲花鼓的动作，学一学简单的舞狮动作等。

方式三：查找资料。细心的你在研学过程中一定会产生一些疑问或好奇心，请你把这些问题记录下来，研学旅行结束后通过自己查找资料去解决这些问题，并把你查阅到的资料和你的同学们一起分享。建议五、六年级同学采用这种方式。

方式四：美文。在研学旅行中，相信你一定会感叹民俗艺术之美，请你把这种对美的感悟用文字呈现出来，向别人介绍山西独具特色的民俗文化。建议六年级同学采用这种方式。

——《孝义市金晖小学2020年中秋国庆项目式活动课程指南》（有删改）

参考文献

[1] 教育部基础教育司. 中小学德育工作指南实施手册 [M]. 北京：教育科学出版社，2017.

[2] 布鲁纳. 布鲁纳教育论著选 [M]. 邵瑞珍，等译，北京：人民教育出版社，2018.

[3] 让·皮亚杰. 教育科学与儿童心理学 [M]. 杜一雄，钱心婷，译，北京：教育科学出版社，2018.

[4] 马斯洛. 马斯洛人本哲学 [M]. 唐译，编译，长春：吉林出版集团有限责任公司，2013.

[5] 习近平. 习近平谈治国理政·第三卷 [M]. 北京：外文出版社，2020.

作者简介：

李晓宇，孝义市金晖小学副校长，中小学二级教师，山西省少工委少先队工作专家库成员、高级家庭教育指导师、吕梁市优秀教师、孝义模范教师、教学能手、学科带头人、优秀团队干部、先进教育工作者。主要研究方向为小学课程开发与实施、小学德育及少先队工作、小学《语文》与《道德与法治》课程实施。在《中国教师报》《山西教育》《家长》等期刊发表学术论文十余篇，参与并主持山西省级课题研究任务六项，多项成果获省、市级教科研成果奖。主持开发了“我从这里来”“快乐担当——责任教育”“百年荣光、百位英模——小学生党史学习”等多个校本课程，获山西省校本课程评选二等奖一项。参与山西省少工委“红领巾书系”的编写。